비교사회복지

- 실천성 · 과학성 · 국제비교 -

이명현

KNOWLEDGE COMMUNITY 공동체

머리말

에스핑 안데르센(Esping-Andersen)은 복지국가를 구별하는 기준을 소득비례를 추가한 균일급여인가 빈곤층 등 대상을 제한한 급여인가를 구분한 급여형태, 노동이 탈상품화 정도를 보는 시장과의 관계, 복지국가를 지탱하는 사회집단의 연합 유무와 같은 기준으로 구별하고, 제도와 시장, 사회를 횡단하는 관점을 처음으로 제공하였다. 이에 더하여 지지세력의 정치적 형성과 복지국가의 역사적 형성을 관계로 사회민주주의, 보수주의, 자유주의 레짐을 구별하는 유형론은 복지유형을 포괄하는 비교기준으로 사용되어 왔다. 자본주의화와 동시에 진행된 서구의 민주화 역사는 복지국가 발달의 역사와 연결된다.

그렇지만 서양의 사례와 긴밀하게 연결된 분석구조는 후발 복지국가를 추진하는 신흥국가의 복지 발달을 충분히 설명할 수 없는 한계가 있다. 선진국의 사례 비교에서 출발한 복지유형론은 이제 신흥국 복지국가 분석을 포함하여 다양하고 통합적인 복지발달을 비교, 분석하여 사회복지 일반이론을 정립하는 방향으로 나아가야 할 것이다.

이 책은 비교사회복지 이해를 통해 다양한 사회복지제도의 변화와 적응을 정리하는 데에 초점을 두고 있다. 사회복지는 실천학문이며 응용하는 사회과학이다. 복지를 비교하는 목적은 공통적인 장점과 특색, 다양하고 차별적인 내용을 배워서 보다 나은 복지이론과 기술을 만들기 위해서이다. 그를 위해서는 먼저 사회복지의 실천적 성격과 과학적 속성에 대한 요인을 관찰하고, 그 특성을 기준으로 다양한 제도내용을 비교하여 유용한 정보를 얻는 것이 필요하다.

따라서 이 책은 먼저 사회복지의 실천성과 과학성에 대한 이해를 고찰하는 것을 출발점으로 한다. 실천성은 복지개념과 모델의 실천적 기능이 어떤 의미로 활용되고 있는지 비교 검토한다. 과학성은 과학적 기식의 기반이 되는 연구방법과 교육, 지식생성 방법 등을 서로 다른 관점의 입장에서 비교하고 과학적 실천의 한계 등을 검토한다. 이후 국제비교를 통해 복지국가 레짐을 중심으로 비교분석의 틀을 바탕으로 거시적인 제도형태를 분석한다. 그리고 제도를 세분화하여 조건형 소득보장과 무조건적 소득보장을 비교함으로써 소득보장제도의 다양한 차원을 검토할 것이다. 아울러 소득보장 기준의 중요한 논점인 최저생활보장 기준의 국제비교를 통해 인간다운 생활수준의 다양한 관점을 살펴볼 것이다. 제도 운용의 성패를 좌우하는 것은 사회복지인력이다. 사회복지인력의 전문적인 역할과 기능 등 정체성에 대한 명확한 기준은 국가별로 차이가 있을 수 있다. 미국과 일본의 비교를 통해 사회복지사에게 필요한 전문성 요건이 어떻게 실천되고 있는지 살펴볼 것이다. 마지막으로 각국 돌봄정책의 비중이 높아지는 동향 속에서 가족과 아동에 대한 보호 및 지원대책에 대한 제도현황도 비교 검토할 것이다.

이 책은 비교사회복지 연구에 대한 이론적 체계화를 목표로 완성된 것은 아니다. 사회복지학의 보다 정합적 실천을 위한 정보 습득과 교육을 위한 시론에 가깝다. 엄격한 비교분석 틀에 의해 유럽, 아메리카, 아시아 등 지역적 비교분석이 가능한 일반이론이 나와주었으면 하는 기대가 있지만, 멀지만 가까운 미래의 몫으로 남겨두고 싶다.

인공지능에 의한 더 풍요로운 사회의 도래와 고통스러운 노동의 소멸이 올지도 모르는 미래사회에서 복지제도의 희망과 대안을 설계하기 위해서도 비교연구를 통한 탐색은 계속되어야 할 것이다.

2018년 5월

저자 씀

차 례

CONTENTS

제4장 ▮ 비교사회복지의 이론적 배경

제5장 ▮ 국제비교와 복지국가

제6장 ▮ 소득보장 비교

차 례

제7장 ▮ 무조건적 소득보장 : 기본소득

제8장 ▮ 최저생활보장의 철학과 현대적 복원

제9장 ▮ 최저생활기준 비교

제10장 ▮ 공공전달체계 사회복지사의 역할 비교 : 일본과 미국

CONTENTS

CHAPTER 01

실천과학으로서의 사회복지

CHAPTER 01

실천과학으로서의 사회복지

1. 실천과 과학의 중요성

사회복지이론 연구와 실천현장에서 거의 일상적으로 비교가 이루어지고 있다. 새로운 제도와 서비스를 계획하고 디자인할 때 외국과의 비교는 늘 이루어진다. 또한 신규 사업과 프로그램을 설계할 때도 다른 지역과 기관의 모범적 사업과 실천활동을 비교하여 활용한다. 이처럼 대상과 기준의 차이는 있어도 비교연구와 실천은 매우 효과적인 척도로 인식되고 있다.

우리가 비교를 하는 이유는 사회복지 발달과 차이를 이해하려는 것이다. 예를 들어, 유럽에 비해 미국은 복지제도 도입이 늦었고, 한국은 늦게 출발했지만 빠르게 추격하여 압축적으로 복지의 발전을 이루었다. 경제적으로 성장을 거듭했던 미국의 보험제도 발달은 독일과 영국, 스웨덴보다 늦게 시작하였다. 동일한 수렴현상을 보여주지 않는 다양한 변수들이 영향을 미쳤을 것이라 예상해 볼 수 있는 것이다.

각국의 특수한 내외부적 변수에 의해 사회복지가 발달한다는 것은 상식적이며, 우리는 변수들의 영향력 비교를 통해 사회복지 발전을 위한 공통적 요소를 찾아내고 활용할 수 있을 것이다. 사회복지 발달이 수렴되는 현상도 보이지만 오히려 다양하고 변용되어 발전하는 사회복지의 동향을 이해하고, 우리의 복지 발전에 활용할 수 있는 동력을 찾아내는 데 비교연구의 의의가 있다고 생각된다.

한마디로 비교는 어떤 논리적인 규칙성의 유형을 찾는 것이다. 일반적인 사회복지와 특정한 사회복지를 구분할 수 있으며 제도선택의 범위를 넓힐 수 있다.

하지만 비교연구는 분명한 한계를 가진다. 한마디로 용어와 개념의 통일이 어렵다. 사회정책, 공공정책, 사회행정, 사회보장을 명확히 구별하기 어렵다. 사회복지와 사회보장, 사회서비스와 사회복지서비스, 사회복지와 사회사업 등 개념의 특성과 구분의 기준이 다르게 이해될 수 있다. 또한 복지제도 비교를 위해서는 모든 변수에 대한 개념적 준거 틀을 만들어야 하지만 그 변수가 너무 많아서 재연하고 반복할 수 있는 일반이론을 만들기가 쉽지 않다.

사회복지 비교연구의 전제는 사회복지의 실천성과 과학성에 있다. 실천적 학문으로 승인될 수 있는 조건은 일정한 지식과 기술체계에 의해 동일한 재연과 반복이 현장에서 활용 가능해야 한다. 그것이 과학으로서의 특성이라 할 수 있다. 비교연구를 통해 복지의 실천성과 과학성에 필요한 공통적・이질적 요소를 이해하여 복지향상에 응용할 수 있는 것이다.

오늘날 사회복지는 우리의 일상생활에 사용되지 않는 날이 거의 없을 정도로 익숙하게 등장한다. 한마디로 사회복지는 현대사회에 빼놓을 수 없는 현상이 된 것이다. 일상생활에 필요한 다양한 서비스와 중요한 정치적 의제와 제도, 교육과 연구영역 등 사회 여기저기에서 복지가 등장한다. 그럼에도 사회복지학이란 무엇인가에 대한 물음에 대하여 간단하게 해답을 제시하기는 매우 어렵다. 그 원인은 사회복지 현상의 다양성과 복잡성 때문이라 생각된다.

서구사회와 다르게 우리 사회의 복지개념은 정책이나 제도, 실천으로 구분하여 사용되어 왔다. 사회복지개론서에는 사회복지(social welfare)와 함께 사회사업(social work) 용어도 설명되고 있지만 두 개념이 뚜렷이 구별되어 각자의 영역을 나누고 있는 것 같지 않다. 우리 복지현장에서 사회복지는 전문사회복지 실천기술로 이해된다. 국제적인 관점에서 볼 때도 두 개념은 명확히 구분하지 않고 오히려 영어 표현인 social work라 사용하는 것이 더 적절한 것 같기도 하지만, 사회정책이나 사회복지행정과는 구별하여 사회복지 전문직의 방법이나 수단, 기술을 모두 의미하는 용어로 사용되면서 동시에 하나의 과학적인 성격을 가지는 정체성을 나타내는 개념이 되기도 한다.

국제적으로도 사회복지(social work) 개념은 매우 다의적이며 사회정책이나 사회복지행정과 구별하여 사회복지 전문직의 방법, 수단, 기술을 총칭하는 용어로서 사용되며, 하나의 과학적 특성을 지닌 개념으로 사용되는 것 같다. 따라서 우리나라의 경우 사회복지학과, 사회복지학부 등으로 확립되어 있는 전공분야가 서구에서는 과학의 발전양식에 따라 서로 차이는 있지만, 사회복지 전문직 교육기관은 일반적으로 스쿨 오브 소셜 워크(school of social work)라 부르는 것 같다.

사회복지 개념이 다양한 의미로 사용되는 이유를 개인적으로 정확히 정리하기는 어렵다. 필요한 경우 정책과 제도 관련 개념은 우리말 사회복지에 영어 social welfare를 괄호 처리하여 사용하고, 전문직의 방법과 수단, 기술을 가리키는 경우에는 우리말 사회복지에 영어 social work로 하여 개념 및 범위 등을 비교 구분하여 논의하는 것도 방법이라 생각한다. 양자 모두를 포함하는 포괄적인 사회복지를 의도할 경우, 특별히 영어 표기 없이 우리말 사회복지라는 용어를 사용하는 것도 혼란을 줄이는 방법이라 생각된다.

실천적 학문으로서의 사회복지는 구빈사업이나 사회사업처럼 호칭이나 조직하는 방법은 다르지만 오랜 역사를 갖고 있다. 이는 세계적인 현상이며 다른 나라의 문화에 따라 다양하게 발전해 왔다. 과거에 사회복지라면 반사적으로 미국이 머리에 떠올랐던 것처럼 미국에서 그 전통을 받아들여 왔지만 유럽의 역사도 이에 뒤처지지 않는다. 현재 세계는 국경 없는 사회가 되고 있으며 정치, 경제가 국경선을 넘어서는 존재가 되고 있는데, 사회복지도 국제적인 현상이라는 데에 큰 이견은 없을 것이다.

실천학문으로서 우리나라 사회복지학의 특징을 살펴보기 위해서는 미국의 발전만을 중요하게 다루는 것만으로는 부족하다는 인식이 필요하다. 세계 여러 나라 전통의 영향을 받지 않고 독자적으로 발전한 경우는 없을 것이다.

과거부터 지금까지 부양과 양육, 수발 등 생활기능은 기본적으로 가족에 의해 이루어지고 있다. 그러나 사회발전과 핵가족화에 의해 세대구조가 변화하고 저출산 고령화가 진행되고 여성의 노동시장 진출이나 사회진출이 진행되면서 가족형성이나 가족을 둘러싼 사회적 조건도 변하고 있으며, 양육이나 수발 등 복지 생산과 공급을 가족부양에만 의존하기는 어렵게 되었다. 여성의 노동시장 진출이 늘어났지만, 사회에서 젠더 질서는 그다지 크게 변하고 있지 아니하며 남녀 사이의 불평등은 여전히 크다. 노동시장에 진출했다고는 하지만 여성의 진출분야는 여성에 의한 무보수 노동이 보수지급으로 변한 노동, 즉 양육이나 수발, 간호 등 사회복지와 의료, 돌봄 현장이 대부분이며 임금 등 노동조건은 매우 열악하다. 육아휴직이나 아이돌봄 보장도 충분하지 않고 일과 가정을 함께하기가 여전히 쉽지 않다.

사회변화에 따라 생활안전을 보장해야 할 사회복지정책 등은 대부분 선진국가에서 발달했지만, 그 내용은 경제적 · 사회적 · 문화적 조건에 따라 크게 달라진다.

인간은 독특한 존재이지만 스스로 생활을 꾸려나갈 수 없게 되면 매우 약한 존재가 된다. 그래서 국가의 가장 중요한 과제는 생활안전을 보장하는 것이라 할 수 있다. 세계대공황 전 스웨덴은 대량 실업자가 발생하고 노사가 불안정한 관계를 맞게 되면서 모든 사람이 대등한 가치를 갖고 편안하게 살 수 있는 '국민의 집'을 스웨덴의 미래 사회비전으로 선택하였다.

모든 선진국이 복지국가를 이루었다는 것이 1970년대 복지국가 수렴이론이다. 그러나 수렴이 아니라 다양한 발전으로 확산되었다는 것이 정확한 해석일 것이다. 글로벌 경제와 국경 없는 사회가 진행되면서 확산과 수렴이 동시에 진행되고 있는 측면도 있다.

복지국가가 본격적으로 발전하기 시작한 1960~1970년대에 복지국가 건설의 한축을 담당해야 했던 사회복지는 가장 확장의 폭이 넓어졌다. 그것은 일정 국가의 사회복지정책 구조나 동향에 크게 의존한다. 이것이 국제유형이 사회정책 모델 또는 복지레짐에 의존할 수밖에 없는 가장 큰 이유기도 하다. 또한 실천으로서 사회복지(social work)의 다양성을 설명하는 가장 큰 요인 중의 하나라고 생각한다.

복지가 하나의 과학으로 등장한 것은 그렇게 오래전 일이 아니다. 과학으로 탄생할 수 있었던 것은 사회복지실천이 발달했기 때문이다. 그러므로 사회복지의 과학성은 사회복지의 실천성에 크게 의존한다. 또한 국가는 대학에게 사회가 필요로 하는 지식생성교육을 요구하였으며, 그에 따라 사회에 필요한 지식생성을 위한 응용과학이나 학제적 과학이 탄생하였다. 즉, 고전 과학의 세분화와 과학영역의 확대를 의미하며 그에 따라 사회복지학도 학제적 과학으로 편입될 수 있었다.

사회복지는 국가의 요청에 의해 탄생한 과학이라 할 수 있다. 따라서 상대적으로 미성숙한 과학이며, 각국의 사회복지에 대한 생각이나 실천이 다른 것처럼 과학으로서의 지식대상과 발전의 정도가 국가에 따라 달라진다.

실천에 의존하며 다른 과학영역을 필요로 하는 학제적 과학으로서 사회복지학이 갖고 있는 본질과 특징이 무엇일까? 어떤 과학이 추가로 연결될 수 있을까? 실천과 과학은 어떤 관계가 특징이라 할 수 있을까? 실천과 과학의 관계가 혼란을 주는 이유는 무엇일까? 과학으로서의 기초가 형성되고 점차 발전해 가면 실천으로서의 사회복지는 실천의 질을 높이고 실천을 과학적 근거가 있는 것으로 만들기 위하여 사회복지에 과학적 기반을 요구해 왔다.

사회복지를 이야기하기 위해서는 사회복지의 실천성과 과학성을 모두 고려하지 않고서는 불가능하다. 게다가 양자의 상호의존 관계를 분석하지 않고서는 이해가 깊어지지 않을 것이다.

실천적 과학성이 반복적으로 재연되고 계승될 수 있다면 사회복지는 전문직업으로 확고하게 자리를 잡게 된다. 그렇다면 실천적 과학으로서 사회복지가 전문성을 가진 직업으로 현장에 실현되기 위해서는 몇 가지 요건에 주목해야 한다.

우리는 1912년 미국 볼티모어 제2회 National Conference of Charities and Correction의 플렉스너(Flexner)의 강연에 주목해야 한다.

그는 사회복지(social work)의 전문적 속성을 다음과 같이 제시하였다.

① 체계적으로 학습될 수 있는 지식

② 실천성

③ 자기조직화 경향

④ 이타주의

⑤ 책임이 부과되는 개인

⑥ 교육적 수단에 의해 전달 가능한 기술

전문가는 어떤 특성(trait)을 가져야 하는지 명확한 기준을 정하고 그것을 충족하기 위해 노력하는 방법(속성적 접근)을 제시했다고 생각된다.

이와 같은 전문직화 과정론은 1930년 이후 주류 과학적 실천의 주된 수법이라 할 수 있는데, 전문성을 지원하기 위해서는 과학화가 추진되어야 하므로 사회복지사협회와 사회복지전문학술지 결성 등 실천적 노력이 지속되었다. 속성적 접근의 비교연구를 통해 사회복지 실천성・과학성의 실현 및 내실화를 위해 필요한 작업을 파악할 수 있다.

2. 사회복지와 문화

사회복지학은 생활을 꾸려나가는 사회 전체에 대해 배우고 사회변화에 따라 생겨나는 다양한 사회문제나 매일 생활에서 일어나는 생활문제를 배워 사회와 개인의 상호작용이나 인간관계를 이해하고자 한다. 즉, 현대사회와 인간이 만들어 내는 복잡한 변천과정을 모든 차원에서 이해하는 것을 의미한다. 이러한 다차원 영역을 배우는 사회복지실천을 이해하기 위해서는 하나의 과학영역만으로는 부족하며 사회학, 정치학, 경제학, 법학, 역사학, 교육학, 심리학, 의학, 보건학, 간호학 등의 다양한 과학영역의 지식이 필요하다. 이것이 사회복지학이 학제적이며 종합 과학적 성격을 갖는 이유이다.

문화는 인간이 자연에 손을 가하여 만들어 낸 물심양면의 성과이다. 의식주를 비롯하여 기술・학문・예술・도덕・종교・정치 등의 생활형성 양식과 내용을 포함한다(廣辭苑, 1998 : 2390). 이러한 정의에 근거할 때 사회복지란 정치문화뿐만 아니라 생활형성 그 자체를 상징하며 현대사회의 모든 차원을 포괄하는 문화로서 존재한다.

사회복지를 배우는 의의는 개인 또는 사회 이분법을 떠나 사회에서 생활을 꾸려나가는 인간을, 인간에 의해 형성된 사회 양쪽을 동시에 종합적으로 이해할 가능성을 얻을 수 있게 된다. 그런 뜻에서 인간이 이끌어 왔던 문화를 종합적이며 광범위하게 배울 수 있다.

오늘날 사회복지를 배우는 것은 인간이 쌓아올린 사회복지의 실천과 과학의 역사를 배우는 것이기도 하다. 또한 현대사회와 인간이 직면하는 문제의 모든 양상을 배우는 것이기도 하다. 현재 사회복지제도는 과거 전통과 새로운 사회의 가능성 융합에 의해 발전해 왔다고 할 수 있다. 전통과 새로운 가능성이 정리될 수 없으면 아무리 이상적인 모델이라도 기존 제도를 무시하고 받아들여지기는 어렵다.

다양한 문화적 영향으로 사회문제에 대한 정의나 이론도 다르게 발달할 것이다. 그것이 어떻게 발전해 왔는지를 검토할 때 나타나는 것이 북유럽 국가와 미국의 대조적인 사고방식이다. 그 차이는 어떤 사회를 만들어 갈 것인가에 대한 사회 전체의 가치관 차이와 정치적 실천력의 차이라고도 할 수 있다.

사회복지가 무엇인지를 알기 위해서는 단순히 용어의 의미를 아는 것만으로는 부족하다. 하나의 사회현상으로서, 역사적 산물로서 그 실체를 파악하는 것이 무엇보다 중요하다. 사회복지 현상의 역사적 생성과 발전 과정을 필연적으로 만들어 낸 사회상황과의 관계와 문맥을 통해 파악해야 할 것이다.

사회문제를 해결하기 위한 중요한 수단인 사회정책이나 사회복지 발전의 방법도 그 내용도 국가에 의해 크게 다르다. 즉, 실천으로서의 사회복지 발전 내용은 시대와 정치문화에 따라 다르다. 제도는 자연발생적으로 생겨나지 아니하며 나름대로의 이유가 있다. 서로 다른 정치문화가 사회를 어떻게 이해하고 사회문제를 어떻게 해결하려고 노력해 왔는가? 유사성과 차이는 어떻게 만들어졌는가? 이러한 이유를 이해하기 위해서는 국내적 시야뿐만 아니라 국제적 시야가 필요하다. 예를 들어, 선진 복지국가도 경제성장 단계에 따라 최초 사회보험 도입이 순차적으로 도입되지 않았다. 개인주의 문화적 성향이 강한 미국은 고도 소비단계에 들어와서 사회보장법이 도입되었고, 독일과 일본 등 계층주의 문화가 강한 국가는 경제의 도약단계에 사회보험제도가 도입되었다.

사회문제의 책임이 전적으로 개인에게 있거나 아니면 국가에 있다고 보는가에 따라 복지제도 발달 시기와 정도가 달라질 수 있다(박병현, 2005). 엘리트적 유교문화가 강한 한국에서는 가족주의와 온정주의적 전통과 강력한 개인성취욕의 결합으로 복지제도의 확충속도에 비해 보편복지의 내실화가 늦어졌을 수도 있다.

특정 국가나 사회의 문화유형에 따라 사회복지제도의 발달과 실천은 탄력적으로 전개될 수 있는 것이다. 이처럼 복지실천이 다양할 수 있다는 것은 과학으로서 형태도 다양하다는 것을 뜻한다. 우리나라의 사회복지 역사도 독자적인 노력에 의해 발전한 것이 아니라 이념이나 방법 등 미국과 영국 등 외국의 영향을 받아 발전해 왔다. 외국 사회복지학에 대한 학습이 우리나라 사회복지의 구조와 역할, 특수성과 한계성을 깊게 이해하는 데 중요한 교훈을 줄 수 있다.

3. 세계화와 복지교육

선진국이 경험했던 탈생산과 경제의 세계화는 저출산 고령화, 가족구조 변화, 복지국가 성숙과 함께 복지국가에 대한 새로운 도전을 압박하고 있다(Esping-Andersen, 2002). 또한 경계선 없는 사회는 국가를 기반으로 하는 사람들의 정체성 형성을 약화시켰다(Lorenz, 2006).

계급, 문화, 국가 사이의 벽이 소멸하기 시작하면서 사회관계나 영향이 국제적으로 공유될 가능성까지 생겼다. 세계화된 사회는 패션이나 음악 등 문화생활뿐만 아니라 지속가능한 사회라는 환경을 지향하는 것도 공유한다.

부와 빈곤의 격차는 사회적 균형과 정의를 왜곡시키는 존재라는 것이 사람들의 인식에 깊이 박혀있다. 그러나 한편으로는 사람들의 생활양식이 개별화되고, 종교나 국가, 민족, 하위문화 등 정체성 형성의 기초가 되면서 사람들 사이의 정체성 분단과 다층화가 진행되었다고 생각된다.

세계화에 의해 사회복지 전문직 정체성이나 자율성도 다시 생각하게 되었다. 지금까지 사회복지 전문직은 국민국가의 사회통합 역할을 담당해 왔고 전문직으로서의 자격제도화 이외에 독자적인 정체성을 발전시킬 필요는 상대적으로 적었다. 실천중심의 사회복지학 정체성의 혼란과 위기는 당연히 과학으로서의 사회복지의 정체성에도 혼란과 위기를 초래할 것이다.

사회복지실천과 과학화는 어떤 문제에 직면하고 있을까? 어느 시대나 사회에서도 인간 생존과 사회 유지와 발전을 위협하는 가장 큰 문제는 빈곤일 것이다. 1980년대 이후 한국의 빈곤은 격차문제로 확대되면서 다양한 사회문제 발생이 심각해지고 있다. 빈곤을 박멸할 수 없는 이유가 무엇인가? 사회복지학이 실천적 기능이 부족해서일까? 과학적인 문제해결 방법을 개발하지 못해서일까?

일단 과학으로서의 위기를 생각할 때에 고려해야 할 문제는 복지전문직이나 연구자 양성을 담당하는 대학교육 수준과 질이다. 사회복지사와 정신보건복지사 등 자격제도 도입에 따라 대학교육은 전문직에 필요한 전문교육에 초점을 맞추기보다는 자격시험 수험교육기관으로 변했다는 비판이 제기된다.

사회과학의 기초지식, 사회나 인간을 이해하기 위하여 필요한 고전강독보다 국가가 요구하는 전문지식의 반복암기 훈련을 중심으로 하는 자격시험 준비교육이 강조되고 있다. 학부교육이 기술화되는 경향은 고전 과학이 매우 약한 사회복지 분야 연구자 양성교육에 더욱더 과학성의 세분화와 기술화를 초래하였다. 과학으로서 성립하기 위한 기본적 조건을 충족한 교육이 이루어지고 있는 것일까? 그것이 가능하기 위해서 필요한 것은 무엇일까?

우리나라 사회복지 행정이나 정책에서 전문성 문제도 진지하게 고민해야 한다. 고용 및 인사 제도는 전문지식과 능력보다도 일반행정, 직장에서의 교육훈련이나 직장이동과 보직순환에 의한 만능인 양성에 치우쳐 오지 않았나? 사회복지 분야도 전문성에 대한 요구는 크지만, 사회복지 전문교육을 제공하는 대학이나 학과는 급성장했지만, 교육수준은 동시에 상승되었는지 되돌아볼 필요는 없는가? 지방직 사회복지공무원 합격이 대학교육의 대세가 아닌가? 오히려 사회복지정책을 수립하는 중앙행정기관에서 실천중심의 복지전문직이 더욱 필요하며 그에 맞는 과학적인 복지전문교육도 확립되어야 하지 않을까?

복지교육에 대한 진지한 고민이 필요할 때이다. 복지교육 발전에 실천과 과학의 상호작용이 필수적이라면 복지교육의 실천성과 과학성에 대한 실태와 동향, 그리고 본질적 관계도 파악되어야 할 것이다.

모든 국가들이 동일한 자격제도를 도입하고 있지는 않다. 비교목적이 다른 것을 이해함으로써 자신을 더 깊이 이해한다는 것이라면 우선 사회복지의 실천성을 국제적 관점에서 비교하고 유사성과 차이가 어디에 있으며 그 이유는 무엇인지 이해해야 할 것이다.

다음으로 실천에 의존하는 과학으로서의 사회복지 특징을 정리하고 직면하는 여러 문제를 생각할 필요가 있다. 이러한 작업에 의해 우리나라 사회복지의 특징과 문제점을 논의하기 위한 논점을 분명히 할 수 있다.

CHAPTER 02

사회복지의 다양성과 기능

CHAPTER 02

사회복지의 다양성과 기능

1. 사회복지 개념의 다양성

사회복지라는 용어는 상호부조, 약자구제, 생활지원, 수발, 때로는 행복, 인간다운 생활을 할 권리, 행복을 추구할 권리, 자기실현, 인권 등 매우 여러 가지 의미로 사용되고 있다. 한마디로 유연한 개념구조를 갖고 있다. 그러나 사회복지를 하나의 과학영역으로 생각하고 복수 국가의 사회복지 국제비교를 할 때는 무엇을 가지고 복지라고 규정할 것인가는 명확한 공통적 개념 정의가 필요하다.

개념이란 사물의 본질을 받아들이는 사고형식, 사물의 본질적인 특징과 그것들의 관련이 주요 내용이다. 하지만 개념에 대한 정의 없이는 과학이나 학문을 논의할 수 없다. 정의가 중요한 것은 어떤 개념의 내용이나 말의 의미를 다른 개념이나 말과 구별할 수 있도록 한정하기 위한 것이다. 이론이란 개별적 사실이나 인식을 통일적으로 설명할 수 있는 보편성을 지닌 체계적 지식을 의미하지만, 그 이론을 구성하는 것은 여러 개념이다.

복지란 행복이나 풍요함을 의미하는 말로 사용되며 행복 또는 건강한 상태나 만족스러운 상태, 안녕을 의미하는 웰빙과 동의적으로 사용되는 경우도 많다. 또한 복지란 인간의 내적 상태와 인간을 둘러싼 외적 조건으로 크게 구분할 수 있다. 내적 상태란 행복이나 충족감 등 사람들의 마음상태를 말하며 만족스러운 상태로 살고 있다는 웰빙을 의미한다. 외적 조건이란 생존조건이나 생활조건, 즉 의식주, 교육, 노동 등의 기본적인 생활욕구를 말한다. 개인의 만족감이란 주관적인 것이지만, 내외의 조건은 서로 관련되고 외적 조건이 충족될수록 내적 상태가 충족되는 것이 보통이다. 외적 조건은 내적 상태를 달성하기 위한 중요한 전제가 된다.

스웨덴은 국민의 복지와 생활조건 향상을 분석하기 위하여 필요한 복지의 구성요소를 설정하고 1975년 이후 매년 이들 요소의 변화를 측정해 왔다. 여기에서는 복지는 개인이 스스로 생활조건을 제어하며 좌우할 수 있는 금전, 재산, 지식, 정신적 및 신체적 건강, 사회적 관계, 안전 등의 자원에 관한 자유재량권이라 정의하고 있다(訓覇法子 外, 2014).

또한 영국 사회정책학자 티트머스(Richard Titmuss, 1907~1973) 개념에 근거하여 국민이 정치 참가를 통하여 영향을 미칠 수 있는 개인의 생활수준의 종합적 표현으로 사용된다. 이러한 복지의 정의는 시민권으로서 국민에 대하여 국가가 약속하는 사회문화 수준에 맞는 생활수준을 영위할 권리(사회권)에 기반을 두고 있다(Marshall, 1992).

생활수준이나 복지측정에 필요한 구성요소를 모두 나열하기는 어렵지만, 추상적 복지 개념을 측정할 수 있도록 조작화한 것이 다음의 10개 항목이다(SCB, 2011). 그 구성요소는 생활 전체에 걸쳐있는 것을 알 수 있다. ① 건강, ② 노동과 노동조건, ③ 지식습득과 교육을 받을 가능성, ④ 경제적 자원, ⑤ 정치적 자원과 시민활동, ⑥ 사회자원(양육조건과 가족관계, 사회교류), ⑦ 식생활과 주택, ⑧ 여가와 문화, ⑨ 안심과 안전, ⑩ 정보에의 접근 등이다.

노벨 경제학상 수상자 센(Amartya Sen)은 개별 국가의 복지를 측정하고 검증하기 위해서는 GNP뿐만 아니라 복수 차원의 지수가 필요하다고 주장하였다(Sen, 1991). 현실에서 측정 가능한 것은 일부 차원이나 분야에만 한정되고 있다.

스웨덴 복지의 구성요소는 정치에 의해 제어나 실현이 가능한 분야로 한정되므로 삶의 질을 특정하거나 자원을 활용할 장이나 기회, 희망하는 인생을 실현하기 위한 자유나 능력 등에 대한 측정이 불충분하다는 것이 자주 지적되고 있다. 그런 의미에서 스웨덴 복지의 구성요소는 '웰빙'의 질을 측정하기보다는 오히려 좋은 삶의 실현에 필요한 광범위한 영역의 자원(물질적 생활조건)을 누릴 가능성을 분석하는 데에 무게를 두고 있다(訓覇, 2002). 복지를 측정하기 위한 일차적 토대는 현실의 생활조건에 있다.

한국의 사회복지 정의는 인터넷 용어 검색을 통한 학습용어사전에 의하면, 사회복지란 사회 구성원의 기본적 욕구를 충족하여 삶의 조건을 보장하고 이를 통해 궁극적으로 사회통합을 달성하려고 하는 사회적 활동의 총체라고 한다. 넓은 의미에서는 사회 구성원들의 삶의 질 개선을 위한 모든 사회적 · 제도적 노력이라고 정의하는 것이다.[1)]

또한 사회복지 용어사전에 의하면, 사회복지란 'social welfare'로서 사회(social)와 복지(welfare)의 합성어이다. 복지(welfare)란 'well'과 'fare'의 합성어이다. 사전적으로 well은 satisfactorily, successfully, property fitting, reasonably 등의 뜻이고, fare는 state of thing으로 welfare는 '불만이 없는 상태', '만족할 만한 상태'를 의미한다. 그러므로 복지란 안락하고 만족한 상태, 건강하고 번영한 상태를 말하며, 행복 추구에 대한 가치이념을 의미한다고 볼 수 있다. 따라서 복지(welfare)에 사회(social)란 말이 첨가되어 사회복지는 '사회적으로 행복한 생활상태'를 뜻하는 것으로 정의하고 있다. 종합하면 한국에서 사회복지 개념은 제도와 정책이기도 하며 행복 추구를 위한 가치방향을 의미하는 다소 추상적이며 거시적 차원의 개념까지 포함하고 있다고 할 수 있다.

그리고 일본의 경우 발간된 사회복지사전에 나타난 정의를 중심으로 살펴

1) 다음(www.daum.net)에서 '사회복지' 키워드 검색 결과로 수집한 학습용어사전의 정의

보면 다음과 같다.

첫째, 현대복지학 렉시콘(1993)이다. 사회복지는 개인과 가족, 지역에서 일어나는 생활상의 어려움과 장해를 사회적 책임에 의해 해결 내지 완화하는 것을 목표로 하는 정책적 · 지역적 · 개인적 여러 활동을 총칭한다.

둘째, 복지사회사전(1999)이다. 사회복지 개념을 목적개념과 실체개념으로 나누고 목적개념은 사회 구성원의 행복한 상태 그 자체를 의미하는 것으로 정의하고 있다. 실체개념은 사회 구성원의 행복한 상태를 초래하는 수단과 방법을 의미하며 다양한 생활문제를 해결, 완화, 예방하는 것을 목적으로 하는 제도와 정책, 실천 등의 총칭이라 정의하고 있다. 사회보장의 개념에 따라서도 정의가 달라지기도 하는데 가장 넓은 의미로 구분하는 사회복지는 사회보장, 공중위생, 노동교육, 주택 등 생활 관련 공공시책의 총칭이라고 한다. 일본은 사회보장을 사회복지의 상위 개념으로 포괄적으로 받아들이는 게 일반적이다.

셋째, 사회복지사전(2002)이다. 생활 관련 공공시책을 총칭하는 광의의 개념과 자립이 어려운 사람들에 대한 시책이라는 협의의 것으로 나누어 구분하고 있으며 실체개념보다는 목적개념으로 이해하는 경우도 있다고 한다. 그것과 별개로 사회복지는 사회현실을 구성하고 있는 것이므로 사회구조나 동태로부터 이해해야 하는 것으로 대상을 사회적 대응으로 받아들이는 경우도 있다고 지적한다. 사회복지 대상자가 사회문제로서의 생활문제라면 사회적 책임이 발생하고 공공책임을 기본으로 하는 사회적 대응이어야 한다는 것이며, 동시에 사회복지의 대상을 그것과 다르게 규정할 수 있다면 공공책임이 후퇴하여 시장기제에 맡겨진 생활 관련 대책도 사회복지에 포함될 것이다. 일본의 정의에서 공통적인 것은 사회복지라는 개념은 제도와 정책이며, 실천으로서의 사회복지는 사회복지 원조기술이며 모든 차원을 포괄하는 것이다(訓覇法子 外, 2014).

2. 개념의 다양성 비교

공식적 제도로서의 사회복지는 생활이 어려운 사람에 대한 최저생활보장을 목적으로 하는 사회보장제도의 세 기둥-소득보장, 의료보장, 복지서비스-이다. 이 중 소득보장과 의료보장은 사회보장으로 분류할 수 있는데, 광의의 사회복지 속에 포함된다. 예를 들어, 동아시아 일본의 경우 사회보장 정의는 ILO 기준 정의와 달리 일본국 헌법 제25~28조에 규정된 사회권에 근거하여 일본사회보장제도심의회(1950)에 의해 다음과 같이 규정된다.

'사회보장제도는 질병, 부상, 분만, 폐질, 사망, 노령, 실업, 다자녀, 기타 곤란의 원인에 대하여 보험적 방법 또는 직접 공공의 부담에 있어서 경제보장의 길을 강구하며, 생활곤란에 빠진 사람에 대해서는 국가부조에 의해 최저한도의 생활을 보장함과 아울러 공중위생 및 사회복지 향상을 도모하여 모든 국민이 문화적 사회 구성원에 어울리는 생활을 이룰 수 있도록 하는 것'이다. 이에 따르면 사회보장은 사회복지 개념을 포함한다. 따라서 사회복지는 사회보장보다 좁은 개념이 된다.

일본의 경우에 처음부터 사회복지는 사회보장의 하위 개념이었으며 사회보장제도심의회는 사회적 약자에 대한 원호육성에 초점을 두고 정의하고 있다. 그 구체적 보장내용은 사회복지 6법(생활보호법, 아동복지법, 모자 및 과부 복지법, 노인복지법, 신체장해자복지법, 지적장해자복지법)으로 규정되었다. '국가부조의 적용을 받고 있는 자, 신체장해자, 아동, 기타 원호육성을 필요로 하는 자가 자립하여 그 능력을 발휘할 수 있도록 필요한 생활지도, 후생지도, 기타 원호육성을 행하는 것'이다.

일본 후생노동성의 사회보장제도는 외국보다 넓은 내용을 갖고 있으며, 국민 개별보험제도, 기업에 의한 고용보장, 자녀양육과 돌봄에 있어서 가족책임의 강조, 소규모 고령세대 중심의 사회보장 지출을 특징으로 하고 있다고 규정하고 있다(厚生勞動省, 2012 : 35).

일본과 달리 서구에서는 사회정책, 소득보장을 중심으로 하는 사회보장, 사회복지(social work)로 구별한 개념이 사용된다. 그러나 사회정책의 정의는 사회정책을 국민생활의 근간에 관계되는 생활조건 안정과 개선정책으로 긍정적으로 수용할 것인가? 아니면 자본주의 체제 유지의 안전판, 즉 노동력 보호대책으로 부정적으로 수용할 것인가에 따라 이해가 달라질 수 있다. 예를 들어, 스웨덴은 사회정책을 다음과 같이 정의하고 있다(Elmer et al., 2000 : 11). 즉, '국민의 타당한 생활조건을 보장하고 사회문제를 해결 또는 예방하기 위하여 국가가 직접 또는 지방자치단체나 다른 기관에 의해 이루어지는 공공정책'이다. 동시에 자주 사용되는 것이 역사적 변화에 대한 대응이 가능하며, 사회정책의 목적 여부와 관계없이 사용할 수 있는 기능에 중점을 둔 실용적 정의다(Nygren, 1990 : 31). 즉, 질병, 실업, 고령, 출산, 징병 등에 의해 취업이 불가능한 경우 소득상실에 대하여 경제적 안정을 보장하는 것이다.

첫째, 국민 집단 사이의 소득에 따른 생활조건을 동등하게 하는 것

둘째, 양질의 돌봄서비스를 다양한 형태로 제공하는 것

셋째, 노동력 재생산의 전제를 확보하는 것, 즉 필요한 출생률 유지, 건전한 양육환경과 좋은 교육의 보장

넷째, 경제발전에 기여하며 사회경제가 안정되게 하는 것

다섯째, 임금노동과 자본의 대립을 완화하고 정규 사회제어 수단으로서 기능하는 것

사회보장 개념이 일반적으로 사용되는 경우도 있는데, 사회정책이라는 개념은 노동정책과 동일시되는 역사적 배경을 가지고 있는 나라도 있다. 그러

나 최근 국제비교 연구에 있어서 사회정책 개념을 사용하는 연구자도 늘어나고 있는 것 같다.

국가나 지방자치단체에 의한 공공정책 중 경제적인 영역에 관한 것이 경제정책이며, 사회적 영역에 속하는 것이 사회정책이다. 무엇이 경제적이며 사회적인가를 구분하기는 어렵지만, 경제 안정이나 성장을 추구하는 정책을 경제정책이라 할 수 있고, 시민생활 안정이나 향상을 추구하는 공공정책을 사회정책이라 할 수 있다.

사회복지 개념을 가장 넓은 개념으로 해석할 경우 이상의 모두를 포함하여 국민의 경제적 · 사회적 안정이나 향상을 추구하는 모든 정책과 서비스까지 포괄할 수 있을 것이다.

한편 실천적 개념으로서의 사회복지(social work)는 사회복지실천 현장에서 전문적인 방법과 수단, 기술을 모두 포함하는 의미로 사회복지실천성을 설명하는 내용의 중심적 개념이 되고 있다.

사회복지가 제도로서 발달됨에 따라 그러한 제도체계에 맞게 발전된 여러 실천들이 하나의 전문직으로 체계화되면서 그 방법과 수단, 기술 모두를 사회복지라 할 수 있게 되었다. 그러나 사회복지가 무엇인가에 대한 물음에는 매우 다양한 정의가 포함되어 있어 공통적인 정의를 내리기가 쉽지 않다(Bergmark, 1998).

사회복지의 역사적 배경이나 발전과정에 대한 논의를 살펴보면 복수 관점에서 정리할 필요가 있다. 사회복지(social work) 개념을 어떻게 공식적으로 규정해야 할지 쉽지 않지만 몇 가지 시도를 해보자.

첫째, 일정한 정의 기준으로 구분하는 개념이다. 즉, 특별한 원조관계, 전문교육, 전문지식이나 기술, 사업조직, 인간관 등을 정해 규정하려는 시도이다. 이 방법의 문제점은 정의를 위한 단일한 기준을 발견하려는 것 자체가 어렵다는 것이다. 예를 들어, 사회복지를 사람들의 다양한 문제를 해결하기 위한 기술(art), 과학, 전문직업으로서 다차원적으로 파악하려는 정의도 있는 반면, 전문지식과 실천방법의 자세와 태도로 파악하려는 좁은 범위의 정의도 있다. 그것은 사회복지가 상이한 정치문화나 역사적 과정에 있어서 다양한 발전방식으로 변해왔기 때문이다. 유럽의 사회복지교육의 전통을 돌아보면 기독교, 박애주의, 페미니즘, 사회주의와 같은 4개 사상적 조류에 의해 발전되어 왔다(訓覇法子 外, 2014).

현 상황에서 세계에 가장 널리 보급되어 있는 정의는 1928년 파리 국제사회사업회의에서 만들어진 국제사회복지사연맹(IFSW : International Federation Social Worker)과 국제사회사업연맹(IASSW : International Association of School of Social Worker)에 의해 2000년에 채택된 것이다. 다양한 사회복지 분야의 특성을 모두 포함하기 위해서는 추상적 개념이 될 수밖에 없다. 그 정의는 다음과 같다.

'사회복지(social work) 전문직은 인간의 복리(well-being) 증진을 목표로 사회변혁을 진행하고 인간관계에서 문제해결을 도모하며 사람들의 임파워먼트와 해방을 촉구한다. 사회복지는 인간행동과 사회시스템에 관한 이론을 이용하여 사람들이 환경과 상호 영향을 미치는 접점에 개입한다. 인권과 사회정의 원리는 사회복지의 기반이다(IFSW, 2000 : 7).'

국제 문헌에 등장하는 사회복지 분류방식도 대상 영역과 집단, 실천목적이나 방법 등에 따라 다르다. 예를 들어, 사회서비스, 의료서비스, 교정사업, 기업복리후생, 학교복지 영역, 아동과 청소년, 고령자, 장애인, 알코올 및 약물 중독자, 학대당하는 아동과 여성·고령자, 홈리스, 문제가족 등 대상 집단이나 치료, 돌봄, 서비스, 교육적 사업, 예방적 사업, 급진적 사회행동 등 실천목적이나 방법에 따라 달라진다.

둘째, 사상적 조류의 비교이다. 사회복지 개척자나 사상적 조류로부터 정의하려는 시도가 있다. 어느 국가의 교과서를 보더라도 사회복지 개척자로 다루어지는 인물 중 하나가 미국의 메리 리치몬드(Mary Richmond, 1861~1925)와 제인 애덤스(Jane Adams, 1860~1935)이다. 이 두 사람은 사회복지 발전에 영향을 끼쳤을 뿐 아니라 전문성을 두 방향으로 발전시켰다. 리치몬드는 일찍 부모님을 잃고 빈곤한 환경에서 자라나 대학교육을 받을 기회가 없었다. 그러나 전문교육을 받은 사회복지사에 의한 빈곤구제사업을 중요하게 보고 사회문제의 과학적 진단 『사회진단(Social Diagnosis, 1917)』을 발표하여 체계적이고 과학적인 조사의 중요성을 케이스워크의 전제로서 주장하였다. 단, 개인에게 초점을 두고 있었으므로 문제에 대한 근원적 개입이 없는 것이 특징이다(訓覇法子 外, 2014).

리치몬드와는 대조적으로 애덤스는 유복한 가정환경에서 자라나 대학교육을 받을 기회를 누렸다. 빈곤문제는 지원자와 수혜자가 상호 배우는 관계를 통하여 대응해야 한다고 강조하여 사회복지사가 빈곤지역에 거주하며 빈곤자와 일상생활을 공유하는 것을 중요하게 생각하였다. 런던의 세틀먼트 하우스인 토인비 홀(1884)을 모델로 하여 시카고에 헐 하우스(1889)를 개설하였다.

유럽의 경우 나름대로의 전통에 의해 달라질 수 있다. 근대적 사회복지의 원형이라 할 수 있는 것이 1800년대 유럽 박애주의자들에 의한 자선사업이다. 런던 자선조직협회인 COS는 빈곤자를 대상으로 한 체계적·개별적인 지원사업을 케이스워크로 발전시켰다. 철저한 조사에 의해 빈곤원인이 자기책임에 의한 것이 아니라는 점을 지적하였는데, 그 배경에는 구빈법에 의한 구제해야 할 가치 있는 빈민과 자기책임에 의한 가치 없는 빈민을 선별하는 빈곤관이 있었다.

사상적 조류는 다르지만 19세기 후반 영국에서 사회주의 운동을 전개한 페비언 협회도 대도시 빈곤구제에 대응하였다. 또한 1912년 런던 정경대학(LSE)에서 사회복지사 양성교육이 시작되었다는 점도 중요한 역사적 사실이다.

또한 1800년대 말 COS에서 활약했던 힐(Octavia Hill, 1838~1912)은 친구들의 방문이나 가정방문과 같은 방법을 발전시켜 자선사업과 구빈사업의 연계를 도모하여 유럽의 사회복지실천 발전에 큰 영향을 끼쳤다.

독일의 살로몬(Alice Salomon, 1872~1948)은 사회복지사 양성교육에 힘을 쏟아 IASSW의 최초 회장을 역임하였고 정년 후에는 미국에서 강연활동을 전개하였다.

독일의 크룸커(Christian Jasper Klumker, 1868~1942)는 아동의 양육이나 노숙인 구제에 힘써 1911년 빈곤이론에 관한 박사논문을 완성하였다. 그 후 프랑크푸르트 대학에서 최초로 사회복지와 사회교육 교수에 취임하여(1914) 1920년대 초부터 시작된 스웨덴 사회복지사 전문교육에 막대한 영향을 끼쳤다.

호주의 코노프카(Gisela Konopka, 1910~2003)는 나치정권에 쫓겨 망명처 미국에서 그룹워크 발전에 공헌하였고, 유럽과 미국의 전통을 융합한 업적이 높게 평가되었다(訓覇法子 外, 2014).

오늘날 과학으로서 사회복지학은 사회과학의 한 영역으로 간주되는 경우가 많지만, 1900년대 초 사회복귀를 위한 치료를 둘러싼 논의의 중심에 있었던 것은 유전적·생물학적 사회의학 지식이었다.

역사적으로 볼 때 사회복지는 다양한 사상적·과학적 전통에 의해 구축된 산물이었다. 사회복지 사상사를 고찰하기 위해서는 산업화나 도시화에 의한 사회구조의 변화, 가족이나 사회적 네트워크 기능의 변화, 사회과학 연구의 발전, 정치사상이나 사회문제의 발전, 공공 구빈사업의 조직화와, 박애주의 운동, 사회정책 논의나 사회개량사업 등 사회발전을 좌우해 온 다양한 원인과 관련해서 생각할 필요가 있다.

셋째, 시대와 상황의 비교이다. 사회복지 개념은 일정한 사회적 관계와 조건에 연관하여 형성된다는 것이다. 다수 연구자 사이에서 공통적인 것은 1900년 전후 서양에서 경제적 · 사회적 변화에 의해 과거의 구제사업이나 사회질서가 기능하지 못하게 되면서 근대 사회복지가 필요하게 되었다는 견해다. 즉, 자본주의와 자유경쟁을 기반으로 하는 시장경제가 낳은 도시문제나 대량 구빈문제 등의 다양한 사회문제에 대한 반동의 산물로서 등장하였다고 할 수 있다. 그런 의미에서는 사회복지는 근대사회의 자유와 규율의 위기에 의해 생겨난 결과였다. 또한 1900년대에 발전한 근대적 사회정책의 일환으로서 사람들의 행동을 통제하고 사회와 인간의 문제를 치료하는 역할을 담당해 왔다고 할 수 있다.

그러나 역사적 발전을 현재의 사상적 관점에서 고찰함으로써 왜곡될 위험성도 있다. 또한 아동양육이나 노인돌봄에 관한 사회적 책임에 대한 시각은 유럽, 아시아, 북유럽 등 국가나 문화에 따라 크게 다르며 세계적으로 공통적인 보편복지 역사를 기록하기도 어렵다. 각자 역사적 단계는 개별 국가의 독특한 사회시스템에 의존하므로 다양성 속에서 서로 다른 점만을 다루는 것이 의미 있는 비교라고 하기는 어렵다.

넷째, 방법과 기술 중심으로 비교하는 방법이다. 독자적인 사회복지 방법으로부터 본질을 파악하려는 방법도 있다. 사회복지의 전통적 방법은 크게 세 가지로 분류되어 왔다.

개별원조기술인 케이스워크, 집단원조기술인 그룹워크, 지역원조기술인 커뮤니티워크이다. 이에 더하여 간접적 실천방법으로서 사회복지조사, 사회복지행정 등을 들 수 있다. 그러나 일반적으로 승인된 사회복지 방법에 대한 정의는 찾아볼 수 없다(訓覇法子 外, 2014).

실시절차가 명확하고 재연이 가능한 보편적 방법으로 체계적으로 구조화되는 일반적 방법을 강조할 것인가? 각 영역에서 사용할 수 있는 방법을 기술하고 각 직업분야의 기술을 확인하는 것이 중요한가? 실천방식에 따라 달라질 수 있지만, 방법과 이론 사이의 경계선은 명확하지 않다(Turner, 1996).

실천을 과학적으로 평가하고 측정할 수 있고 체계화된 지식과 재연할 수 있는 보편성을 가진 방법으로 확립하는 것에 문제는 없을까? 표준화된 과학지식에 근거한 실천방법이 클라이언트의 주체성 부재를 낳을 위험성은 없을까? 이와 관련하여 기계적이고 표준적 실천방법은 실질적 변혁 추진에 필요한 복지사와 클라이언트의 진실한 인간관계 형성을 어렵게 할 수도 있다. 또한 문제의 원인보다 표면적 증상 치료에 머물러 클라이언트의 문제 통찰로 이끄는 과정을 무시하는 결과를 낳을 수도 있다. 또한 특정 방법이 특정한 사례에만 효과를 보인다면 보편적인 사용이 어렵다.

사회복지실천 기반이 복지사와 클라이언트 사이에 형성되는 인간관계에 있다면 특정 방법의 획일적 적용과 평가는 옳지 않다. 그리고 과학적으로 실증된 지식에 근거한 방법이지만 적용할 때 윤리적 문제가 발목을 잡을 수도 있다. 동시에 복지사 지원과정에서 클라이언트의 영향력을 강하게 하고, 복지사의 권력행사를 축소하는 방법도 가능하므로 그 옳고 그름에 대한 논의는 매우 복잡해질 수 있다.

우리가 사회복지 방법을 논의하기 어려운 이유는 실천내용을 분석하는 기준이 형성되지 않았고, 개방적인 사회환경에 적용되는 다양한 개입방법을 비교·평가하는 것 자체가 어렵기 때문이다. 또한 방법을 이론으로 연결시키는 데 필요한 체계적 연구노력이 부족했을 수도 있다. 또한 실천에 크게 의존하는 과학이면서도 연구와 실천 사이에 괴리가 생기고 있기 때문이라고 할 수 있다. 이론과 실천의 차이에 의해 방법론 개선이 늦어지면서 시장에서 값싼 가격으로 쉽게 손에 넣을 수 있는 실천모델이 일시적으로 유행했다가 소멸되어 버리는 이벤트성 복지실천이 유행하면서 보편적 방법으로의 연결이 단절될 수 있다.

3. 사회복지의 사회적 기능

첫째, 개인주의와 연대주의이다. 공동사회(gemeinschaft)와 이익사회(gesellschaft) 개념을 바탕으로 서로 다른 개인사회 대 연대주의 사회 모델을 설명할 수 있다(訓覇法子 外, 2014).

개인주의 사회 모델은 자신의 인생을 결정하는 것은 자기 자신이며 공동체 이익과 최선을 도모하기 위하여 희생은 필요 없다고 생각한다. 사람들은 사회적 지원을 받을 일반적 권리를 갖지 못하고 가족이나 친족의 부양의무가 중요시되며 빈곤자를 구제할지 여부를 판단하는 것은 각 개인에게 맡겨야 한다. 따라서 국민의 복지와 사회권에 대한 국가 책임은 최소한으로 억제되고 가족이나 임의조직, 시장에게 책임이 있다. 이 모델은 개인의 선택자유는 크지만 욕구를 혼자 힘으로 충족시킬 수 있는 사람들에게 유리하게 작동한다.

연대사회 모델은 공통이익이나 복지를 충족시키기 위하여 사회 구성원이 서로 돕고 국가의 책임에 의해 높은 수준으로 조직된 복지사회를 추구한다. 시장이나 임의조직, 가족보다도 국가가 복지 생산이나 공급에 대한 책임을 진다. 또한 사회복지 조직자로서 주요한 역할을 하는 사회이다. 사회적 약자들은 자선사업에 의존할 필요 없이 발달환경에 문제가 보이는 아동이나 청소년, 돌봄을 받을 수 없는 노인들은 욕구에 따라 공공지원을 받을 수 있다. 물론 국민에 대한 과보호나 통제과잉을 염려하는 비판의 목소리가 있다. 북유럽의 사회서비스나 복지조직화는 연대사회를 모델로 발전해 왔다. 반면 북유럽 복지국가에서는 돌봄과 통제라는 상반된 기능 사이에 긴장관계가 발생하기 쉽다. 예를 들어, 일탈행동의 교정 및 사회복귀, 학대나 부모의 양육포기 등으로 인한 시설보호도 모두 복지기능으로 작동해 왔다.

둘째, 사회민주주의와 급진주의이다. 양자는 사회복지의 사회적 기능과 국민에 대한 관계를 이해하는 데에 효과적이다(Payne, 1998).

사회민주주의 관점은 사회정책과 복지서비스를 복지국가 건설을 담당하는 중요한 역할과 수단으로 보고 있다. 경제정책과 보편적 사회정책은 대부분 국민이 실업이나 이혼 등 사회구조 변화에 의한 다양한 생활 위기와 사고에 노출되는 것을 예방한다. 이와 같은 생활안전 보장제도의 한 부분을 담당하는 것이 사회복지이다. 과거의 억압적이고 통제적인 구제방법은 클라이언트를 지원대책의 중심에 두고 사회권 보장의 목적을 명확히 하는 실천으로 전환되었다. 이런 관점이 스칸디나비아의 모델이다(訓覇法子 外, 2014).

급진적 관점은 복지제도의 주요한 기능을 사회통제와 국가의 권력행사로서 받아들인다. 광기의 역사(Foucalt, 1961)나 감옥의 탄생(Foucalt, 1975)을 연구한 철학자 푸코(Foucault)는 근대적 치료를 위한 사회제도로서 설치된 시설은 실제로는 사회를 일탈자로부터 보호하고 그들을 사회에 적응시키는 것을 중요한 목적으로 한 것이었다고 분석한다. 복지제도를 국가 기구와 자본주의 체제의 일부로 보는 마르크스주의적 사상에 근거하는 급진적 사회복지는 자본주의 체제 유지를 위한 안전망 또는 자본주의 체제가 초래한 여러 문제를 처리하는 역할을 한다고 지적한다. 이런 관점에 공통적인 것은 산업사회의 체제 안전을 유지하기 위하여 지배당하는 존재로서 클라이언트를 해석하는 것이다. 그렇다면 경제가 발전하고 정치적으로 자유로운 국가에서 사회복지사들의 힘은 매우 막강해야 한다. 하지만 현실에서는 그 역할은 과중하지만 지배적인 힘을 갖고 있다고 보기는 어렵다.

한편 이와 달리 사회복지를 다른 사회현상과 동일하게 정치 · 경제 · 사회 조건하에서 다양한 집단이 적극적 역할을 하면서 만들어진 사회적 산물이라 이해하는 사회구조주의(social constructionism)도 무시할 수 없다(Payne, 1998). 우선 무엇이 사회적인지를 정의하는 것이 중요하다. 예를 들어, 빈곤은 언제나 존재했지만 특정 역사적 시점부터 사회문제로 인식되었다. 또한 사회문제가 정치적 개입 또는 사회적 대응에 의해 해결 가능한 문제가 되어야 한다. 빈곤문제 해결을 위해서는 다른 방법보다도 사회복지가 유용한 수단이라는 것이 실증되어야 한다는 것이다. 즉, 문제해결에 관한 사회적 용인을 얻으면 국가의 개입이 가능해진다. 노숙 빈민에 대한 처우는 단속과 처벌이 주된 개입이었지만, 이후 복지사업으로 전환되면서 이용서비스와 시설이 제공될 수 있게 되었다. 이처럼 복지제도 발전은 지배층과 권력관계나 정치적 · 경제적 · 사회적 조건에 의해 크게 좌우되어 왔다.

사회구조주의 시도의 하나로서 페인(Payne)은 사회복지(social work)를 ① 사회복지에 관한 이론, ② 사회복지실천 방법에 관한 이론, ③ 클라이언트의 현실에 관한 이론으로 세 가지로 분류한다. 사회복지의 본질에 관한 이론은 모든 사람들의 견해를 동일하게 끌어내는 것이 아니라 다양한 이해가 존재한다. 하나의 이론적 현실이 존재하는 게 아니라 사회복지사의 매일 실천에 의해 사회복지라는 사회적 현실이 만들어지는 것이 사회구조주의 관점이다. 사회적 현상은 자연현상과 달리 우리들의 행위를 좌우하는 개인의 사회적 조직에 의해 만들어지므로 사회적 현실에 관한 이해는 서로 달라질 것이라 생각된다. 공통적 현실 이해는 지식을 조직화하고 객관화하는 다양한 사회적 과정을 통하여 사람들 사이에서 지식이 공유됨으로써 가능해진다.

사회구조주의 관점에서 사회복지이론은 치료를 위한 이론, 사회변혁을 위한 이론, 사회질서 유지를 위한 이론으로 구분할 수 있다.

첫째, 치료를 위한 이론은 개인적 인간발달과 자기실현을 돕는 실천을 통하여 개인과 가족, 공동체의 복지를 목적으로 하는 노력이다. 사회복지사와 클라이언트의 상호작용이 클라이언트의 현실 이해에 영향을 미치고 나아가서는 이해를 바꿀 수 있다. 클라이언트도 마찬가지로 사회복지사의 클라이언트에 대한 이해에 영향을 끼친다. 상호 영향을 끼치는 과정이 사회복지사를 내적이며 치료적인 것에 집중하게 하며 그 과정을 통하여 클라이언트는 스스로의 감정이나 생활양식을 이해하고 문제해결을 도모할 수 있게 된다.

둘째, 사회변혁을 위한 이론은 사회복지 목적을 가장 억압당하고 불이익을 당하는 사람들이 자신의 인생을 통제할 수 있는 권력을 쟁취할 수 있도록 사회연대와 상호부조를 구축하는 데에 둔다. 사회복지사에 의해 사람들이 억압에서 벗어나므로 해방적 접근이라고도 할 수 있다. 평등과 사회적 공평을 촉진하는 계획경제와 사회적 개입을 전환하므로 사회주의적 정치철학의 사고방식과 유사하다.

셋째, 질서유지를 위한 이론은 사회복지는 개인에게 제공되는 사회서비스로 보고 있다. 개인의 욕구를 충족하고 서비스의 효과적 기능 개선을 목적으로 하므로 관리적 접근이라고 할 수 있겠다. 이는 시장에서 개인의 자유를 중시하는 자유주의적 정치철학에 서 있다. 물론 모든 복지이론들은 자기 실현과 발전을 목표로 하므로 다양한 견해를 이해함으로써 실천영역의 다양성이나 문제에 대한 이해가 높아질 수 있을 것이다.

4. 전문성과 복지모델

교과서나 전문서 등 다수 문헌에서 시도되는 사회복지 동향이나 제도의 이해방법은 일정 기준을 설정하여 분류하는 것이다. 그러나 이런 기준은 국가에 따라 달라지므로 대부분 극단적으로 단순화된 기준을 사용하기 위하여 비교방식이 제각기 달라지는 현상이 나타난다. 여기서는 사회복지 전문직 중심의 내용과 복지모델의 사례를 살펴보자. 각 모델 중 복지레짐의 경우, 뒤의 국제비교의 필요성과 전개에서 그 방법에 대해 더 자세히 다룰 것이다.

1) 사회복지 전문성의 비교

사회복지의 주요 특징은 빈곤자를 주된 대상으로 하는 세계적 공동사업이라는 것이다. 그러나 산업이나 인구 증가 등에 따른 다양한 사회발전과 서로 다른 전통에 의해 조직이나 업무내용은 크게 다르다. 그 기능이나 역할은 치료 · 교육 · 사회행정 · 돌봄 · 옹호 · 사회개발 분류까지 다양하게 펼쳐져 있다. 예를 들어, 미국은 케이스워크 전통의 치료적 성격이 매우 강하다.

전문교육도 국가에 따라 다르지만, 공통적으로 사회정책, 사회학, 심리학, 법학, 정치학 등의 사회과학 영역의 지식에 기초를 두고 있다. 그러나 사회복지사 자격을 얻기 위한 전문교육을 요구하지 않는 국가도 존재한다. 정치적 · 사회적 · 문화적 조건에 의해 북아메리카, 라틴아메리카, 유럽, 아시아, 중동, 아프리카, 오세아니아 6개 지역으로 나누어 전문직으로서의 특징을 비교한 연구에 의하면, 사회복지 개념이나 전문직업으로서의 조직화는 선진국 및 개발도상국 양쪽에 존재하며 공통적인 역할은 사회문제 해결이나 감소이다.

빈곤과 알코올 · 약물남용, 아동소외와 청소년 문제, 노인돌봄 등 다수 사회문제가 공통적 대상영역이지만 복지조직화나 고용조건, 국제권력과의 관계 등에는 차이가 있다(訓覇法子 外, 2014).

〈표 2-1〉 사회복지 전문직 특징 비교

구 분		선진공업국	개발도상국
사회복지	사회복지와 사회복지사의 정의	동질의 직업집단에 의해 실천되고 명확히 정의된 영역	다양한 직업집단이 사회복지사로 간주되고 명확히 정의되어 있지 아니한 영역
	역사	길다	짧다
	주요 임무	개인 문제	공동사회, 지역사회 문제
	이론과 방법의 전통	정신역동학적 전통 케이스워크	지역사회복지, 사회동원, 교육학적 전통, 급진적 사회사업
사회복지사	고용형태	행정기관 중심 고용	임의조직, 교회, 시민사회 고용
	주요 고용주	행정기관	비행정기관
	권력과 권한	상대적으로 강한 권력 보유 사람들의 의지에 반하여 개입이 가능하며 국가 기관과 밀접한 관계를 가짐	상대적으로 약한 권력을 가지며 대행하는 사람들에게 의존
	교육	고등전문교육 과학적 지식 중심	비고등 전문교육 직장훈련 중심
	전체 인구 대비 교육받은 비율	높다	낮다
	사회복지 연구	유	무
	전국적인 직업집단과 이익조직, 전문화 정도	강한 조직 전문화를 적극적으로 촉진	약한 조직 낮은 전문적 프로파일

출처 : Meeuwisse & Sward, 2009 : 198, 訓覇法子 外, 2014 : 28 재인용.

국제비교의 근본 문제는 사회복지 정의와 다른 전문영역과의 경계가 분명하지 않은 것이다. 국가마다 뚜렷한 정의도 정해져 있지 않다.

개발도상국은 경제발전이나 사회발전을 위하여 많은 사회개발 프로젝트에 사회복지사가 참여하지만, 권리옹호나 지역사회 활동이 중심적 역할이다. 사회복지(social work)라는 용어 대신에 지역개발이나 임파워먼트 용어가 사용되는 경우가 많다.

1970년대에 발족한 사회개발사업을 위한 국제기구 IUCISD(Inter University Consortium for International Social Development)는 사회적 · 경제적 공평과 평화, 차별

폐지 등 사회변혁사업을 위한 지역모델(holistic community-based model) 보급에 힘을 쏟아왔다. 이런 사업도 사회복지에 해당되는지 명확하지 않다(訓覇法子 外, 2014).

선진국도 용어의 의미와 사용방식은 국가에 따라 다르다. 독일을 중심으로 유럽에서 발전한 사회교육학과 사회복지를 구별하는 국가도 있지만 그렇지 아니한 국가도 있다. 바이마르 공화국에서 사회정책의 구체적 수단으로 자리잡은 사회교육학은 아동・청소년이 주 대상이며 정신역동학적 전통(케이스워크)보다도 교육학적인 내용을 중시한다(Lorenz, 1996). 청소년을 위한 갱생사업이나 지역사회 활동을 사회복지라 간주하는 국가도 있지만 그렇지 않은 국가도 있다. 노인복지는 현재 다수 국가에서 중요한 분야로 발전해 왔지만, 북유럽에서는 전통적으로 서로 다른 직업집단에 따라 대응해 왔던 점이 다르다.

후발국가와 선진공업국 사이에서 사회복지의 역할과 기능도 다르다. 아프리카, 라틴아메리카나 아시아 등은 여전히 사회문제가 가족, 교회 또는 지역사회의 여유 있는 계층에 의해 해결되는 경우가 많다. 대부분의 도움이 임의조직에 의해 제공되고 다수의 사회복지사는 사회경제를 발전시키고 정치적 변혁을 목적으로 하는 사회개발 프로젝트에 종사하는 것이 일반적 경향이다(訓覇法子 外, 2014). 한편 피임도구에 관한 조언, 에이즈 환자를 예방하는 홍보와 계몽활동에 더하여 미성년자의 매춘, 거리 아동이나 전쟁 희생자 등에 대한 지원 프로젝트도 이들 나라 사회복지사의 주요 업무이다.

많은 선진 산업국가는 자선사업에서 현대적 사회복지가 발전하고 전문교육화가 진행되어 왔다. 또한 전문교육의 발전에 따라 직업전문화가 진행되어 왔다. 세계적으로 사회복지사 숫자가 가장 늘어났던 1950~1960년대에 아프리카, 아시아, 중앙 및 남아메리카 등에서는 전문교육이 본격적으로 발전하였다. 또한 이전 식민지 국가에서는 국가의 독립과 함께 복지사 교육이 시작되었다.

유니세프와 선진국 등이 개발도상국의 전문교육 조직화에 대한 재정적 지원을 시작하였다. 전문교육의 경험이 오래된 유럽이나 미국에서도 새로운 교육조직화에 의한 확장이 이루어졌다. 복지전문교육을 대학 등의 고등교육기관으로 통합한 국가도 있지만, 그렇지 않은 국가도 있다.

1970년대에 들어오면 과학적 성격도 강화되고 연구활동도 발전되어 왔다. 이론이나 실천방법 발전에 따라 사회복지사 노동조합 등의 이익조직이나 독자적인 전문기관지의 발행도 활발해졌다.

전문성을 비교할 경우 서양의 선진공업국의 문화발전 정도나 가치기준을 출발점으로 하고 있다는 점은 비판받을 수 있다. 각 나라의 산업화 정도나 문화적 상황에 따라 영향이 있기 때문이다. 유럽이나 미국에서 개인을 강조하는 케이스워크 전통은 주민 상호부조 문화나 권위에 대한 존중도가 높은 사회에서는 큰 의의를 갖지 못하는 경우가 많다(Payne, 2008). 예를 들어, 가족에 대한 사고방식은 한국과 일본, 중국 등 아시아와 유럽이 크게 다르다.

가족 구성원의 자립과 자율을 중요시하는 유럽에 대하여 다수 국가에서는 부모의 권위나 공동체로서의 친족 인연이 중요시된다. 많은 연구자에 의해 선진 산업국가에서 발전해 왔던 이론이나 모델은 아프리카나 아시아 지역에 적용할 수 없다는 것이 지적되었고 선진국에 초점을 두는 것에 대한 비판이 제기되었다(Hall & Midgley, 2004).

2) 복지모델의 다양성

다양한 국제적인 복지모델을 비교하는 것도 사회복지의 특징을 이해하는 방법이다(訓覇法子 外, 2014). 복지모델이라는 용어가 사용되는 것은 복지국가 정의로 모두 설명할 수 없는 복지시스템도 비교대상으로 하기 때문이다(Titmuss, 1974; Esping-Andersen, 1990).

복지국가나 복지시스템의 분류에 있어서도 사회정책 모델(Korpi, 1981), 복지레짐(Esping-Andersen, 1990), 빈곤레짐(Leibfired, 1992), 이념형 사회보장 모델(Korpi & Palme, 1998), 사회부조 레짐(Ledemel & Schulte, 1992; Lodemel, 1997; Gough et al., 1997) 등의 연구용어가 사용되고 있다.

더욱이 사회복지는 복지국가의 탄생 이전부터 존재했으며 반드시 복지국가 형태로만 운영되고 있다고도 할 수 없다. 그러나 사회정책과 사회복지의 상호 의존관계가 중요한 것은 사회복지가 가장 확장된 1950~1960년대가 보편적 복지국가 프로그램이 발전된 시기와 겹치기 때문이다. 당시 전문교육을 받은 사회복지사 대부분이 새로운 복지국가의 사회정책 프로그램이 필요한 행정서비스에 종사하고 있었다.

국제적으로 사회복지 유형을 이해하는 기준으로 주로 사용되는 것이 복지레짐 유형에 의한 모델이다. 제2차 세계대전 후 선진국들은 과거의 사회정책을 각자 집대성하여 다양한 복지유형을 발전시켰다.

초기의 시도로서 미국의 정치학자 윌렌스키(Wilensky), 영국의 사회정책학자 티트머스(Titmuss)를 들 수 있다. 그 후 복지레짐 유형을 시도하여 다른 연구자에게 큰 영향을 끼치고 오늘날 가장 많이 인용되는 학자가 에스핑 안데르센(Gosta Esping Andersen)이다. 이를 잇는 유형화 시도는 사용되는 지표나 해석방법에 따라 유사성과 차별성이 동시에 나타나고 있다. 안데르센의 해석법도 지표의 추가적 특징과 표준화의 신뢰성이나 가중치 등에 대하여 비판을 받아왔다(Bambra, 2006; Castles & Mitchell, 1993; Kangas, 1994).

몇 가지 국제비교 모델들을 살펴보면 다음과 같다.

첫째, 사회경제적 요인을 강조하는 모델이다. 1960년대부터 1970년대에 걸쳐 복지국가 연구는 복지국가의 발전을 산업화나 경제적 발전수준, 인구구조 등의 사회경제적 요인을 사용하여 설명하는 것을 강조하였다. 복지국가는 사회경제 발전에 수반하여 필연적으로 발전하는 것이라는 산업화론에 근거하여 주장되는 것이 복지국가 수렴론이다(訓覇法子 外, 2014).

계량분석에 의해 복지국가 발전의 해명을 시도한 커트라이트(Cutright, 1965)는 경제의 발전수준과 사회보장의 발전수준 사이에 명확한 관련성이 있다는 것을 분명히 하였다. 윌렌스키는 복지국가 발전은 사회보장비의 GDP에 대한 비율, 국민 1인당 GNP, 고령자 인구비율, 사회보장제도의 경과기간 등 요인에 의해 설명이 가능하다고 지적하였다. 또한 정치적 체제요인은 유의한 설명력이 없다고 하여 풍요한 국가가 점차 복지국가로 수렴해 가는 경향을 지적하고 선진적 복지국가를 제도적(institutional), 미숙한 후발복지국가를 잔여적(residual) 복지국가라 명명하였다.

둘째, 선별적·보편적 복지 모델이다. 복지국가라는 개념을 중요시하고 본격적인 복지국가 이해와 국제비교를 시도한 것은 영국의 티트머스(Titmuss)였다. 티트머스는 윌렌스키와 동일한 개념을 사용하지만 복지국가 사이의 차이를 분석하기 위하여 중요한 의미를 지닌 정치사상에 주목하였다. 당시 복지국가가 수렴과 확산의 상반하는 동태과정을 보이기 시작했던 것도 복지국가의 차이가 주목받은 이유였다. 티트머스는 사회정책을 ① 잔여적 복지 모델(residual welfare model), ② 산업적 업적달성 모델(industrial achievement-performance model), ③ 제도적 재분배 모델(institutional redistributive model)로 분류하였다.

잔여적 복지 모델은 자유주의 경제의 산물이며 복지의 생산과 공급책임을 시장과 가족에게 요구하며 국가는 예외적으로 필요한 것에만 최소한 개입한다.

산업적 업적달성 모델은 중앙유럽 각국을 대표하는 정치적 보수주의를 기반으로 하며 사회정책적 해결은 국민의 노동시장에서의 기여 정도에 맡긴다. 따라서 사회보험이나 조합주의적 해결을 주요 수단으로 한다.

제도적 재분배 모델은 사회민주주의에 입각하여 공공부문에 의한 사회자원의 재분배를 중요시하는 보편적 사회정책을 특징으로 한다. 국민의 복지에 대한 국가의 책임이 중요시되고 대부분 사회정책적 해결은 공적 책임에 의해 수행된다.

셋째, 에스핑 안데르센 복지레짐 모델이다. 복지국가 개념만으로는 잔여적 복지 모델이 포괄적으로 설명되지 않으므로 복지의 생산・분배의 종합적 시스템(국가, 시장, 가족)으로서 복지레짐(welfare state regime)이라는 개념을 사용한다. 『복지자본주의의 세 가지 세계(Esping-Andersen, 1990)』를 비롯한 일련의 저서에서 유럽뿐만 아니라 세계 전체의 발전상황을 고찰하여 ① 사회민주주의 복지레짐, ② 보수주의・조합주의 복지레짐, ③ 자유주의 복지레짐을 대표적인 유형으로 분류하였다.

또한 권력자원의 양과 질, 사회적 지출의 크기만 비교하는 연구방법으로는 복지국가의 다양성을 설명하는 것이 어렵다고 보고, 탈상품화(decommodification), 계층화(stratification)라는 두 가지 지표에서 복지레짐이 사회구조에 초래하는 효과 분석(사회계층적 차이와 사회적 불평등)을 시도하였다.

1990년대 초에는 에스핑 안데르센의 유형에 관한 비판과 함께 보완연구가 많이 이루어졌다. 또한 페미니즘 연구자(O'connor, 1996; Orlof, 1993)에 의한 여성이 배제된 유형화라는 비판에 의해 탈가족화 지표에 의한 가족정책의 유형화도 풍부히 이루어졌다.

이러한 도전의 결과 등장한 것이 이탈리아, 스페인, 포르투갈 등의 지중해 국가들을 대표하는 가족을 기반으로 한 남유럽 복지레짐이다(Arts & Gelissen, 2002; Bonoli, 1997; Ferrera, 1996; Leibfreid, 1992). 이 레짐은 미발달 복지레짐으로 간주되어 보수주의적・조합주의적 복지레짐의 하위모델로 자리 잡고 있다. 나아가 구사회주의권의 복지레짐은 탈코뮤니즘 모델로도 불리고 있다(訓覇法子 外, 2014).

지금까지 국제유형화 시도를 정리하면(15~18개 국가) 각 복지레짐의 중심이 되는 국가들과 엄밀히 어떤 레짐으로 분류할 수 없는 중간적 국가로 분류할 수 있다(Bambra, 2004; Bonoli, 1997; Castles & Mitchell, 1993; Esping-Andersen, 1990, 1999; Ferrera, 1995; Korpi, 2000; Korpi & Palme, 1998; Leibfreid, 1992).

자유주의 복지레짐 국가의 중심은 호주, 캐나다, 미국, 영국, 뉴질랜드, 아일랜드이다. 스위스는 기본적으로 보수주의 복지레짐으로 분류되지만, 자유주의 복지레짐(Castles & Mitchell, 1993; Korpi & Palme, 1998), 또는 남유럽 복지레짐(Bonoli, 1997)으로 분류하는 등 연구자에 따라 약간 다르다.

보수주의 복지레짐의 대표 국가는 프랑스, 독일, 네덜란드, 벨기에, 스위스, 이탈리아이다. 그런데 에스핑 안데르센은 호주와 함께 네덜란드와 벨기에를 사회민주주의 복지레짐으로 분류하는데, 캐슬과 미첼(Castles & Mitchell)과 같은 다른 연구자들도 동일한 레짐으로 분류하고 있다. 에스핑 안데르센은 핀란드를 보수주의 복지레짐으로 보았지만, 다른 연구자의 분류에 의하면 스웨덴, 노르웨이, 덴마크와 함께 사회민주주의형 복지레짐을 대표한다(Castles & Mitchell, 1993). 남유럽 복지레짐을 대표하는 전형적인 국가는 그리스, 포르투갈, 스페인이며, 이탈리아나 프랑스, 스위스를 남유럽 복지레짐의 주변국으로 분류하는 경우도 있다(Pitruzzello, 1999).

나아가 한국의 경우를 직접적으로 언급하고 있지 않지만, 일본의 경우 자유주의 복지레짐(Bambra, 2004; Castles & Mitchell, 1993) 또는 보수주의 복지레짐(Esping-Andersen, 1990, 1999; Korpi & Palme, 1998)으로 분류되는 것처럼 국제비교 연구에 있어서 아시아는 유형화가 어려운 경우라고 생각된다.

경제의 글로벌화에 의해 노동시장 변용에 의한 고용불안 증대, 격차 확대와 빈곤의 심각화 등 생활안전이 위협받기 쉬운 지식사회에 필요한 것이 생산적 사회정책과 사회투자, 제3의 길이라는 주장도 제기되었다(Giddens, 1991; Morel, Palier & Palme, 2012).

사회투자의 국가적 관점은 새로운 사회적 리스크의 예방과 지식사회가 필요로 하는 인간자본에 대한 투자를 사회정책의 새로운 역할로서 지위를 주는 것이다. 신자유주의를 대신하는 이러한 새로운 정치 패러다임은 강한 경제는 강한 복지국가(생산과 재분배의 양립)를 필요로 한다는 점에서 케인즈형 복지국가의 재생을 뜻한다.

복지레짐 모델을 사회복지 유형에 적용하기 위해서는 일련의 비판을 감수해야 한다. 특히 여성 연구자는 복지레짐 유형은 남성을 규범으로 하며, 가족, 시장, 국가에 대한 여성 역할을 가볍게 다루고 있다고 비판한다. 더 세부적인 유형화가 시도되면 복지국가를 대신에 사회보험국가, 사회서비스 국가－보육서비스나 노인을 위한 가사원조서비스 등의 새로운 개념들이 등장하였다.

사회변화와 함께 복지국가도 변하고 수렴론을 대신하여 복지다원주의 또는 복지믹스의 발전경향이 지적되어 왔다. 이미 존재하는 어떤 복지레짐으로 분류하는 것이 어려운 경우에도 복지믹스로는 설명이 가능할 수 있다.

2000년에 도입된 일본의 개호보험제도는 조치부터 계약으로 민간사업자들의 참여를 비약적으로 확장시켰다. 그러나 사회적 지출이 압도적으로 노인분야에 집중되면 앞으로 우리는 일본을 연금자 국가 또는 개호 국가라는 성격으로 새롭게 규정해야 할지도 모른다. 사회정책에 의한 보장제도는 개별 국가의 서로 다른 원칙에 의해 만들어져 왔지만, 인구구조의 변화나 세계화에 의해 국가의 경계선은 점차 희미해지고 있다.

북유럽 복지국가도 고령자 인구의 증가와 함께 공공부문에 대한 경쟁원리를 도입하고 민간업자에게 위탁하는 등 효율화에 대한 시도가 계속되어 왔다. 사회민주주의 모델이 자유주의 모델에 접근하고 있다는 해석도 가능하지만 거시적 관점에서 보면 오히려 자유주의 또는 보수주의 모델이 사회민주주의 모델로 접근하고 있다고 해석할 수 있다.

CHAPTER 03

사회복지의 실천성과 과학성

CHAPTER 03

사회복지의 실천성과 과학성

1. 실천 기반의 사회복지

사회과학이란 다양한 관점에서 사회현상을 과학적으로 연구하는 학문체계이다. 경제학, 사회학, 정치학, 법학, 교육학, 심리학 등이 사회과학에 속하지만, 문학, 역사학, 사상사, 예술, 고고학 등 인문과학과의 경계선은 분명하지 않고, 문화인류학, 심리학, 교육학 등이 후자에 포함되는 경우도 있다.

사회복지학도 사회과학에 속하는 과학으로 위치하고 있지만, 사회복지 개념이 다차원에 걸쳐있으며 광범위하게 정의되고 있어 확실한 개념의 정의를 내리기가 쉽지 않다.

사회복지학에 대한 연구가 본격적으로 시작된 것은 선진국의 경우 제2차 세계대전 이후라 할 수 있다. 최근 사회복지학은 거의 학제적 학문으로 받아들여지고 있다.

여러 과학의 응용과 고유의 과학으로서의 존립기반을 확립하기가 매우 어려운데, 그 이유 중 하나가 과학으로서의 사회복지라고 하지만 출발은 실천에서 시작되었고 실천에 크게 의존하고 있기 때문이다. 더욱이 과학으로서의 자율에 필요한 중심이론을 독자적으로 갖고 있지 못하다는 한계가 있다.

사회복지의 본질이나 사회적 기능에 관한 이론과 과학으로서의 사회복지를 발전시키기 위하여 필요한 이론은 구분하여 이야기할 필요가 있다. 과학으로서 사회복지를 발전시키기 위한 이론 정립은 상대적으로 더 어려울 것이다. 실천에 기초를 둔 사회복지학을 고유한 과학으로 확립시키는 것이 어려운 또 다른 이유는 다루어야 할 대상이 광범위하고 다차원적(개인, 집단과 조직, 사회와 국제사회 등)으로 펼쳐져 있기 때문이다. 더욱이 사회복지학이 대상으로 하는 사회현상과 여러 가지 문제(인간행동, 인간과 환경의 상호작용, 사회적 과정, 사회문제 발생원인 등)는 매우 복잡한 내용을 가지고 시대와 함께 변한다.

광범위하고 복잡한 사회현상을 조사하고 분석하기 위해서는 사회과학뿐만 아니라 인문과학과 자연과학 등 다른 과학영역을 필요로 하며 다원적 시각이나 복합적 조사와 연구방법을 사용해야 할 것이다. 그렇다면 사회복지학의 국제비교는 사실상 정책론부터 실천기술론에 이르기까지 광범위하고 다차원적인 개념을 국제적으로 사용될 수 있는 용어로 한정해서 사용하는 것이 오히려 학문으로서의 정체성을 명확히 하는 길이라 생각된다.

과학의 기본적 목적은 조사한 현상을 개념이나 이론 시스템을 사용하여 설명하는 데에 있다. 하나의 과학영역으로서 다른 모든 것과는 다른 과학이라는 것을 명확히 하기 위해서는 과학으로서 존립하기 위하여 필요한 일련의 구성요소가 충족되어야 한다(訓覇法子 外, 2014).

사회과학에 있어서 그것들의 요소는 명확하게 표명된 일련의 개념이나 명제, 지식대상, 과학인식론과 지식론(진리나 지식의 성질, 지식생성의 가능성이나 방법, 인간의 이해범위에 관한 과학적 인식론으로서의 실증주의와 경험주의, 합리주의, 실용주의, 해석학, 현상학, 위기관리론 등), 조사 및 연구방법 이론, 과학에 관한 사회적·정치적 조건 등이 될 것이다. 더욱이 과학으로서의 자율성에 필요한 것이 현실의 정확한 기술과 설명을 가능하게 하는 합리성, 구성요소 간의 정합성의 성립이다. 학문에 있어서 독립적 연구영역으로서 인정되기 위해서는 전문직업교육의 제도화와 충실만으로는 불충분하다. 과학영역에서 중심이 되는 이론 구축이 이루어지고 더욱이 과학의 발전을 위한 연구기관이나 연구자 양성교육의 제도화를 필요로 한다.

사회복지가 과학 및 연구영역으로서 급속하게 발전된 배경에는 몇 가지 요인이 지적된다.

첫째, 사회변화에 수반하여 사회문제가 다양화되고 1950~1960년대에 사회복지를 필요로 하는 사회적 욕구가 등장한 것이다. 또 하나는 엘리트를 양성해 온 대학이 국가의 요구에 의해 대량 생산적 대중교육으로 전환되고 고전·전통과학의 자율성이 약화된 것이다.

과거의 대학은 소수의 능력주의 교육을 원칙으로 해왔는데, 외부로부터 유입된 새로운 요구에 의해 과거에 해왔던 엘리트 양성교육은 약화되었다. 또한 기초연구를 중요시해 왔던 대학의 전통에 대하여 새로운 대학정책은 사회가 필요로 하는 단기간에 직접 사용이 가능한 상품으로서의 지식이나 기술을 생산하는 과학을 요구하였다.

대중교육화된 새로운 대학의 탄생과 함께 커뮤니티 복지학부, 생존학, 다문화 커뮤니케이션 학부나 관광학, 경찰연구 등 다양한 학제적 학문이나 학과가 설치되었다. 즉, 사회복지교육도 국가와 사회의 요청에 의해 변화되고 있는 것이다. 보건복지, 복지경영, 산업복지, 건강복지, 복지공학 등 세분화된 실용학문이 등장하고 있다. 사회복지학과 다른 과학영역과의 통합 및 융합이 교육부의 인가에 의해 진행되어 왔다. 복지공학, AI와 복지 등 새로운 영역도 탄생하고 있다. 이러한 흐름에서 보면 사회복지학은 응용사회과학인 것이 분명하다. 고전적이고 전통적인 학문에 대하여 이러한 새로운 종류의 과학은 수단적 과학이라 할 수 있으며 과학의 계층화를 초래하였다.

새로운 과학은 다음과 같은 발전경향이나 변용을 초래하였다(訓覇法子 外, 2014). 먼저 학제적 과학이나 문제대응형 연구 우선으로 전통적 과학과의 경계선이 불분명해졌다. 또한 대학의 연구기관에 의존하는 일 없이 대량의 행위자에 의한 지식생산이 용인되었다. 그리고 사회적 상황과 조건이나 지식의 이용자에 의해 좌우되고 사회적·경제적으로 질을 통제한다. 마지막으로 기초연구와 응용연구의 사이를 끊임없이 왕복하는 연구과정을 거친다.

최근의 경향은 진리 탐구보다 사회에 유용한 강력한 지식 생산을 목표로 한다는 것이다. 수단적인 과학분야의 제일차적 목적은 국가, 중앙행정기관, 지방자치단체, 기업 등의 정치·경제시스템에 있어서 유익한 지식 생산을 추구하는 데에 있다. 예를 들어, 정책수립을 위한 현실 문제를 조사하고 제안하는 전문조사위원회의 연구보고서 작성 등은 이러한 종류의 지식 생산에 해당한다. 따라서 사회복지의 연구내용이나 방향성은 국가 권력의 의지에 따라 영향을 받기가 쉽다.

2. 방법과 이론

1) 패러다임과 연구방법

패러다임이란 쿤(Thomas Kuhn)에 의하면, 과학이론에서 일정 기간 그 분야 연구가 어떻게 실시되고 발전되어야 할 것인가라는 연구자에 대한 하나의 사고틀이다(Kuhn, 1962). 즉, 패러다임은 연구활동의 나침반이다. 과거 일정한 패러다임으로는 설명할 수 없는 문제가 생기고 위기가 초래되면 새로운 패러다임이 모색된다. 하나의 과학영역에 있어서 역사적인 연속성이 있는 구체적 업적이 패러다임의 기반이 된다.

자연과학에서는 뉴턴(Newton)의 「자연철학의 수학적 원리」, 아인슈타인(Einstein)의 「상대성 원리」, 사회과학에서는 마르크스(Marx)의 「자본론」, 베버(Weber)의

「프로테스탄트 윤리와 자본주의 정신」, 뒤르켐(Durkheim)의 「자살론」, 파슨즈(Parsons)의 「사회시스템」 등을 예로 들 수 있다. 이들 업적은 고전이라 불리며 오늘날에도 회자되는 것처럼 패러다임에는 상대적으로 보편적인 핵심이 있으며, 지식대상에 따라 마르크스주의, 상호작용주의, 기능주의 등 과학적 학파가 형성되어 왔다.

학제적 과학이며 과학으로서의 역사가 짧은 사회복지에 패러다임이 있는지 여부는 의견이 나누어지는 경우가 있다. 존재의 유무를 묻기보다도 국가권력에 의해 탄생되었던 과학인 까닭에 패러다임을 발전시켜서는 안 된다는 사고방식도 있다. 또한 북유럽 국가에서는 사회학 이론과 국가가 필요로 하는 공공 전문조사가 사회복지 연구의 패러다임이라는 실용주의적 사고를 가진 연구자도 있다(訓覇法子 外, 2014 : 48).

사회복지학 연구는 전통적인 과학을 추구해야 할 것인가? 그렇지 않으면 수단적 · 종속적 응용과학이라는 특징을 따라야 할 것인가? 그것도 아니면 매우 수준 높은 조사활동으로 도움이 되어야 할 것인가? 실천을 중요시하면서 과학으로서의 자율성을 요구하고 독자적 이론 생성에 주력해야 할 것인가?

이상적으로는 모든 측면을 충족할 수 있는 연구를 발전시키는 것이다. 과학으로서의 질과 실천적 유효성을 융합시켜 과학적으로 실증된 결과에 입각한 실천을 발전시키는 것이 바람직하다. 사회복지 연구가 전통적 과학의 합리성과 복지국가의 정치적 · 이성적 합리성－복지국가의 가치와 이념－의 혼합을 특징으로 하므로 복잡한 혼종과학이라고도 한다(訓覇法子 外, 2014 : 48).

사회복지가 안고 있는 과제는 이론과 실천의 융합이기보다는 상이한 두 개의 목적을 가진 두 가지 서로 다른 방향을 합리적으로 조정하는 데에 있다고 생각한다.

스웨덴 고등교육청이 실시한 사회복지 교육 · 연구 실태조사(2003)에 의하면, 사회복지 이외의 과학영역을 배경으로 하는 교수들은 고유의 과학으로서 자율성 추구를 중요시하지만, 사회복지를 과학적 배경으로 하는 교수들은 실천에 맞는 연구를 중요시하는 경향이 뚜렷하다(訓覇法子 外, 2014 : 48). 즉, 앞의 경우는 과학의 가장 중요한 사명이라 할 수 있는 이론 구축과 발전, 패러다임을 둘러싼 연구활동과 지식대상을 정하는 것을 중요시한다.

지식대상으로서는 역사적으로 발전해 왔던 주제와 현대 사회문제를 중요시한다. 연구방법 자체를 중요시하는 것이 아니라 연구방법을 이론의 발전을 위한 수단으로 삼고 있다. 후자의 경우는 설명이론의 발전을 추구하기보다도 실천에 필요한 조사연구 활동을 중요시한다.

이론은 수집된 실증적 자료를 정리하는 길 안내 역할 정도에 머문다. 또한 조사나 연구방법에 관해서는 인과관계의 분석을 위하여 정확하고 신뢰도 높은 자료수집 기술을 중요시한다. 실천을 중요시하고 양과 질 조사방법에 의해 시급하고 중요한 사회문제 실태를 신속히 조사하는 것, 즉 실천을 개선하려는 과학적 사회복지 연구가 기본적인 사명이다. 따라서 사회복지의 일차적 연구대상은 사회복지사 또는 행정기관의 클라이언트, 즉 실천의 장이 된다.

이론의 역할은 지식대상을 설명하는 데에 있다. 사회복지의 주된 지식대상에는 사회문제, 행정기관과 클라이언트의 관계, 사회복지를 둘러싼 담론이나 문제정의, 이론적 · 실천적 해결을 위하여 역사적으로 발전해 왔던 사회관계 등이 있다.

사회문제의 조사와 연구는 사회복지가 과학으로서 발전하기 이전에는 사회학의 지식대상이었다. 빈곤과 소외, 사회적 배제 등에 관한 이론은 사회학을 통해 발전해 왔다. 사회에서 불평등 연구를 대표하는 것이 마르크스주의적 전통인데, 현재도 불평등은 사회학의 중요한 지식대상이다. 사회의 이론과 현실과의 격차와 불평등은 사회복지에서도 중요한 테마이다.

행정기관과 클라이언트의 관계에 대한 연구는 정치적 위기와 깊게 관련하므로 정치상황의 변화와 함께 변용하는 지식대상이다. 또한 인간의 문제를 치료하는 사업조직도 지식대상이 되는데, 자주 인용되는 에코(Umberto Eco)의 저서 『광기의 역사(1961)』에서 정신병리학이나 광기를 치료하는 정신의학의 물질적 · 정신적 조건의 성립을 해명하려는 노력을 들 수 있다. 광기에 관한 담론은 이성과 비이성 및 정상성과 일탈성의 식별을 전제로 하며 이러한 식별이 역사에 각인됨으로써 일탈에 관해 이야기할 수 있게 되고, 광기는 정신병으로 간주되고 시설감금을 할 수 있게 되었다고 분석한다. 과학의 탄생과 병행하여 시설수용, 다양한 치료형태, 관리기술이나 시책이 발전해 왔다.

지식대상과 연구목적에 따라 최적의 조사 및 연구방법이 결정된다. 다차원 조사방법의 사용이 사회복지에 있어서는 일반적이지만, 과학으로서의 사회복지의 최대 문제는 방법을 구사하는 능력의 결여이다. 그 이유는 조사방법에 대한 비판적 자세 때문일 수도 있고, 새로운 분야에서 독특한 연구영역을 정의하기 위해 질적 연구를 중요하게 여기는 경향 때문이라 생각된다.

동시에 조사 및 연구 방법은 그다지 중요하지 않다고 여기는 견해도 있다. 그 주요 이유는 과학의 자율성과 실천과의 복잡한 관계 때문이다.

최근 사회복지에서 주로 논의된 것이 과학적 근거에 기초한 지식(evidence-based knowledge)의 생성방법과 실천(evidence-based practice)이다. 개입에 대하여 체계적으로 자료를 수집하고 결과를 분석하며 사용된 개입을 비교분석하고 그 효과를 평가하는 방법이 메타분석이다. 그 목적은 실제로 효과 있는 개입방법 여부를 분명히 하는 지식을 정하는 데에 있다.

이미 시도되어 효과가 실증된 치료법을 시연하는 것이 가능한 의학이나 치료현장과 달리 사회복지에서 개입평가는 과학적인 진단과 효과의 엄밀한 측정을 다른 사회적 요인으로부터 완전히 분리하기가 쉽지 않다.

복지에서 사용되는 대부분 개입은 통제집단에 의한 조정이 가능한 실험환경 설정이 거의 불가능하다. 즉, 사회복지 개입 프로그램 평가에서는 개입 이외의 요인이 결과에 영향을 미치지 않도록 통제하는 것이 어려워 결과의 신뢰성이나 보편성을 완전히 얻을 수 없다. 사회적인 과정을 설명하기 위해서는 복잡한 지식대상에 대한 상세한 이론적 설명이 중요하다.

이론이라는 개념은 과학적 이론에서 추측적 이론에 이르기까지 실제로 다양한 의미로 사용된다. 사회과학에서 이론은 연구방법이나 연구영역이 아니라 조사한 다양한 현상을 해석하고 이해하며 설명하기 위한 이론이나 개념을 의미할 수 있다. 그러나 이론을 발전시키기 위해서는 그 전제로서 일정한 지식대상이 필요하다.

사회과학의 중요한 이론에는 인간과 사회관계에 관한 이론을 다루는 사회철학, 모든 조사에 필요한 계급이나 개념에 의한 현실을 정리하고 분류하는 유형학, 인과관계나 생성하는 메커니즘을 설명하는 이론, 현실에의 적용과 실천지침이나 문제해결을 위한 이론 등이 있다.

설명이론은 원인과 결과에 관한 인과관계를 명확히 하기 위한 것인데, 과거 설명개념은 실증주의와 밀접한 관계가 있었다. 그러나 1960년대 말에 반실증주의가 높아지고 설명개념이 이해개념으로 바뀌게 되었지만, 이해를 설명의 대용품적 존재로 하기는 어렵다는 지적이 제기되어 왔다. 설명 없는 이해는 성립되기 어렵다(訓覇法子 外, 2014 : 52).

사회복지학 연구에서도 모든 사회변화는 인과관계에 관한 지식을 전제로 일어나므로 생성 메커니즘의 해명은 중요한 의미를 지닌다. 부정적인 사회관계를 낳는 메커니즘에 관해 해명할 수 있는 지식을 생성함으로써 과학으로서의 사회복지는 비판적이며 해방적인 과학이 될 수 있었다(訓覇法子 外, 2014 : 53-54).

더욱이 사회과학 이론은 거시적 차원과 미시적 차원 사이에서 다양한 수준으로 분류할 수 있다. 개인, 상호작용, 제도와 기관, 국가와 국제사회 등 다양한 수준에 따라 이론이 달라질 수 있다. 학제적 과학으로서 사회복지 연구는 다수 영역의 이론을 응용해야 한다.

응용이 필요한 이유는 여러 가지 있다.

첫째, 고찰을 위한 이론적 시각이다. 사회복지 연구는 연구문제에 대하여 일정한 관점과 사고에서 접근하는 것이 일반적이다.

둘째, 분류이다. 모든 과학은 관찰한 현상을 정리하기 위하여 분류나 유형이 필요하다. 사회복지 연구에서도 연구영역을 제한하고 정리하기 위하여 현대사회의 시대 구분 적용이 필요하며 생활세계와 시스템 구별, 복지국가 유형화 등이 중요하다.

셋째, 이론적 설명이다. 개념 X와 Y 사이에 이미 이론적으로 확립된 관계로 인하여 나타나는 y라는 종류의 현상을 이전에 만들어진 현상 x에 관련시킬 수 있다.

그에 따라 X와 Y의 관계를 보다 보편적인 이론에 관련지을 수 있다. 일련의 현상은 이론적으로 증명된 사례인 것처럼 개별 사례를 일반적 원리로까지 정리하여 설명할 수 있게 된다.

넷째, 평가와 사정이다. 사회서비스로 실시되는 다양한 개입결과의 비교연구가 매우 많다. 독립적인 연구결과를 통계적으로 수합하고 양적인 리뷰에 의해 연구효과를 검토하는 분석은 설명을 위하여 선택되고, 사용된 이론의 타당성을 검증함으로써 과학적 근거가 있는 질 높은 실험을 확정할 수 있다.

다섯째, 개입이다. 이론적 고찰로부터 일정한 개입을 시도하고 그 결과를 사용된 이론의 검증을 통해 평가한다. 그에 따라 이론의 타당성이나 비타당성이 검증된다.

여섯째, 개량과 계획을 위한 사회공학이다. 사회과학의 지식에 근거하여 다양한 사회문제를 해결하는 과학기술 개발을 목적으로 하는 과학이다.

풍부한 배경요인이나 효과에 의해 현상의 발생 전 과정을 통제하고 구축하기 위하여 사용된다. 사회공학에 의해 얻어진 성과는 예측할 수 없었던 영향이나 결과의 원인을 분명히 하는 것이 아니라 생성된 결과를 마스터하고 사회개량에 활용하는 데에 있다.

사회복지학 연구에서는 생활시설의 일상생활 지원, 자존과 낙인에 대한 설명이론, 약물의존자 등에 대한 정신역동학적 치료법 등 다양한 응용이론 적용이 활용되고 있다.

2) 과학이 필요한 배경

과학은 조사한 현상을 개념이나 이론을 활용하여 설명하는 데에 목적이 있다. 독창적인 과학영역을 분명히 하기 위해서는 필요한 구성요소들이 갖춰져야 한다. 사회과학의 요소는 분명하게 밝혀진 관련 개념이나 명제, 지식대상, 진리나 지식의 성질, 지식생성의 가능성이나 방법, 인간의 이해범위에 관한 인식론, 조사 및 연구방법, 사회적 · 정치적 조건 등을 말한다. 특히 과학의 자율성을 확보하기 위해서는 정확한 기술과 설명을 가능하게 하는 구성요소들 사이의 합리성과 정합성은 필수적이다.

사회과학은 현실을 다루는 과학이지만 완벽한 실험이 불가능하다. 예측 가능성보다는 다양성에 대해 규명하는 과학일수도 있다. 다양한 사람들의 생각과 행동, 변화과정을 단일한 이론적 틀에 의해 설명하기는 매우 어려워 보인다. 그러므로 독특하고 고유한 연구방법에 정의하기보다 연구대상 영역에 따라 정의하는 응용과학적 방법이 필요하다.

사회복지가 응용과학으로서 급속하게 발전된 배경에는 다양한 사회문제의 발생과 복지욕구의 등장이 있다. 응용과학은 현실문제에 대한 실천과제에 답하는 것이 목적이므로 연구대상이 되는 실천영역의 구분에 의해 체계화된다. 따라서 사회에 필요한 단기간에 직접 사용이 가능한 상품으로서의 지식이나 기술을 생산하는 교육이 강화될 수밖에 없다. 즉, 이론이나 방법의 고유성에 의해 자신(복지)을 정의하는 것이 아니라 연구대상의 고유성에 의해 자신을 정의하는 과학으로 발전하게 된 것이다.

사회복지 연구자들은 이론의 발전과 사회문제라는 지식대상보다도 사회복지의 실천방법이나 행정기관과 클라이언트 관계라는 실용적 연구문제를 중요시하는 것 같다.

이론과 실천의 통합은 연구자가 기초교육에 종사하면 즉시 실현되는 것은 아니다. 문제는 실천적이냐 여부가 아니라 이론적인지 여부이다. 필요한 것은 이론과 실천이 결합된 이론적 기반의 형성이다. 이론과 실천의 괴리는 사회과학 탄생부터 계속된 고민이다. 긍정적으로 생각하면 사회복지 연구는 문제해결로 이끌 잠재적 가능성을 가진다.

사회복지 연구의 사명은 현대 사회과학과 행동과학에 의해 연구와 실천을 결합하는 것이지만, 독자적인 노력만으로는 어렵다. 목적을 달성하기 위하여 가까운 영역에 있는 여러 과학들과의 밀접한 연계가 중요하다.

사회복지의 본질이나 사회적 기능에 관한 이론과 과학으로서 필요한 이론은 구분하여 이야기할 필요가 있다. 과학으로서 사회복지를 발전시키기 위한 이론 정립은 상대적으로 더 어려울 것이다.

사회복지학은 대상이 광범위하고 다차원적(개인, 집단과 조직, 사회와 국제사회 등)이며, 사회현상과 여러 가지 문제(인간행동, 인간과 환경의 상호작용, 사회적 과정, 사회문제 발생원인 등)는 매우 복잡한 내용을 가지고 시대와 함께 변한다. 광범위하고 복잡한 사회현상을 조사하고 분석하기 위해서는 사회과학뿐만 아니라 인문과학과 자연과학 등 다른 과학영역을 필요로 하며 다원적 시각이나 복합적 조사연구 방법을 사용해야 한다.

3. 사회문제와 사회과학

사회문제는 사회복지학의 중요한 지식대상이며 사회복지사의 직업적 사명은 다양한 사회문제를 해결하는 데에 있다고 해도 지나친 표현이 아니다. 그러나 사회문제가 무엇인지에 대해서는 모든 사람이 인정할 수 있는 공통적 정의나 견해를 확실하게 정하기 어려운 것도 사실이다.

사회문제의 해결방법에 관해서도 사고방식이나 사회나 시대에 따라 다르다. 사회구조 그 자체가 개인에 대하여 다양한 문제를 만들어 내고 있는가 또는 사람들 자신이 문제를 만들어 내고 있는가에 대한 논의는 계속되어 왔다. 그러나 어떤 사회문제를 다루어도 순수하게 사회와 개인을 분명히 구별하는 것은 매우 어렵다.

실업, 빈곤, 소득격차와 불평등, 저출산 고령화, 아동학대, 돌봄, 노동재해, 주거환경, 환경오염 등 어떤 문제를 다루어도 대부분이 사회구조적인 요인에 의해 만들어진다.

거시적 관점에서 볼 때 사회문제가 사회구조에 기인하는 가장 큰 이유는 자본주의 체제의 생산수단의 소유관계에 있다. 미시적 관점에서 볼 때는 문제에 직면하는 모든 개인의 기본적 생활욕구가 위협받거나 충분히 충족되지 않는다는 것을 의미한다.

자본주의 체제 유지를 용인하는 한, 체제가 만들어 내는 여러 문제를 완전히 해결하기는 어렵다. 가능한 것은 사회구조의 변화, 소득재분배, 사회서비스 확충 등 사회정책에 의한 사회문제의 해결이나 축소이다. 그러나 사회정책 구조나 내용이 국가에 따라 다르므로 사회문제에 관한 견해나 생각은 다르며 끊임없는 논의를 불러일으켜 왔다.

근대사회를 형성하고 사회문제를 바로잡기 위하여 정치에 대하여 과학이 공헌해 온 것은 이미 많은 연구자에 의해 밝혀져 왔다. 사회의학, 정신의학, 범죄학, 사회학에 있어서 연구결과는 다양한 정치결정에 영향을 끼쳤고 공헌해 왔다. 역으로 사회변화에 의해 만들어진 다양한 사회문제를 해결해야 하며 다수의 과학이 국가 권력에 의해 탄생했던 것도 사실이다. 이러한 과학의 사명은 바람직하지 아니한 사회관계를 조사하고 분석하며 사용했던 개입수단을 평가하고 새로운 문제를 제기하는 것이었다.

이론적 개념의 발전과 함께 각 시대의 문제에 초점을 둔 실증적 연구가 발전했다. 그러나 과학과 정치 관계는 국가 형태나 정치적 비전에 의해 크게 달라진다.

유럽 대부분 국가는 사회문제 해결에 대한 일치된 견해가 확립되었다고 할 수 있다. 적극적인 사회정책 발전이 중요한 역할을 하였으며 과학은 사회개량을 노리는 정치와 조화를 이루며 발전해 왔다.

그에 대하여 미국은 사회문제는 국가의 문제라기보다는 도시 문제로 받아들여졌다(訓覇法子 外, 2014). 미국의 사회학은 대도시 슬럼, 청소년 범죄나 가족붕괴에 주목하고 사회병리학 발전에 따라 사회문제 연구가 과학영역으로 확립되고, 다양한 사회문제가 어떻게 발생하고 발전해 왔는지를 이해하고 해명하는 데에 중점을 두었다.

유럽은 사회문제에 관한 논의는 사회정책 논의로 발전되어 왔다. 예를 들어, 스웨덴의 사회연구는 처음부터 행정기관의 사회문제 대책과 밀접한 관계를 형성하며 문제적 상황 정의는 행정기관의 주도에 의해 이루어져 왔다. 스웨덴 사회학은 사회공학으로서 정치결정이나 관료의 보조기구적 존재로서 역할을 다해왔다. 1960년대에 국민 생활조건과 복지수준 분석을 목적으로 시작된 저소득 조사는 1970년대에 들어오면 중앙통계국 국민생활조건 조사로서 제도화되었다. 또한 국가가 설치하는 전문조사위원회 조사에는 학술전문가의 참가가 제도화되어 있다. 다시 말하면, 과학적 실증에 근거한 정책 수립 문화가 중요하게 발전되어 왔다고 할 수 있다.

한마디로 정의를 내리기는 어렵지만 미국의 사회문제는 전형적인 문제를 낳는 사회상황을 의미한다. 실업, 빈곤, 범죄, 인종차별 등이 전형적이다. 스웨덴 등에서 사회문제는 사회적으로 소외되고 공공 지원정책을 필요로 하는 다양한 국민집단이 존재하는 현실을 의미한다. 국민의 생존과 생활조건에 있어서 결핍상태나 타당한 생활수준과 현실의 생활수준과의 격차를 중요하게 다룬다.

사회문제는 사람들이 주관적으로 생각하는 문제라고 이해하는 미국의 사회구조적 개념 규정도 있다. 또한 일정한 기준을 조건으로 규정하는 사회문제 정의방법도 있다. 다양한 문제가 사회적 문제로 성립하기 위해서는 사람들의 사회제도에 대한 가치규범이 중심적 역할을 한다.

중요하고 바람직한 문화적 가치규범이 난립하거나 방해될 때에만 사회문제로 정의된다는 입장도 있다. 한편 일본의 경우는 사회구조주의적 관점이나 상대적 기준에 따라 사회문제에 대한 개념화를 시도하고 있다. 사회변동에 수반하는 경제 · 문화의 구조적 모순에 따라 발생하고, 사회운동, 저널리스트, 과학자 등에 의해 제기되고 사회적 · 정책적 대책이 요구되는 여러 문제이기도 하다(京極 監, 1993 : 51).

중요한 공통기준은 사회구조와 관계되고 사회적으로 받아들일 수 없는 상황이나 사회적 영역이다. 즉, 문제 있는 특정 개인들이나 사안이 늘어나고 문제가 분명해지고 대책이 가능하며 상황을 개선하기 위해서는 사회적 개입이 필요한 현상이라는 것이다. 왜 특정 현상이 사회문제로 간주되는가? 어떻게 사회문제가 명시되고 다루어지고 있는가? 배경에 있는 주장이나 이론을 살펴볼 필요가 있다.

현상에 대한 사회과학 접근방법은 발생한 사회문제의 원인에 주목할 것인가, 아니면 현상의 생성과 발전과정의 이해에 주목할 것인가에 따라 달라진다.

인과관계를 명확히 하는 것을 목적으로 하는 현상의 설명은 사회과학의 가장 중요한 사명으로서 자리 잡아 왔다. 그 목적은 현상의 배경요인을 분석함으로써 문제의 근원적 대응이나 개입을 가능하게 하는 데에 있다. 학대를 예방하고 돕기 위해서는 그 배경에 있는 이유를 명확히 할 필요가 있다.

상호작용 이론의 주요 관심은 원인의 설명이 아니라 현상이 일어나는 사회적 과정을 이해하는 데에 있다. 예를 들어, 청소년 비행의 경우 비행행위의 배경에 있는 이유가 아니라 어떠한 사회적 과정에 의해 일부 청소년이 비행소년으로서 분류되었는가? 그 분류는 어떤 의미를 가졌는가에 대한 문제를 중요시한다.

사회문제에 대한 구조적 시각은 다수 요인으로 구성되는 사회 전체를 중요시하고 개인의 직업선택 등은 개인의 동기나 노력에 의해서뿐만 아니라 사회적 관계에 따라 형성된다고 본다. 예를 들어, 실업이나 빈곤, 알코올·약물남용 등의 문제는 개인의 외적 조건이나 사회 전체의 상황 변화에 관련된다. 반면 개인적 시각은 인간의 행동이나 행위, 발달이나 생활조건은 개인의 내적 조건에 좌우된다는 것이다. 청소년 폭력이나 비행을 개인적인 문제로 설명하고 진단이나 치료 등 개입에 의해 개별적으로 대응하려고 한다.

하지만 사회문제라는 복잡한 현상을 고찰하고 분석하는 데에는 모두 일정한 한계가 있으며 다양한 차원을 조합하는 시도가 필요하다. 즉, 사회구조나 조건이 인간 행동에 영향을 미치고 인간이 환경과 사회와 상호작용하는 관계를 중요하게 생각할 필요가 있다.

이와 같은 사회문제를 둘러싼 상호관계를 어떤 관점으로 해석해야 할 것인가?

첫째, 현실주의와 상대주의다. 현실에 존재하는 사실관계에서 사회문제를 이해하려는 것은 현실주의다. 반면 사회문제가 어떻게 수용되고 정의되는지를 파악하는 것이 상대주의다. 현실주의는 사회문제를 이상적인 사회상황과 현실 사이의 불일치와 모순으로 이해한다. 이런 견해는 사회 혼란이나 기능 부족의 결과 사회문제가 발생한다는 것이다. 따라서 사회과학의 사명은 부정적인 영향관계나 기능부진의 사회관계를 밝히고 설명하는 것이 된다. 무엇보다 과학적 조사와 실증적 지식에 의해 사회문제 설명이 가능해질 것이다. 상대주의는 현실의 사회관계나 상황을 문제로 보지 않는다. 역사적으로 부적합한 문제는 끊임없이 존재해 왔음에도 불구하고 왜 일부 문제만 사회문제로 간주되었는가? 어떻게 사회문제로 되었는지 그 과정에 주목한다. 즉, 객관적·사회적 관계의 존재만으로는 설명이 불충분하며 사회현상이 사회문제로 인정되는 과정이 중요하다. 다양한 행위자는 적극적인 역할을 보여주는 정치적·경제적·사회적 관계에 의해 만들어진다고 주장하는 것이 상대주의다.

둘째, 임의론과 결정론이다. 개인이 상황에 어느 정도 영향을 미칠 수 있는가에 대한 물음이 출발점이다. 임의론에 의하면, 개인 행위는 외적 요인에 따라 결정되지 않고 행위자의 주체적인 선택이다. 반면 결정론은 모든 사건이 발생하기 전에 결정되어 있으며 행위는 환경과 구조에 의해 지배되고 결정된다고 주장한다. 예를 들어, 청소년 비행의 경우 임의론은 개인의 정신적 또는 유전적 내적 조건에 의한 것이라 보지만, 결정론은 사회구조와 외적 조건에 의해 만들어지는 결과라 생각한다.

추위 때문에 일시 숙박시설을 제공해도 이용하지 않는 노숙인 경우처럼, 노숙은 스스로 선택한 결과이므로 지원보다는 자유가 더 중요하다고 생각할 수 있다. 그러나 스스로의 자율과 프라이버시 침해 때문에 서비스를 거부하고, 수급자로 보이기가 싫어 거부하는 경우도 있다. 숙박서비스는 당사자에게 지원보다는 굴욕으로 받아들여질 수 있다. 노숙인이 일반 주택을 선택할 수 있다면 노숙생활을 선택하지 않았을 것이다. 빈민이 일반인들과 동일한 선택지를 가진다고 보는 것 자체가 잘못된 인식이며 사람들은 주어진 조건하에서 선택할 수밖에 없다. 개인의 완전한 자유 선택은 애초부터 불가능하다.

여기서 우리는 구조와 행위자에 대해 생각해 볼 필요가 있다. 구조는 패턴이나 틀, 규칙과 규제와 유사한 개념으로 사용되고 개인 차원의 개별적 관계보다는 노동시장, 주택시장, 소득계층, 문화적 규범 등의 사회적 관계를 말한다.

오늘날까지 끊임없이 반복되는 논의가 개인의 행동에 관계없이 구조가 존재하는가이다. 또한 개인이 각자 행동을 통하여 구조를 형성하고 유지할 수 있는가에 대한 의문이다. 행위자의 행동은 구조에 의해 제한된다고 하는데, 행위도 구조 형성에 영향을 끼치는 것이다. 청소년 폭력이나 괴롭힘 논의에서 폭력의 행위자로서 개인만을 의미하는 경우도 있지만, 학교나 교육 현실 등에 따라 시각이 달라질 수 있다. 조화론적 시각에서는 사회적 분쟁이나 일탈행동은 사회 균형과 조화를 어지럽히고 사회의 연대나 공유가치를 위협하는 현상이다. 즉, 사회는 처음부터 조화와 균형, 안정 상태로 존재하는데, 이 균형이 때에 따라서 흐트러지고 손상된 균형을 되돌리기 위해서 사회는 반응한다. 사회의 질서나 조화는 사회화나 통제에 의해 유지된다는 것이다.

마르크스를 대표하는 갈등이론적 시각은 사회는 끊임없는 긴장, 분열, 분쟁으로 혼란을 겪고 있으며 분쟁상태를 일상적인 것으로 간주한다. 조화와 질서는 사회의 계급관계와 근원적으로 조화를 이룰 수 없다. 자원과 권력이 불평등하게 분배되고 있는 한 문제는 사라지지 않을 것이다.

자원의 분배는 불공평하며 국가의 대책은 불평등을 존속시킨다. 사회문제는 불공평과 불평등한 관계, 즉 권력행사에 의해 초래되고 상부・하부 구조 관계가 낳는 결과이므로 분쟁, 권력, 모순과 대립, 억압, 해방 등이 중요 개념이 된다.

배제된 집단의 문제 증상은 억압에 의해 생겨난 행동의 결과라 지적한다. 예를 들어, 이민자들의 자녀를 일반 교육이나 노동시장에서 축출하기 시작하면 기득권 집단의 가치관이나 사고를 몸에 익히기 어려워진다. 개인적 조건이 아니라 사회적 배제 그 자체가 사회문제를 낳는 원인이라는 것이다.

다양한 이론적 관점과 시각에 공통적으로 존재하는 것은 사회문제가 존재하는 이유와 사회문제의 양상을 설명하는 것이다. 이를 해결하기 위해서는 인간과 환경의 상호작용 자체를 조사하고 그 결과에 근거하여 개입을 선택할 수 있어야 할 것이다.

역사적인 동향을 살펴보면 1800년대 말부터 1900년대 초에는 개인적 설명모델이 주류였으며, 그 후 북유럽 국가에서는 구조적 설명 모델이 중심이었다. 그러나 1980년대가 되면 개인적 설명 모델이 부활하고 1990년대에는 유전적 설명모델이 다시 주목을 받게 되었다(訓覇法子 外, 2014).

4. 미국과 유럽의 사회문제 연구

사회문제는 미국과 유럽 모두 사회복지학 실천의 밑바닥에 깔려 있는 주요 개념이다. 그러나 사회문제 연구의 발전동향은 매우 다르다. 미국의 사회문제 이론 발전을 정리하면 세 가지로 구분할 수 있다.

첫째, 개인적 요인

둘째, 객관적 사회구조와 일탈이 만들어지는 사회적 과정

셋째, 인간이 주관적으로 정의하는 과정

개인적 요인을 중요시하는 이론은 유전적 요인을 강조하며 집단 사이의 분쟁은 집단이나 친족의 유전적 물질을 재생산하려는 개인의 충동 때문이라고 설명한다. 이는 사회를 생물학적 이론으로 설명하는 것이다. 따라서 알코올 중독 등도 뇌의 장애 때문이다. 일탈행동이나 이상한 상태는 개인의 생물적 또는 유전적 요인에 의해 만들어지는 것이다.

사회구조와 일탈의 생성과정을 강조하는 이론은 사람은 동일한 가치를 공유하고 공통규범에 따라 행동한다는 신념에 따라 사회를 조화와 일상상태에 따라 이루어지는 균형시스템으로 이해한다. 따라서 일탈은 사회질서의 균열이나 기능 부족을 뜻한다. 사회문제는 범죄 등의 일탈행위가 학습됨으로써 생겨나는 상호작용 과정의 결과로 이해한다.

이런 사고를 대표하는 것이 미국 구조기능주의 학파의 아노미 이론(Merton, 1967)이나 문화적 접촉이론(Sutherland, 1978)이다. 범죄행위는 개인적 요인이나 구조적 요인 모두에 의해 생기는 것이 아니라 구체적 범죄행위, 동기나 범죄에 필요한 생각이 학습되는 집단학습 과정에 의해 만들어지는 것이라 이해한다.

주관적 정의과정을 강조하는 대표적인 이론은 1960년대 시카고 학파에 의해 만들어진 낙인이론(labeling theory)이다(Becker, 1963). 낙인이론은 사회문제는 사회가 특정인이나 사회적 과정을 일탈행위라 정의하고 낙인을 부과한 결과로 생겨난다고 이해한다. 사회문제는 사람들이 특정 사회현상을 문제가 있으며 해롭다고 정의하는 과정에 따라 만들어지는 것이다. 이는 인간의 주관적 인식에 따라 사회문제가 만들어진다고 보는 것이다. 이처럼 미국에서 사회문제

는 사회적 일탈이나 사회구조의 산물로서 간주되고 있다.

유럽의 경우 사회문제에 대한 이론은 복지국가 발전과 밀접한 관계를 가지며 더욱이 마르크스주의에 영향을 받은 소외(marginalization)에 관한 연구가 전통적으로 강조되어 왔다. 따라서 사회문제는 복지의 결핍을 반영하는 상태로 이해되며 경제적 궁핍이나 불평등에 더하여 사회적 · 정신적으로 충족되지 않는 상태가 강조된다.

사회정책의 고전적 문제는 소득상실 문제인 것처럼 소득상실이 초래하는 부정적 영향은 정치적 개혁에 의해 줄어들 수 있다고 생각되며 복지국가의 중요한 정치과제로서 다루어져 왔다.

유럽 복지국가의 출발점은 국민에 대하여 물질적 · 사회적 · 정신적 자원에 의한 타당한 생활수준을 보장하기 위하여 필요한 복지를 공급하고 개인의 욕구충족을 통한 국민국가를 만드는 데에 있다(訓覇法子 外, 2014).

유럽의 복지와 생활조건 연구의 중심을 이루는 것이 기본적 욕구의 충족이다. 욕구는 역사적 · 문화적 조건에 따라 달라지며, 실증적 또는 이론적으로 무엇이 좋은 사회인지를 정하는 것도 쉽지 않다. 그러나 욕구를 생활 전체에 미치는 몇 가지 구성요소로 정하면 국민의 복지수준을 측정할 수 있으므로 생활조건 조사는 유럽 국가에서 발전되어 왔다. 생활조건을 측정하는 복지지표는 객관적인 수치이며 실제 생활조건을 이상적인 조건과 비교하여 그 차이를 분석하는 데에 목적이 있다.

마르크스주의적 갈등이론도 기여를 했다. 사회문제는 자본주의 사회의 억압의 결과 발생한다. 노동자 계급이 임금, 실업, 노동환경 등의 노동생활 조직화에 아무런 영향을 끼칠 수 없다는 것이 해결의 중요한 열쇠이다. 범죄는 생산수단을 소유하지 않은 노동자 계급이 자본주의 사회에서 살아남기 위한 전술로 이해할 수 있다.

노동자 계급과도 관계 깊은 실업문제는 유럽사회의 집단적 사회문제로서 자리 잡게 되었다. 특히 소외와 사회적 배제가 노동시장뿐만 아니라 사회의 다양한 장면에서 배제현상으로 나타나고 있다는 것에 주목하고 있다.

사회문제 분석의 초점은 자원의 분배정책과 복지결핍에서 사람들의 다양한 연대나 네트워크 접근까지 확대되었다. 인간관계나 정체성 등에 대한 관심은 양적 연구를 중심으로 한 과거의 기본적 욕구 연구가 한층 더 질적 향상을 시도하는 것이라 할 수 있다.

왜 미국과 유럽은 서로 다른 시각을 가지게 되었을까? 우선 전통적 사회로부터 현대사회로 이행되는 방식이나 해석이 달랐기 때문이다(Bash, 1995). 사회발전, 특히 정치적·이데올로기적 발전의 차이가 이론 발전에 큰 영향을 끼쳤다. 미국의 현대사회로의 변천은 시민혁명을 경험을 하지 않고 산업화나 노동운동 등의 사회운동의 결정적 역할 없이 수행되었다.

유럽사회에서 마르크스 등에 의해 사회문제라는 용어가 사용되기 시작한 것은 1800년대 중반이었다. 유럽의 경우 사회현상 연구에서 집단적·공동체적 관점은 명백하며 계급이 사회의 가장 중요한 현상으로 자리 잡았다. 프랑스 시민혁명의 영향을 받은 사회를 토양으로 사회변화와 계급, 자본주의가 중요한 연구의 대상이 되었던 것이다. 사회통합이나 계급은 노동자 계급의 생존과 생활조건이 포함되어 있다. 사회문제 연구는 노동자의 임금과 실업수당, 상병수당, 연금 등 소득상실에 대한 보장을 중요시했던 1900년대 사회민주주의 운동에 의해 자극되고 발전해 왔다. 1970년대 이후 사회문제는 복지국가의 불충분한 복지수준 문제로, 자본주의 체제에 있어서 노동자 계급에 대한 억압문제로 연구되었다.

반면 개인 차원의 다양한 문제에 대한 관심이 처음부터 높았던 미국은 문제행동이나 태도를 설명하고 이해하는 이론 조성에 노력했다. 사회문제 발전을 이끄는 요인, 관계, 과정을 확인하고 정의하는 것을 중요시하는 이론 생성이 이루어져 왔다. 이러한 이론은 사회복지 방법의 발전에 있어서는 의미 깊은 일이었다고 할 수 있다. 계급이나 불평등은 그다지 주목받지 않았던 대신에 산업화에 의해서 초래되었던 사회질서의 혼란이 중심적 테마가 되고 사회적 일탈에 대한 관심이 높았다. 사회문제는 사회가 특정한 사람이나 과정을 일탈로 정의하고 부과한 낙인에 의해 생긴다고 믿는다. 따라서 사회구조, 불평등, 사회계급 분석이 주목받지는 못했다.

미국적 시각의 약점은 사회적으로 문제가 되는 상태 그 자체에만 초점을 두는 것이다. 사회의 지배적 계급의 규범과 가치에 기인하는 문제의 존재를 무시한다.

유럽의 강점은 생활곤란 등을 초래하는 객관적 결핍상태를 주목하는 데에 있다. 즉, 복지결핍이나 불충분함이 인간 생활이나 인생에 초래하는 영향과 결과의 분석을 가능하게 한다. 욕구론은 결핍상태가 왜 생기는지를 설명할 수 없지만 갈등론적 시각은 결핍상태가 만들어지는 구조적 설명과 메커니즘을 설명할 수 있다. 하지만 사회적 일탈현상이 모든 계급에 출현하는 이유에 대해 충분한 설명이 부족하다.

사회문제의 정의와 발생에 관한 인과관계를 설명하기 위해 어떤 방향의 연구가 필요할 것인가? 구조주의와 같이 억압된 집단이 직면하는 문제와 당사자로서의 집단의견에 주목해야 하는 것도 중요하다. 이를 뒷받침하는 객관적 측정기준이 준비되어야 할 것이다.

빈곤이 어떻게 개인의 일상생활에 심각하게 영향을 미치고 희생을 초래하고 있는지에 대한 구체적 연구결과가 축적되어야 한다. 사회문제는 객관적으로 실존하는 상태이며 동시에 주관적 정의과정에 의존하는 것이기도 하다.

사회문제에 대한 대책이 제한적·부분적인 대책으로 그쳐버리기 쉬운 이유는 해결해야 할 관계가 사회에 실재하는 뿌리 깊은 이해관계와 밀접한 관련이 있기 때문이다. 사회문제가 다양한 관계자에 의해 기술되는 이유는 권력관계나 이해관계에 영향을 받기 때문이다. 사회적 관계를 조사하고 분석하는 과학자는 권력이나 이해관계에 따라 좌우되는 문제 정의 과정에 가세해서는 안 된다는 주장도 있다(訓覇法子 外, 2014).

연구자의 사명은 연구대상에 숨어 있는 규범이나 정치적 의도를 분석하고 데이터의 해석을 통하여 인간의 생활조건에 관한 사실을 정직하게 제시하는 것이다. 또한 사회복지정책은 사회문제를 해결하고 개선을 목적으로 하는 중요한 수단이지만, 바람직하지 않은 관계를 낳아 문제 발생의 중요한 원인이 될 수도 있다.

문제가 발견되고 조사를 통하여 보고서가 작성되고 대책에 대한 정치적 결정이 이루어져 행정기관에 의해 필요한 시책이 실시되면 그 효과가 연구자에 의해 평가되는 것이 일반적인 과정이다. 그런데 평가결과가 연구자에 의해서가 아니라 오히려 행정기관의 개입과 시책에 의해 데이터로서 축적되고 조정된다면 문제의 원인이 될 수도 있다.

5. 사회복지 지식의 생성방법

사회복지 업무의 대부분은 어려운 상황에 있는 사람들을 파악하고 지원하는 데에 있다. 아동이나 청소년, 가족, 노인, 빈민, 실업자, 장애인, 노숙인, 범죄자, 약물중독자, 폭력피해자 등 복합적 문제를 안고 있는 사람들을 지원하기 위해서는 법률이나 행정, 지원대책 등에 익숙해야 한다. 그러나 그것만으로는 충분하지 않다.

사회복지사는 문제해결을 위한 책임이 필요함과 동시에 도움을 필요로 하는 사람들의 가치관이니 희망을 존중해야 하는 균형감각이 필요하기 때문이다. 지원자와 권력행사자로서 1인 2역을 담당하면서 모든 경우에 적용될 수 있는 매뉴얼을 만들고 실천하기란 거의 불가능한 일이다.

사회복지 연구자는 일상의 실천 딜레마를 조사하고 그 결과를 실천현장을 통해 재검토하고 이해를 향상시켜 문제해결을 이끄는 데 효과를 발휘하도록 기대를 모으고 있다. 또한 실천가들도 연구가 실천의 직접적인 개선으로 연결되도록 기대하고 있다. 하지만 과학적인 복지지식이 어떻게 사용되어야 할 것인가에 대해 연구자와 실천가, 행정기관 사이 의견이 일치되는 것은 아니다. 이용가치가 있는 지식이 무엇인지에 대한 공통 인식이 다른 이유이기도 하다.

실천은 이론을 응용하는 것이라 볼 수 있다. 이론은 실천보다 높은 위치에 있으며 문제를 해결하기 위한 이론이 사용될 것이다. 즉, 실천은 이론을 응용함으로써 문제를 해결하고자 한다. 그런데 지식 생성은 이론과 실천의 끊임없는 교환작업에 의해 비로소 가능해진다.

지식은 다양한 실천에 사용될 뿐만 아니라 실천을 통해서도 만들어진다. 실천 입장에서 보면 지식은 수단이지만, 연구는 지식의 생성 자체가 목적이다. 연구자든 사회복지사든 지식은 필요하며 읽기와 듣기, 타인으로부터 배움을 통해 얻을 수 있다. 우리 앞 세대로부터 만들어진 지식, 사고, 통찰, 이론 등은 이론적 지식 또는 체계적 지식이라 할 수 있다(訓覇法子 外, 2014). 그것과 다른 방법에 의해 만들어지고 존재하지만, 말로 하기는 어려운 지식은 암묵적 지식이라 할 수 있다.

우리들이 자신의 행위나 실천 등을 되돌아볼 때 필요한 것이 언어이며 용어나 개념은 사고를 위한 도구라 할 수 있다. 일상적으로 무의식적으로 사용하며 전달된 암묵적 지식은 실천으로부터 만들어진 실용적 지식(praxi-theory),

경험에서 우러나오는 지식(experience-based knowledge)이다. 지식이란 언어를 통해 정의할 수 있으며 다양한 방법으로 타인에게 전달할 수 있다는 것을 뜻한다(訓覇法子 外, 2004 : 74).

이론적 지식과 실천적 지식은 다른 방법으로 만들어지고 다른 형태로 존재하지만 모두 필요하며 서로 보완적인 관계이다. 그런데 과학적 방법에 의해 만들어진 이론적 지식이 진정한 지식으로 간주되고 실천이나 경험에 의해 만들어진 지식의 가치가 낮게 평가되기도 한다.

후자가 실천현장에서 매우 유용하다고 해도 이론적 지식에 권위가 더 가게 되고 중요하게 보는 경우가 많다. 백인이나 유럽인 남성이 지배적인 연구 사회가 만들어 내는 지식이 아시아나 아프리카인 연구 사회에서 만들어지는 그것보다 바르고 보편적이며 대표적이라는 근거는 어디에도 없다. 지식의 생성 방식은 남녀 사이에서도 다르다는 것을 페미니즘 연구자들은 지적해 왔다(訓覇法子 外, 2014).

사회복지실천과 지식 생성에는 다양한 차원에서 조사연구가 필요하다. 사회복지 연구의 강점은 개인이나 사회 양자택일이 아니며, 사회에서 생활을 꾸려나가는 인간과 인간이 만들어 내는 사회를 이해하기 위한 모두를 종합적으로 배우는 데에 있다.

사회현상은 모든 차원의 상호작용에 의해 만들어진다. 비행청소년은 비행문제를 일으키는 내적 및 정신적 문제 또는 배경에 있는 가족문제를 외부세계에 호소하며 가족문제에는 사회문제가 반영되어 있다. 따라서 모든 차원에서 문제의 이해와 대응이 필요하고 소외된 개인을 심리학적 관점에서 배우는 것은 사회에 관한 귀중한 정보를 얻게 된다는 것을 뜻한다. 이러한 사회현상을 종합적으로 이해하기 위해서는 정신분석학, 사회심리학, 철학 등의 다양한 차원의 지식이 필요하다.

과학적으로 생성된 지식의 사명은 우리들이 생활을 영위하는 사회, 인간이 조우하는 여러 문제, 대응방식을 이해하는 데에 있다. 지식은 실천에 직접 응용해야 한다는 입장에서는 스웨덴 복지국가 건설의 이론적 기반이 되었던 사회공학, 즉 사회문제 해결이나 사회시스템 제어에 관한 연구노력은 좋은 사례가 될 것이다. 실증된 과학적 지식에 근거하는 정책수립을 중요시하고 과학적 지식을 응용하는 사회개량적 방법이 대표적이다.

경제정책이나 복지정책의 이론적 기반을 제공하고 보다 좋은 사회로의 변혁을 목표로 과학적 근거에 의한 연구와 실천을 실행하는 것이다. 과학적 지식은 참여관찰이나 면접 등의 다양한 방법에 의해 수집된 데이터 분석에 의해 만들어진다. 특히 실증주의적 연구에서는 연구자에 의해 수집된 사람들의 응답이 수치화·추상화되므로 지식 생성이 실제 인간이나 현실로부터 멀어지는 데 대한 비판도 제기된다(訓覇法子 外, 2014).

사회과학 연구는 사회 상부구조의 정치적 시각에 의존하기 쉽고 연구에 의해 만들어진 추상적인 지식이 사람들의 행동을 지도할 수 없다는 반발도 불러올 수 있다. 따라서 가치판단의 자유와 윤리적 시각에 대해 논의가 필요하다.

연구자는 가치판단으로부터 자유로워야 한다고 주장한 학자는 베버(Weber)였다. 그는 저서 『직업으로서의 학문(Weber, 1977)』에서 연구자의 직업윤리로서 자신의 가치판단을 개입하거나 의견을 서술하는 것이 아니라 사실만을 서술해야 한다고 주장한다. 또 무엇이 옳고 나쁜지를 판단하는 과학적 근거는 없으며 사람이 어떻게 존재해야 할지를 연구자는 설명해서는 안 된다고 한다.

연구자도 살아 있는 인간이며 예언자나 종교인이 아니다. 연구자가 연구영역이나 이론적 시각, 조사방법 등을 선택할 때 중립적 입장을 주장함으로써 실제로는 도덕적·정치적 책임을 회피하는 경향은 자주 볼 수 있다.

도덕적으로 중립이라는 것은 단순히 도덕적으로 무책임하다는 것이 아니다. 중립적인 입장을 취하기가 애초에 불가능할 수도 있다. 많은 연구자들이 객관적으로 사회현상을 분석하려 노력하지만, 연구자의 분석시각 자체가 인간관계나 사회환경에 따라 형성된 것이다. 분석시각이 무엇으로 이루어졌는지를 비판적으로 보는 자세가 필요한 이유가 여기에 있다.

도덕적 책임은 인간성의 한 구석에 내재한다는 견해도 있지만 인간의 선악에 대한 상반된 견해도 있다. 모든 사회현상이 인간의 본질이나 자연을 어떻게 이해하는가에 대한 가치관에 따라 만들어지므로 사실과 가치관을 끊임없이 명확히 식별하는 것은 쉽지 않다. 사회복지사의 실천에도 이데올로기는 변하고, 그의 가치와 규범이 반드시 클라이언트의 그것과 똑같다고 할 수 없다. 가치관은 대립하는 경우도 많기 때문이다.

사회복지 연구에서 관찰해야 할 것은 인간의 도덕적 판단이 아니라 인간의 생활과 생존조건, 사회과정이 만들어 내는 메커니즘이다. 사회현상에 관한 의견의 서술보다 사회현상으로부터 무엇을 배워야 할 것인지를 명확히 하는 것이다. 사회현실이 무엇이며 왜 그런 현실이 만들어지고 있는지를 묻는 태도가 중요하다.

다양한 사회적 조건에서 일하고 생활을 꾸려나가는 것이 사람들에게 어떤 영향과 결과를 초래하는지를 관찰하고 분석하는 것이 가능하다. 연구결과에 근거하여 연구자 자신에 대하여, 정치가나 타인에 대하여, 어떤 사회를 추구하고 선택할지를 묻는 것도 가능하다. 이러한 문제 제기는 가치중립적인 연구에서는 절대 나올 수 있는 것이 아니다. 이 지식이 누구를 위하여 필요한가에 대한 연구자의 시각이 드러나 있기 때문이다.

사회현상을 조사하는 경우 연구문제를 정할 때 누구의 문제를 조사할 것인가? 누구의 경험을 출발점으로 할 것인가?에 대해 끊임없이 고민해야 한다. 예를 들어, 기초생활보장 수급문제를 클라이언트 입장에서 조사할 것인가?

복지공무원의 운용 효율성과 같은 행정 관점에서 조사할 것인가? 노인 돌봄에 대하여 서비스를 이용하는 노인 입장에서 할 것인가? 또는 사업자의 업무 효율성 관점에서 조사를 할 것인가?

연구결과를 해석하고 분석하는 경우도 마찬가지이다. 상부구조의 관점 또는 하부구조의 관점을 선택할 것인가? 페미니즘 연구자는 여성이 사회적으로 약하고 불리한 입장에 처해져 여성의 경험이 무시되어 왔으므로 인간과 사회에 관한 지식 생성이 불완전하다는 점을 지적하고, 그것을 연구의 출발점으로 삼는다. 중요한 것은 연구의 자유를 제한하는 것이 목적이 아니라 지식인으로서의 사명은 개인적 문제를 사회적 문맥에 관련지어 사회적 문제로 해석하는 것이다. 그 이유는 사회구조가 만들어 내는 사람들의 다양한 일상생활 문제를 비추는 것이 생활 개선과 사회 발전에 매우 중요하기 때문이다.

6. 사회복지의 연구 분야

사회복지사 양성교육이나 연구자 양성교육의 조직화나 내용은 국가에 따라 공통점도 있지만 다른 점도 많다. 북유럽에서는 1920년대에 사회복지사를 위한 전문직업교육이 시작되었다. 1950~1960년대의 사회복지 확장에 맞춰 1970년대에는 국립종합대학으로의 통합이 추진되어 연구자 양성교육의 발족과 함께 독립적인 과학영역으로서 발전되었다. 북유럽 국가 가운데 대학에 있어서 연구영역으로서 확립이 가장 빨랐던 것은 스웨덴으로 1979년 예테보리(Gothenburg) 대학에서 최초로 사회복지연구자 양성교육이 시작되어 오늘날에 이르고 있다.

사회복지는 다른 과학분야 이론이 필요한 학제적 과학이므로, 물리학이나 사회학처럼 고유성과 자율성을 명확히 하기 위하여 정의된 중심적 이론에 의해 이루어지는 과학으로서 자립하기가 어렵다. 또한 사회나 인간의 여러 가지 문제를 대상으로 하므로 과학으로서의 사회복지의 지식대상도 사회변화에 따라 움직인다. 다른 과학영역과 비교하여 실용적 내용이 특징이다.

스웨덴의 사회복지 연구영역에서 돌봄연구를 지식대상으로 독립시켜 새로운 교수를 공모할 때 심사원이 정의를 시도한 내용을 통해 북유럽의 사회복지의 과학성에 대한 생각을 엿볼 수 있다. 즉, '사회복지(social work)는 사회관계를 연구하는 사회과학이지만, 다양한 이론이나 연구 전통과의 통합과 융합이 필요하다. 지식대상, 연구와 조사방법, 중심적 이론에 대하여 타당한 경계선을 가진 과학내용을 결정하기보다도 기초연구 및 응용연구에 필요한 주제를 연구하는 영역으로 지위를 부여하고자 한다. 새롭게 임용되는 교수에게 제공되는 주요 연구영역과 지식대상으로서 이 분야는 사회문제의 정의, 사회문제(남용, 중독)의 원인, 이들 문제에 영향을 끼치거나 회피하기 위한 사회적 개입의 발전이나 평가·분석, 특히 치료조직과 사회정책 대책·개입의 조사·연구를 대상으로 한다(訓覇法子 外, 2014).'

과학으로서의 사회복지 지위는 다수 국가에서 확립되어 있지만 그렇지 않은 경우도 많다. 따라서 사회복지 관계 연구서나 학술잡지 등에 게재되어 있는 논문 검색만으로는 사회복지 연구 분야에서 어떤 연구가 실시되고 있는지를 양과 질 모두 파악하기는 어렵다. 또한 사회변화와 함께 사회문제도 달라지며 연구영역이나 연구문제도 변하면서 더욱 세분화되는 경향이 있다. 국제적인 관점에서 사회복지의 주제가 어떤 동향에 있는지 공통적인 몇 가지 분야를 살펴보자(訓覇法子 外, 2014).

첫째, 빈곤문제와 구빈사업이다. 1500년대부터 구빈사업은 사회의 중요한 사업이 되어왔다. 연구에서 최초의 주제는 구빈원 제도에 대한 비판, 과학적 박애주의, 노동운동, 비스마르크 사회개량 등이다.

빈곤실태 조사의 역사도 길다. 런던의 노동자 생활실태를 사회조사에 의해 분석한 사회조사의 원조로 간주되는 영국의 찰스 부스(Charles Booth)를 비롯하여 다수의 연구자가 등장하였다. 빈곤문제에 대한 연구를 과학으로 발전시킨 국가는 영국이며, 제1차 세계대전 이전에 런던정경대학(LSE)에서 구빈사업에서 발전한 사회행정이 출범한다.

현재도 영국에서 빈곤연구는 중요한 위치를 차지하고 있으며 티트머스와 타운센드(Townsend) 등 연구자를 배출하였다. 티트머스는 빈곤층과 부유층에게 미치는 사회정책적 해결을 연구하며 타운센드는 사람들의 구체적 생활조건을 조사하였다. 이 두 사람의 연구는 서양의 빈곤연구에 큰 영향을 끼쳤다. 스웨덴의 경우 사회학자에 의한 생활조건 조사나 공공부조 문제나 부양문제에 관한 빈곤연구가 중요한 위치를 차지한다. 더욱이 심각한 아동빈곤이나 실업 등에 의해 일어나는 소외나 사회적 배제에 관한 연구도 활발하다.

빈곤대책에 관해서는 구빈사업이나 공공부조에 대한 비판과 함께 이들 제도의 기능 개선을 목적으로 하는 다수의 연구를 볼 수 있다. 빈곤 실태와 영향, 빈곤문제에 대응하는 사회적 조직, 빈곤자를 대상으로 한 사회복지사의 실천방법 등이 이 분야에서 중요한 연구문제이다. 사회정책의 조직화, 복지국가 연구, 돌봄시스템 발전과 복지국가와 다른 조직과의 관계에 대한 국제비교 연구에도 많은 관심이 높다.

둘째, 가족과 아동 분야다. 1800년 말에 가족법과 건강정책, 노동법 등이 발전되고 미성년노동 금지, 모자건강대책과 의무교육 등이 도입되고 제도화되었다. 공장생산에서 미성년 노동 혹사문제는 사회의 통제를 강하게 만든 중요한 요인이었다.

1900년대 말은 빈곤이나 학대로부터 아동보호, 건강한 양육 등에 관심이 높고 근대적 아동복지 분야나 정신의학 연구가 발전하였다. 시대를 통하여 주목받은 연구테마는 아동 발달에 관한 가족과 사회의 책임분담이다. 오늘날 연구중심을 이루는 것은 아동복지와 보호, 그에 대한 사회적 역할과 책임이다. 빈곤연구와 마찬가지로 소외된 아동들의 실태나 사회적 소외가 아동에게 미치는 영향과 결과, 아동복지에 요구되는 사회복지 실천조직이나 실천방법 등이 주된 연구내용이다.

아동과 가족문제는 흔히 사회문제로 발전하고 대폭적인 법 개정을 초래하는 경우가 많다. 청소년의 자살이나 정신건강, 매춘문제는 오래전부터 연구주제이며 한부모 가족의 빈곤과 여성학대 등도 최근 주목받는 연구분야이다. 가족의 변용에 따라 연구테마도 세분화된다.

셋째, 다양한 사회문제를 낳는 원인에 관한 연구이다. 오래전부터 미국 시카고 대학교 중심의 사회학자들은 슬럼, 이민, 사회분쟁, 도시문제, 차별문제 등을 연구해 왔다. 사회문제의 발생원인에 대한 연구는 사회비판적인 동기를 가진다.

사회에 어떤 문제가 실재하는 것을 지적하는 것은 사회적 관계나 조건에 대하여 비판하는 것이다. 따라서 연구자의 과학적 근거에 의한 사회비판은 사회논의를 불러일으키는 불씨와 같다. 그에 따라 정치운동이나 국가개입을 가져오게 된다. 사회문제 예방 관점에서도 연구는 중요한 역할을 한다. 심각한 사회문제 발생을 초래하는 원인이나 과정을 조사하고 분석하는 것은 사회문제를 줄이거나 미리 예방하는 대책을 만들 수 있게 한다.

넷째, 사회교육학(social pedagogy)이다. 사회교육은 학교교육에 의존하지 않는 민중의 사회교육이라 할 수 있지만, 유럽에서 사용되는 개념은 사회복지와 교육에 모두 걸쳐 있는 사업분야를 말한다. 지역사회교육(community education), 사회성 교육(education for sociality)이라고도 한다.

독일 진보적인 교육에 원류가 있으며 아동 및 청소년을 대상으로 집단을 중요시하는 총체적인 교육형태를 특징으로 한다. 사회복지에 있어서 교육학적 연구가 필요한 것은 다수의 사회문제가 개인에게 있어서 이해하기 어려운 현실에 대한 반동으로 다양한 사회적 일탈행위로 만들어지기 때문이다.

사회교육학은 유럽의 많은 나라에서 사회복지보다 일찍 자리 잡은 개념이다. 다양한 문제행동에 대하여 어떤 치료형태나 개입법이 추구되어야 할 것인가는 이 분야의 중요한 연구테마이다. 치료 또는 형벌 어느 쪽인가와 같이 청소년 일탈행동이나 범죄행위에 대하여 사회가 어떻게 검토하고 대응해야 할 것인가에 대한 논의이다.

다섯째, 클라이언트와 사회서비스 조직과의 관계이다. 클라이언트와의 관계에 대한 최초의 시도는 리치몬드(Richmond)의 사회진단을 들 수 있다. 개인을 중요시하는 전통이 강한 미국에서 발전한 케이스워크는 유럽에서도 큰 영향을 일으켰다. 오늘날에도 클라이언트와 사회복지사의 인간관계가 사회복지의 핵심을 이룬다는 주장은 여전히 강하다.

이 분야에서는 사회복지실천조직, 역할과 임무, 조사과정에 관한 연구, 클라이언트 집단의 분석과 문제, 생활조건에 관한 사회복지사의 이해가 대상이다. 과학적 증거에 근거한 실천을 중요하게 생각하는 오늘날은 사회복지에서 사용되는 개입이나 치료법이 어떤 결과를 초래할 것인가에 대한 연구는 중요하지만, 사회서비스를 체계적으로 측정하고 계속적으로 평가하기 위해서는 연구계획이나 평가방법 등 엄밀한 조건이 요구되므로 쉬운 일은 아니다.

예외적인 연구로는 스웨덴의 경우 아동에 대한 처우의 계속적 추적조사가 있다. 또한 정신장애인이나 입양부모에 의해 자라난 아동 등 사회서비스 대상이 되었던 클라이언트의 체험을 데이터로 하는 연구도 많이 볼 수 있다.

여섯째, 약물중독 문제 등 중독자와 남용자의 돌봄에 관한 연구이다. 알코올 정책이 시작되고 치료법과 그 효과, 강제보호 효과, 당사자 운동, 의존으로부터의 해방과정 등 다양한 문제영역에 이른다.

이 외에도 장애인이나 고령자 돌봄에 관한 연구나 이민문제 연구가 활발하다. 이들 연구영역은 사회복지 독점분야가 아니라 다른 과학영역에 있어서도 중요한 대상으로 연구되고 있다.

사회복지 연구가 복잡해지기 쉬운 이유는 객관적 사실이나 현상에 관한 이론에 더하여 가치관이나 윤리관이 영향을 끼치기 때문이다. 규범적 견해가 지배적이 되면 대상에 대한 강제적이고 선별적인 조치에 대한 논의가 많아지고 이데올로기적인 비판에 빠지기 쉬운 경향을 낳는다.

사회복지 연구 영역은 국제적인 합의에 근거한 사회복지실천에 크게 의존하므로 IFSW나 IASSW에 의한 정의가 연구의 사명이라 해도 좋을 것이다. 연구에 의해 얻은 지식은 어떤 기여를 가져오는가?

첫째, 실천에 도움이 되는 연구방법을 발전시키고 이해를 높이는 것이다.

둘째, 연구결과의 직접 사용이 어려워도 새로운 현상에 관한 시각을 발견한다.

셋째, 현상의 비판적 검증에 따라 사람들의 태도나 견해를 변하게 하고 실천방법을 더 좋게 만든다.

사회복지 발전을 위해서는 다양하고 광범위한 연구가 필요하며 연구자는 이들 연구의 다양한 의의를 인식하고 어떤 연구시각을 가질 것인지를 선택해야 한다. 연구자들에게 요구되는 것은 사회복지실천과의 의미 있는 관계 형성이다. 사회복지 연구자는 관찰적 연구자, 참여관찰적 연구자, 양자의 중간 형태가 있다(訓覇法子 外, 2014 : 84).

관찰적 연구자는 연구대상에 대하여 거리를 두고 연구결과를 사회에 발표하는 것을 중요하게 생각한다. 연구결과의 이용은 타인에게 맡긴다.

참여관찰적 방법은 독일 사회심리학자 레빈(Kurt Lewin)에 의해 제안되었는데, 행동조사라고도 하며 연구자가 실천자와 함께 연구활동을 전개한다. 사회활동에서 생기는 여러 문제의 메커니즘을 설명하고 문제해결을 위하여 직접 기여하며 사회개량이나 변혁을 목적으로 하는 실천적 연구방법이다.

중간적 연구스타일은 실천과 동일한 분야에서 연구를 수행하지만, 연구와 실천 사이에 명확한 거리를 설정한다. 이상적 모델은 실천의 개선이나 발전에 기여함과 동시에 사회적으로 연구업적을 인정받는 것이다. 그러기 위해서는 실천과 연구의 긴밀한 대화가 필요하다.

7. 과학적 실천의 가능성과 한계

과학적 근거에 따른 실천(EBP)은 찬반논의가 전개되어 왔다. 어떤 방법이 과학적 근거에 서 있다고 간단히 말하기는 어렵다. 과학적 근거에 따른 복지실천 운동은 미국에서 시작되었다. 사회복지가 전문직으로 등장하기 시작한 1800년대 말부터 미국에서는 과학과 실천의 관계가 논의되어 왔다.

독립적인 과학에 근거한 실천이 전문직의 사회적 지위를 높인다고 생각되었기 때문이다. 실제로 과학적 지식에 근거한 실천이라기보다는 이론 생성과 함께 실천에 있어서 과학적 모델이 중요시되고 올바른 진단에 근거한 올바른 치료라는 합리적 문제해결이 발전되고 확산되었다(Kirk & Reid, 2002).

1970년대가 되면 특히 미국에서 사회복지와 과학과의 연결을 시도하는 노력이 활발해져 개입방법의 효과를 평가하는 연구에 관심이 높아지고 있었다. 즉, 아무런 효과도 없는 실천에서 무엇이 효과를 초래하는 실천인지 규명하려는 연구가 중요하게 부각되고 양적 조사가 우선되는 경향을 초래하였다.

근거에 의한 실천이 확립되기 이전에는 실증에 뒷받침되는 사회복지(empirically supported social work) 또는 연구에 의해 뒷받침되는 실천(research based practice)이 주목을 끌었다. 이런 접근은 과학적 근거를 직접 실천에 응용하기보다 실천가가 연구정보나 결과를 실천에 활용하는 것을 중요시하였다.

근거 기반 실천논의가 본격적으로 시작된 것은 1990년대 초반 임상의학 분야였다. 그 배경에는 의사가 임상에서 주위 권위나 사회적 관계에 좌우되거나 최고의 과학적 지식을 응용하지 않는 것에 대한 비판이 있었다. 어떤 개입이나 치료법이 가장 효과적인지 임상에 필요한 지식을 얻기 위하여 임상의사가 연구결과를 스스로 비판적으로 검증하고 임상에 응용하려는 필요성이 강조되고 있었다. 즉, 개입이나 치료법을 결정하기 위하여 가장 중요시된 것이 선행연구의 비판적 평가(critical appraisal)와 선행연구의 체계적 요약(systematic overview)이었다(Sackett et al., 2000).

비판적 평가에는 5단계의 작업이 필요하다.

첫째, 클라이언트와 기타 필요한 요인에 기초하여 조사 가능한 문제를 규정한다.

둘째, 문제에 맞는 가능한 연구를 조사한다.

셋째, 과학적 근거를 타당성, 유의성을 기준으로 비판적으로 검토한다.

넷째, 클라이언트의 개인적 속성이나 희망을 고려하고 과학적 근거가 있는 지식을 실천에 응용한다.

다섯째, 개입효과와 개선방안을 평가한다.

연구의 비판적 평가와 과학적 근거를 개별 클라이언트 상황에 적응시키기 위해서는 높은 전문적 능력과 상당한 시간할애가 요구되므로 현장에서 이러한 비판적 평가모델 수행은 불가능에 가깝다. 그 대신에 연구자나 행정기관에 의해 정해진 지침에 근거하여 실천자가 과학적 근거를 응용하는 지침모델이 만들어졌다. 그러나 비판적인 노력 없이 지침이 제시하는 특별한 개입방법을 사용하는 것은 그것이 과학적 근거에 기반을 둔 개입방법이라고 해도 증거 기반의 중요한 의의가 상실될 수 있다는 비판을 받았다(Gambrill, 2007).

실천과 실증적·임상적 연구의 연계를 강조하는 것은 연구자들이었다. 그 목적은 실천의 개선을 위하여 의학모델로부터 배우는 것이었다. 미국에서 출발한 증거 기반 실천운동은 실증 위주 연구의 경시나 실천에서 연구활동이 충분히 이용되지 않고 있다는 점이 지적되었던 영국이나 다른 유럽 국가에 급속히 확대되었다.

사회복지 연구가 1980년대에 본격적으로 발전한 스웨덴에서 주요 연구대상은 개입수단 효과에 대한 평가연구보다도 사회복지 조직화나 사회복지사와 클라이언트와의 관계였다. 증거 기반 실천이 본격적으로 논의된 것은 1990년대 말부터이다. 사회복지 효율이나 질 향상을 목적으로 하는 과학적 평가노력은 국가에 따라 다르지만, 스웨덴에서는 중앙행정기관인 사회청이 지침 설정에 주도적 역할을 하였다.

과학적 근거 기반 실천이 가능하기 위해서는 과학적 근거를 정하는 연구의 검색과 리뷰가 필요하다. 연구방법은 다양하지만 신뢰할 수 있는 과학적 근거를 생성하기 위하여 가장 중요한 방법론적 전제조건은 무작위 비교실험(RCT : Randomized Control Trials)과 체계적 요약 두 가지이다.

객관적인 치료평가를 목적으로 하는 무작위 비교실험에서는 모집단에서 무작위 추출하거나 실험집단과 통제집단 참가자의 무작위 할당이 개입방법의 통제와 함께 중요한 의미를 가진다.

치료법의 순수한 효과를 엄밀하게 정하기 위해서는 참가자의 문제가 혼합적인 성격이 아니라 단일하고 동질적인 것이 바람직하다. 그러나 실험환경 설정은 사회복지 등 심리사회적 개입분야에서는 매우 어려우며 실험참가자로부터 동의를 얻은 무작위 할당 자체의 실험이 곤란하므로 윤리적인 문제를 안고 있다. 그러므로 사회복지 연구에서 무작위 비교실험 디자인 연구는 매우 적다. 그 대신 유사 실험법이나 실험집단과 공유하는 중요한 특징을 측정할 수 있는 비교집단 설정을 활용할 수 있다.

기본적인 생각은 무작위 비교실험과 동일하지만 자연스러운 환경에서 서로 다른 개입과 치료법의 효과를 측정할 수 있다는 것이 장점이다. 그러나 통계적으로 의미 있는 결과가 나와도 무작위 할당에 의한 통제집단은 존재하지 않으므로 결과 한계성은 여전히 남는다.

선행연구의 체계적 요약은 사용된 연구방법을 투명하게 하여 리뷰 결과의 편향원인이 되는 불완전한 조사과정을 예방하기 위하여 일정한 규칙이 설정된다. 다양한 리뷰형태가 있지만 양적 조사에 있어서는 메타분석이 중요시된다. 메타분석의 참신함은 개별 연구의 양적 측정치의 통합에 따르지만 소규모 연구가 경시되기 쉬운 등 문제점이 지적된다.

만일 중앙행정기관에 의해 명확한 근거 기반 증거들에 대한 지침이 과도하게 설정되어 매뉴얼 실천이 유행하게 된다면 사회복지를 수동적으로 만들어 전문성의 해체를 낳을 위험성이 있다. 그보다도 연구결과에 뿌리내린 실천을 함으로써 실천을 과학적인 것으로 하며, 실천으로부터 새로운 이론적 관점을 만들어 내는 실천과 과학의 유기적 연계를 이끄는 노력이 필요하다.

과학적 증거 기반을 너무나 과도하게 중요시함으로써 과학이 조사설계나 단순한 판정방법으로 왜소화될 경향이 지적되는데, 과학적 실천의 전제로서 요구되는 것은 만들어진 모든 종류의 지식을 비판적으로 음미하는 데에 있다.

실천에 의존하는 과학인 사회복지에서는 새로운 지식욕구나 지식대상을 정하기 위해서는 끊임없이 실천으로 돌아가야 한다. 개입과 치료법의 효과를 측정하기 위해서는 효과를 어떻게 이해하고 측정할 것인가에 대한 논의가 필요하며 실천가를 위하여 연구결과가 도움이 되도록 많은 조사 및 연구 결과를 실천에 통합시키는 노력이 필요하다. 모든 사회복지사에게 필요한 기초지식은 무엇인가? 더욱이 과학과 실천의 유기적인 연계를 도모하기 위하여 필요한 능력은 무엇인지에 대한 논의가 시작되어야 한다.

사회복지사 양성교육에서 필요한 기초능력으로서 데이터베이스에 의한 문헌검색 훈련, 학술논문이나 보고서의 비판적 검증을 가능하게 하기 위한 조사연구방법론에 관한 기초지식, 실천 프로그램의 평가와 실천을 추적하기 위한 모델에 관한 지식 등의 습득이 요구된다. 더욱이 실천가와 연구자와의 연계를 추진하고 연구결과를 실천에 도입하고 응용하기 위한 지원과 실천개발에 노력하는 인재를 확보하기 위한 보다 수준 높은 복지교육이 필요하다.

사회복지의 과학화는 연구자와의 연계를 통하여 사회복지사 자신에 의해 촉발되는 것이 가장 효과적이라 생각된다.

CHAPTER 04

비교사회복지의 이론적 배경

CHAPTER 04

비교사회복지의 이론적 배경

국제사회의 개방과 교류가 더욱 확산되면서 사회복지도 국제적인 전개와 특성을 파악하는 것이 중요한 흐름이라 할 수 있다. 사회복지의 국제화는 다양한 영역에 걸쳐 있다. 사회복지 국제비교는 그러한 영역 중의 큰 기둥이라 할 수 있다.

사회복지 국제비교를 시도할 때 국제적 차원의 문제범위를 생각해 볼 필요가 있다. 개별 국가와 지역의 사회복지는 특정 국가의 복지가 독립적으로 발전한다는 시각만으로는 볼 수 없게 되었다. 국가와 지역의 사회복지는 국제적으로 전개되는 복지문제의 영향을 받는다.

국제적인 사회복지 문제는 다음과 같은 영역이 포함되어 있을 것이다.

사회복지의 국제적 전개는 첫 번째로 국제사회를 무대로 펼쳐지는 사회복지를 의미한다. 즉, 국제적인 생활문제 대책으로서 사회복지이며 국제적 기관에 의한 사회복지와 비정부 및 비영리 조직에 의한 사회복지도 포함된다. 또한 여기에는 국제협정이나 국제협력, 국제원조와 같이 다자간에 펼쳐지는 사회복지도 포함될 것이다. 두 번째로 국내 사회복지에서 전개되는 국제 사회복지와 관련되는 문제, 즉 국내 거주 외국인의 복지문제, 민간비영리조직 등에 의한 국내 외국인에 대한 복지지원 문제 등이다.

나아가 사회복지의 국제비교는 국제적·국내적 사회복지 대책이나 원조방법의 개발이나 평가 등 실무적이고 실제적인 목적으로 이루어지는 국제비교뿐만 아니라 이론적 목적으로 이루어지는 국제비교까지 포함해야 할 것이다.

1. 비교연구의 배경과 유형

사회복지 국제비교 연구가 본격적으로 등장한 것은 1980년대 이후이다. 비교연구의 발전을 가져온 것은 세계 속의 지역문제에 대한 관심이 커졌기 때문이며 국제비교를 가능하게 하는 사회과학방법론이 크게 발전했기 때문이다. 또한 세계화의 영향과 정보혁명에 의한 매체의 발달과 정보공개에 의해 활용할 수 있는 정보의 양이 크게 늘어나고 질적으로도 충실해졌기 때문이다.

우리나라뿐만 아니라 산업화 후발 국가들의 경우, 비교복지연구는 대체로 영국이나 미국, 독일 등 서구 자본주의 국가의 복지역사의 발전과정이나 실태에 대한 소개 연구로 시작했다. 선진제도에 대한 복지연구는 분명히 선진복지국가와 후발 국가의 비교라는 당연한 전제가 연구절차에 포함되어 있었을 것이다. 처음 비교연구는 영국과 미국, 독일에서 사회복지 형태를 전형적이고 이상적인 모습으로 파악하고 그 속에서 사회복지의 역사적 전개 과정과 대책, 지원활동의 실태를 고찰하여 우리나라 사회복지의 비근대성과 비과학성을 극복해야 할 약점으로 삼아 비판하려는 문제의식이 있었다고 생각한다.

하지만 현재는 서구 선진 복지국가의 다양한 변화 속에서 횡단적 · 병렬적 사회복지 비교가 더 중요하게 되었다. 아울러 우리나라 사회복지의 양적 · 질적 진화에 의해 서구의 단순한 모방적 비교만으로는 비교사회복지연구의 효용성을 찾기 어렵게 되었다.

1980년대 이후부터 사회주의 체제가 무너지고 냉전구조를 기본으로 하는 전후체제가 끝나가면서 지금까지 자본주의 국가의 복지국가 정책 방향에 영향을 끼쳐왔던 사회주의적 이념, 즉 사회적 평등과 공정을 확보하려는 정책이념이 다소 쇠퇴하기 시작했다고 볼 수도 있다. 하지만 최근 복지국가의 주된 관심사였던 소득 불평등보다는 자산 불평등에 의한 빈곤과 격차문제가 심각해지면서 오히려 평등과 정의에 대한 요구는 더 높아졌다고 할 수 있다. 이와 관련하여 1970년대까지는 크게 주목받지 못했던 스칸디나비아 사회민주주의 복지모델에 대한 관심이 크게 높아졌다.

지금까지 베버리지와 비스마르크 복지체제를 선진모델로서 설정하여 그것을 따라가려는 전통적 연구방법은 그 영향력이 점차 약해지고 있다고 할 수 있다. 세계 각국의 지역적 복지정책과 지원활동의 형태를 횡단적으로 비교연구하여 상호 유사성과 상이성, 보편성과 고유성을 해명하고 그것을 바탕으로 자기 나라의 복지정체성을 확보하고 정의와 평등을 달성하려는 비교연구에 대한 관심은 더욱 확대되었다.

복수의 현상을 상호 비교하여 검토함으로써 유사성과 상이성을 논의하고 분류하며 유형화하는 절차는 인문학이나 자연과학 모두 과학적 사고를 위한 보편적이며 초보적인 절차라 할 수 있다. 다양한 학문 속에는 그 수준을 넘어서 비교라는 절차 그 자체를 중심적인 연구방법과 영역으로 설정하려는 분야가 존재하고 있다. 예를 들어, 문화인류학이나 비교심리학, 비교문화론, 비교법제사 등이 있다. 이와 같은 학문영역에서는 국가나 지역에 의한 사회현상이나 문화현상의 유사성과 상이성에 대한 비교 절차를 통하여 다양한 성과를 축적할 수 있다. 다양한 학문영역에서 진행된 일반적인 비교연구 방법은 다음과 같이 분류할 수 있다(阿部志郎 · 井岡 勉, 2000). ① 미개발 사회나 개발도상국을 비교하는 원초적인 사례비교형, ② 보다 선진적이라 간주되는 국가나 지역을 대상으로 하는 선진사례비교형, ③ 거의 유사한 상황이라고 간주되는 몇 개 국가와 지역을 서로 비교하는 동일사례비교형이다. 이 가운데 어떤 유형을 선택할 것인지는 연구주제와 가설에 의해 달라질 것이다. 첫 번째 원초적 사례비교는 사회구조와 그 속 사람의 행동양식 속에 현대사회의 사회구조나 행동양식의 형태를 도출하는 연구가 이루어진다. 두 번째 선진 사례비교형은 일정한 사회적 또는 문화적 현상이나 제도에 대하여 선진적인 상황에 있다고 간주되는 국가나 지역, 그렇지 않은 국가나 지역을 비교 분석하고 선진적인 상황이 초래하는 배경이나 요인을 해명하고 교훈을 도출하는 것이다. 세 번째 동일사례비교형은 단순한 선진적 사례의 소개나 교훈의 제시를 넘어서 일정한 사회적 또는 문화적 현상이나 제도를 비교, 검토의 대상이 되는 두 가지 내지 그 이상의 국가나 지역에서 각각의 낙관적 또는 상대적 위치를 분석하는 것이다. 또한 사회적·문화적 사상이나 제도를 규정하고 있는 요인이나 메커니즘을 해명하는 것이 주요 과제라 할 수 있다.

예를 들어, 미개발 사회와 개발도상국에서의 상호지원 행동이나 이타적 행동, 그를 위한 조직의 형태에 대한 연구는 현대 사회복지연구에 어떤 의미를 가질 것인가, 현대 사회복지에서 그 기반에 공동체적인 상호지원이나 상호부조 또는 이타적 행동이나 호혜적 행동이 흐르고 있다는 전제를 세우면 그러한 비교도 의미가 있을 것이다. 또한 개발도상국의 빈곤이나 아동노동의 형태에 대한 연구도 적절한 절차에 따라서 이루어지고 있다면 사회복지 역사에 대한 보편적 이해나 탐구에 도움이 될 것이다(阿部志郎·井岡 勉, 2000).

우리나라와 미국의 사회복지를 비교하면 국가 제도의 역사는 한국이 더 길다고 할 수 있다. 하지만 근대적인 복지제도의 출발점을 기준으로 삼는다면 영국은 물론 미국보다 훨씬 늦게 출발했으며 그럴 수밖에 없었던 상대적 요인을 도출해 낼 수 있을 것이다. 선진 자본주의 국가의 사회복지에 대하여 연구할 경우, 그 속에서 후발국가에 주는 교훈을 발견하는 것이 중요하며 오늘날의 상황 변화에 맞게 실현해야 할 이상이나 모델, 새로운 관점이나 방법을 파악하는 데에도 큰 도움을 얻게 될 것이다. 세계사적 흐름 속에서 우리나라의 복지 역사나 현상을 이해하고 앞으로의 방향을 분명히 이해하는 작업을 적극적으로 시도하는 것이 비교연구의 중요한 의의라 할 수 있다.

2. 비교대상 국가와 지역의 선택

비교 선택의 대상으로 어떤 국가와 지역을 선택할 것인지에 대해서도 일정한 작업가설에 근거한 국가나 지역 선택이 전제가 되어야 할 것이다. 일정한 작업가설에 근거하여 비교 검토 대상으로 해야 하는 두 가지 내지 그 이상의 국가나 지역을 선정하는 작업이나, 비교대상이 되는 국가나 지역을 사후적으로 선정함으로써 경험적 개별사례연구의 일반화와 보편화를 추구하는 작업은 비교사회복지연구 성과를 내실 있게 하기 위한 공통적인 기반이며 최소한으로 충족되어야 할 전제조건이다.

단순한 가능성만 본다면 비교대상으로 어떤 국가나 지역을 선택했다고 해도 나름대로 비교연구는 성립할 수 있을 것이다. 어떤 국가나 지역이든 스스로의 생활상 욕구를 가족이나 시장 기능과 같은 일반적 경로에 따라서 충분히 충족시킬 수 없어서 친족이나 이웃 등 지원단체, 그리고 정부에 의존할 수밖에 없는 사람들이 존재하고 있을 것이다. 또한 그러한 사람들과의 생활보장을 목적으로 하는 사회적 시스템 또한 특정한 형태로 존재할 것이다. 그런 의미에서 어떤 국가나 지역을 선택해도 거기에는 복지욕구가 존재하며 공공부조나 복지서비스 시스템이 존재한다고 생각해도 좋다. 따라서 어떤 국가나 지역을 대상으로 하는 비교사회복지연구라고 해도 거기에서 교훈을 얻어낼 수 있을 것이다.

그렇지만 현실적으로는 어떤 국가나 지역을 무작위 또는 임의로 선정하여 횡단적 비교를 시도했다고 해도 비교사회복지연구로서의 충분한 성과를 기대하기는 어렵다. 복지욕구와 사회복지제도 모두 국가나 지역에 따라 근본적으로 또는 미세하게 차이가 있다. 각자 국가나 지역을 특징하는 역사적 · 경제적 · 정치적 · 사회적 · 문화적 제반 요인을 고려하여 비교 검토한다고 해도 얻을 수 있는 점을 거의 기대할 수 없을 수도 있다. 비교사회복지연구를 의미 있는 것으로 만들기 위해서는 비교검토 대상이 되는 국가나 지역에 대한 일정한 역사적·지역적 내용을 정비하는 것이 중요할 것이다.

대체로 비교사회복지 대상이 되는 국가나 지역을 ① 선진자본주의 국가, ② 신흥산업국가와 지역, ③ 개발도상국가, ④ 구사회주의 국가와 같이 분류하는 경우가 많았다. 이런 유형의 비교는 각 유형의 내부에서 이루어지는 경우와 유형을 초월하여 이루어지는 경우로 구분할 수 있다.

방법론적으로 볼 때 비교적 확실하게 생각되는 것은 각 유형의 내부의 비교일 것이다. 반면 유형을 초월한 비교는 상대적으로 어려워 보인다. 예를 들어, 선진자본주의 국가와 구사회주의 국가를 비교할 경우 사회주의 국가에 사회보험, 공공부조, 복지서비스와 유사한 제도가 존재하고 있다면 그런 제도를 소개하거나 분석하는 연구도 이루어질 수 있다. 하지만 비교사회복지를 다소 엄격하게 생각하면 자본주의 체제하의 사회복지와 사회주의 체제의 유사한 대책이나 활동을 단순히 병렬적으로 비교하는 방법은 의문이 제기될 수 있다. 결국 우리들이 사회복지를 어떤 것으로 파악할 것인가에 대한 매우 기본적이고 이론적인 과제로 귀결되는 문제이기도 하다. 신흥산업국가와 개발도상국가의 비교연구는 찾아보기 쉽지 않다. 선택의 의의와 비교연구 방법에 대한 논의가 성숙되어 있지 않다고 할 수 있다. 정부에 의한 사회복지가 거의 존재하지 않는 국가나 지역의 사회복지와 우리나라의 사회복지를 직접 수평적으로 비교함으로써 어떤 함의를 얻기는 매우 어려울 것이라 생각된다.

신흥공업국이나 개발도상국 대상의 비교연구를 효과적으로 진행하기 위해서는 사회복지나 그 배경에 있는 인구, 가족, 경제, 정치 등의 통계와 다른 정보들이 어느 정도 정비되고 공개되어 있는지, 그리고 그 정보들을 손쉽게 얻을 수 있는지가 중요하다. 그러한 조건들이 충족되지 않을 경우 정량적 분석

연구를 통한 비교는 매우 어려우며 정성적 분석이 중심이 될 수밖에 없다. 그럴 경우 연구결과의 일반화는 매우 신중하게 진행되어야 할 것이다.

국가나 지역 선택 자체가 이론적 · 실제적으로 매우 중요한데, 선진자본주의 국가를 대상으로 하는 경우에 직면하는 여러 문제를 검토할 필요가 있다.

세계에서 가장 먼저 자본주의 경제를 발전시킨 영국을 비롯하여 선진자본주의 국가에 의한 피식민지를 경험하지 않고 자력으로 자본주의 국가로 출발하는 데 성공한 국가들이 대상이 된다. 이런 국가들에 대해 사회복지에 대한 선행 연구를 비교하는 방법은 크게 두 가지 범주를 생각할 수 있다. 첫 번째는 전형적이라 할 수 있는 국가를 설정하고 해당 국가를 중심으로 비교검토를 시도하는 것이다. 이는 선진사례를 비교하는 연구라 할 수 있다. 예를 들어, 영국을 전형적인 사례로 삼아 그 역사를 연구함으로써 사회복지의 보편적 형성 발전 패턴을 추출하고 척도로 삼아 우리나라 사회복지의 형성, 발전과정과 실태를 분석하는 것이다. 여기에는 영국은 세계에서 가장 빨리 자본주의 경제를 발전시킨 전형적인 자본주의 국가이므로 자본주의의 부정적 산물로 만들어진 빈곤 등 사회문제에 대응하는 사회적 대책의 체계로서 사회복지도 전형적으로 발전했을 것이라는 전제를 세울 수 있기 때문이다. 두 번째 범주는 일정한 특징에 따라 달리 구별되는 복수 국가들이 대상국으로 설정되고 상호 비교를 통해서 사회복지 연구가 전개되는 경우다. 유사사례 비교형이라 할 수 있다.

연구대상이 되는 주제나 시기에 따라서는 일정한 제한을 두는 것도 가능할 것이다. 실제로 영국을 사회복지의 전형적 국가로 설정하는 비교사회복지연구에서도 주제나 시기에 따라 부차적인 전형 국가로 설정하는 보강절차가 더해질 수 있다. 예를 들어, 사회복지 실천기술의 체계 연구는 영국보다는 미국이 기술이 전형적으로 발달한 국가로 다루어지고 있다. 또한 두 차례 세계대전 기간 동안 미국은 국가독점자본주의하에서 세계에서 가장 빠르게 사회보장법을 성립시킨 국가로서, 국민생활 유지를 위한 국가와 중앙정부의 역할 변화와 그 의의에 대한 연구를 진행하는 데 적절한 소재로서 다루어져 왔다. 그리고 제2차 세계대전 이후 미국의 경제적・정치적 영향력 확대는 그러한 미국의 비교대상 국가로서의 위상을 한층 더 높게 만들었다.

영국도 비교대상국으로서의 지위가 하락한 측면은 있지만 여전히 중요한 위치를 차지하고 있다. 사회복지의 발전, 특히 제도적 측면의 발전에 있어서 계속적으로 선도적 역할을 해왔다. 미국은 사회복지실천의 기술적 측면과는 별개로 제도적 측면에서는 상대적으로 복지 후진국이라는 평가를 받아왔다. 실제로 제2차 세계대전 후 영국은 이미 베버리지 보고서를 통해 전후를 대비한 복지체제 정비가 이루어져 단기간에 복지국가라고 할 수 있는 독특한 정치적・경제적・사회문화적 체제를 세우는 데 성공하였다. 이러한 복지국가 체제는 경제적・사회문화적 체제로서 모방의 대상으로서 자리를 잡아왔던 것이다.

그렇지만 1970년대 후반 스태그플레이션이 진행되면서 급속히 세력이 커진 신자유주의 조류 속에서 영국은 전형 국가로서의 지위를 빠르게 상실해 갔다. 1979년에 성립된 대처 정권은 경제적 정체의 원인이 과도한 복지국가에 있다고 간주하여 국민의 자조노력을 강조하였다. 그러한 기조에 따라 복지예산 삭감과 서비스 공급의 민영화를 추진하였다. 이와 같은 복지국가에 대한 비판적 대응은 1981년에 성립한 레이건 정권에 의해 증폭되어 일본의 나까소네 정권으로 퍼져나갔다.

특히 동구권 사회주의 체제의 붕괴는 사회복지 연구에도 영향이 있었다. 즉, 사회복지 체제 연구에서 사회주의 국가의 존재를 전제로 추진되었던 정책 이념과 내용들이 사라지게 되었다. 아울러 자본주의 체제의 민족문제나 종교문제, 환경문제 등 복지문제의 폭이 다양해지고 이해관계의 대립이 더욱 심각해지게 되었다. 이념보다는 다원적 욕구 충족 문제가 더 중요하게 되었다. 이와 같은 국내외적 상황 변화 속에서 비교사회복지연구는 지금까지의 전형적인 선진국가 위주의 접근방법에서 벗어나 다양하고 새로운 관점과 방법이 필요하게 되었다. 횡단적이고 다국가 중심의 비교연구 관점이 대두되기 시작하였다. 물론 여기에는 어떤 기준에 근거하여 대상 국가를 선택해야 하는가에 대한 기준 설정 문제는 여전히 중요한 논점이 될 것이다.

3. 비교 선택의 기준

1980년대에 유럽 7개국(미국, 캐나다, 영국, 프랑스, 독일, 폴란드, 유고슬라비아)을 비교대상으로 선택한 연구에 의하면(阿部志郎 · 井岡 勉, 2000), 대상 국가의 선택은 이론적이고 실제적인 관점에서 이루어졌는데, 그 기준은 ① 연방, 주, 지방 3단계로 분화된 정치권력체로 구성되는 연방공화국 국가와 실질적으로는 2단계 정치권력체로 이루어지는 중앙집권적인 국가, ② 사회복지서비스의 발전 정도가 다르며 사회복지 공급조직에 대한 접근방법에 기본적으로 차이가 있는 국가, ③ 사회주의 체제에 속하는 국가와 자유주의 체제에 속하는 국가를 선택하고 있다. 이러한 기준 설정의 목적은 근대화 내지 경제발전 수준을 비교대상국 선택의 기준으로 삼아 비교 공통적인 비교의 기반을 만들어 권력구조, 접근방법, 체제 차이와 같은 요인이 사회복지를 규정하는 데에 어떤 영향력을 가지는지 규명하기 위한 것이다.

그렇지만 반드시 선택기준을 명확히 설정하기는 쉽지 않다. 이후 1980년대와 1990년대를 거쳐 자본주의 경제의 정체와 사회주의 체제의 붕괴에 의해 가치관의 다양화와 다원화가 진행되었다. 동시에 글로벌화와 표준화와 진행되면서 비교연구의 방법과 의의를 재검토하게 되었다. 그런 과정에서도 대상국가 설정이나 비교방법에 대한 위의 세 가지 기준들은 기본적인 타당성을 계속 가지고 있다고 생각된다. 예를 들어, 선진자본주의 국가의 사회복지 형태에 ① 영국 연방형(영국, 캐나다, 호주, 뉴질랜드 등), ② 북유럽형(스웨덴, 덴마크, 노르웨이 등), ③ 유럽 대륙형(프랑스, 독일 등), ④ 미국형 그리고 신흥공업국 일부를 포함하여 일본과 한국, 대만 등으로 구성되는 동북아시아형을 실험적으로 설정한 경우가 있다. 이 유형은 각 나라의 역사적, 경제적, 정치적, 사회문화 등의 사회복지를 규정하는 배경적인 여러 요인 및 사회복지의 역사적 발전과정이나 제도적 내용의 동일성과 차이성을 기준으로 정한 것이다. 영국 연방형은 영국의 식민지 영향에 의해 영국적인 복지형태가 형성된 국가이다. 북유럽형은 사회민주주의 체제로 높은 국민부담률을 전제로 지역사회를 중심으로 하는 사회복지가 발전한 나라들이다. 유럽 대륙형은 노사협조 노선을 바탕으로 지역성과 계층성이 높은 사회복지를 형성한 나라들이다. 미국형은 강력한 시정경제를 바탕으로 사적 책임과 민간활동, 사회적 원조기술을 기반으로 지방정부의 권한을 중요하게 여기는 사회복지를 내용으로 하고 있다. 동북아시아는 자본주의 사회로서 후발국이며 문화적 · 사회적으로는 공통적인 요소가 많은 지리적 · 역사적인 조건을 배경으로 가부장주의적인 사회복지를 발전시켜 왔다. 개방화 이후 중국의 사회문제에 대응하는 복지제도 발달의 확대를 고려할 때 중국을 이 그룹에 포함해도 크게 무리는 없을 것 같다. 이런 기준은 국제적 차원에서 사회복지를 비교 분류하는 데 현실적 · 이론적으로 유용성을 가지는 점이 분명히 있다.

4. 비교연구의 내용

비교사회복지의 내용에 대하여 초점을 좁혀보면 대략 세 가지 유형을 비교할 수 있다(阿部志郎・井岡 勉, 2000).

첫째, 이론지향형 비교이다. 사회복지 형성과정이나 복지를 규정하는 여러 요인을 해명하고 기본적인 성격을 규명하는 연구이다. 사회복지가 어떤 경제적・정치적・사회적・문화적 요인의 규정을 받아 어떻게 형성되어 왔는지를 밝히는 것은 사회복지 연구의 최종 관심사이기도 하다. 이러한 유형의 연구는 윌렌스키(Willensky)가 대표적이다. 그는 정량적 기법에 의한 국제 비교의 결과로서 여러 나라의 사회보장 발전을 규정하는 요인은 매개적으로는 고령화에 의한 인구구조 변화, 관료기구의 성장을 배경으로 하는 제도의 비대화 경향이라고 지적한다. 그렇지만 이러한 두 가지 요인은 최종적으로는 특정 국가의 경제수준의 높고 낮음으로 수렴된다. 사회체제나 사회구조, 정치체제나 이데올로기 차이도 의미를 가질 것이다. 그렇지만 그들 영향보다도 경제수준의 차이와 연결해서 분석할 때 보다 더 일관적으로 설명할 수 있다는 것이다. 경제수준 향상은 사회보장 발전의 기반이며 전제조건이라 할 수 있다. 신흥공업국이나 개발도상국 상황을 고려하면 누구나 인정할 것이다. 분배해야 할 몫의 크기가 어느 일정 범위를 넘어서게 되면 재분배 대책으로서 사회복지 발전은 피할 수 없기 때문이다. 그러므로 경제수준은 사회복지 발전의 밑바닥을 규정하는 요인이다.

그렇지만 경제수준 향상이 자동적으로 사회복지 발전을 초래한다고는 할 수 없다. 사회복지정책의 주체를 구성하는 사회보험이 세계에서 가장 빠르게 성립한 국가는 독일이었다. 후발자본주의 국가인 독일의 당시 경제수준은 영국에 크게 미치지 못하였다. 그런 독일이 영국의 1911년 국민보험법 성립에 모델이 되었다는 것은 널리 알려진 사실이다. 또한 미국은 복지정책이 앞서 발달한 국가는 아니다. 복지후진국이라 평가하는 경우도 있다. 그렇다면 경제수준이 반드시 사회복지 발전을 규정하는 유일한 단독 변수라고는 할 수 없다.

이와 달리 사회복지 발전요인을 국내적 요소와 국제적 요소로 구분하여 분류할 수도 있다. 국내적 요인으로는 ① 인구요인, ② 경제요인, ③ 사회구조적 요인, ④ 정치적 요인, ⑤ 압력집단 요인, ⑥ 제도전개 요인, ⑦ 사회심리적 요인이다. 국제적 요인은 ① 문화보급 요인, ② 기술발전 요인, ③ 국제 표준화 요인, ④ 국제협력 요인이다. 이러한 모든 요인들은 사회복지의 골격에 대한 입법적 판단이 이루어지는 장으로서의 정치수준에 좌우될 수 있다. 그럴 경우 상대적으로 정치적 요인이 가장 중요한 환경적 요인이 될 것이다.

정치적 요인을 더욱 강조할 경우, 그 내용을 더욱 자세하게 구분할 수 있다. 즉, ① 국가의 역할, ② 종교의 역할, ③ 노동과 복지, ④ 공공과 민간의 복지시스템을 고려할 필요가 있다. 사회복지정책의 기본적 규정요인으로 들 수 있는 것은 국가와 종교의 역할이 중요하다. 나머지는 사회복지정책의 운용 차원에서 관련되는 논점이다. 특히 서구사회에서 종교는 정책으로서 사회복지정책의 내용을 규정하는 주요 요인이 될 수 있다.

이처럼 사회복지 비교연구를 추진하기 위해서는 다양한 요인의 관계를 생각하지 않을 수 없다. 그 요인들도 복지국가 비교연구에서 제시되고 있는 탈상품화, 사회계층성, 실업률, 사회지출의 크기 등과 같이 파악하기 쉬운 요인만 있는 것도 아니다. 거시적 차원뿐만 아니라 미시적이고 융합적인 차원에서 국가나 지역에 의한 사회복지 유사성이나 상이성을 해명하기 위해서는 가족 구조나 기능, 사람들의 생활에 대한 의식이나 생활양식, 사회적 지원대책에 대한 의식, 지역사회 구조나 기능 등을 함께 고려할 필요가 있다. 지역에서의 복지문제 해결에 대한 욕구가 높아지고 있는 상황에서 그러한 차원에서 국제비교를 추진할 수 있는 이론과 방법을 더욱 발전시켜야 할 것이다.

둘째, 제도지향형 비교연구다. 내용적으로 생각할 때 사회복지의 어느 부분을 어떤 측면과 요소를 비교해야 하는지 매우 어렵다. 사회복지를 대상이나 주체, 방법 또는 운동이라는 각 요소로 분해하여 논의하는 전통적 연구틀에서 볼 때 비교연구는 각 요소를 국제비교하고 국가들의 유사점과 차이점을 비교하며 배경 등을 분석하면 된다. 사회복지 문제나 사회복지 이용자에 대한 국제비교를 시도하고 그 특징이나 대응책의 형태를 검토하는 것도 매우 흥미로운 과제이다. 또한 여러 국가들의 복지운동의 형태나 그 정책의 영향에 대하여 밝히는 것도 중요하다. 그런데 그런 연구들은 오히려 전체적으로 생각할 때 사회복지 규정요인에 대한 이론지향형 연구에 해당한다고 볼 수 있다. 사회복지 그 자체의 내적 구성요소들을 비교한다는 문제의식에서 생각하면 대상, 주체, 방법, 운동이라는 서로 다른 요소는 개별적으로 다룰 것이 아니라 주체와 방법을 중심으로 공급체제라는 관점에서 보고 양자를 서로 관련지어 다루는 것이 좋다고 생각된다. 그럴 경우 사회복지 대상은 공급체제와 대비되는 이용자와 개별적 생활과제와 복지욕구로서, 운동은 공급체제에 대한 요구와 비판, 참가 문제로서 다룰 수 있게 되어 분석 틀의 범위에서 비교 연구의 대상이 될 수 있을 것이다.

공급체제 관점에서 사회복지를 다루면 공급을 위한 조직 및 운용 형태와 공급되는 지원 그 자체－현금 또는 복지서비스－로 이루어진다고 생각할 수 있다. 이를 생각하면 비교사회복지에서 중요하다고 여겨지는 요소를 몇 가지로 분류할 수 있다.

① 사회복지에서 정부와 민간 사이의 형태(정부의 역할, 정부와 자원 섹터 · 비공식 섹터의 관계, 정부와 영리 섹터의 관계), ② 사회복지에서 국가와 지방관계의 형

태(국가와 자치체와의 역할관계, 자치단체의 권한 및 재량의 범위, 자치단체 의회의 관여 정도와 범위), ③ 사회복지 재정의 형태(재원조달 방식, 국고보조 방식의 정도, 이용자 부담 유무와 정도 · 방식), ④ 사회복지정책 결정기구의 형태(정책결정 수준, 정책결정 조직과 과정, 이용자 및 주민참가 방식), ⑤ 사회복지정책 체계의 형태(공급의 범위와 배분의 원리, 이용자격과 절차), ⑥ 사회복지 시설체계의 형태(시설 및 기관체계화의 원리, 시설 및 기관의 종별과 형태, 재가복지서비스의 종류와 형태), ⑦ 사회복지 지원형태(지원목적, 기술의 종류와 적용, 관련 영역과의 연락 · 조정 · 협동), ⑧ 사회복지 인재의 형태(전문직의 종별 · 수준 · 자격, 전문직 양성의 기관과 과정, 자원봉사 도입형태 · 규모 · 모집 · 양성), ⑨ 사회복지에 관한 인식형태(공급주체의 사회복지 인식, 이용자의 사회복지 인식, 국민의 사회복지 인식), ⑩ 종합적인 사회복지 달성도(정량적 평가, 정성적 평가, 종합적 평가) 등이다.

셋째, 기능지향형 비교연구다. 내실 있는 비교연구를 위해서는 외형적인 비교에만 그쳐서는 부족하다. 제도의 이름은 적절하게 그 내용까지 표현하고 있다고 할 수 없다. 동일하거나 유사한 이름이라도 내용이 다를 수 있다. 일본의 아동부양수당과 미국의 요부양아동 가족수당은 이름은 유사하지만 내용은 전혀 다르다. 아동부양수당은 연금제도를 보충하는 제도이지만, 요부양아동 가족수당은 공공부조의 한 종류이다. 반대로 아동수당과 가족수당과 같이 이름은 다르지만 내용은 거의 유사한 제도도 존재한다. 만일 어떤 제도가 이름과 내용이 유사하다고 해도 그것이 실제로 어떻게 기능하는가는 다른 문제이다. 예를 들어, 아동수당은 수급자격, 수급신청 절차, 급여액 등을 외형적으로 비교하는 것만으로는 아동수당이 국가마다 사회 속에서 하고 있는 기능에 대해서 충분히 규명할 수 없다. 사회복지 비교는 출발은 외형적 제도라고 해도 마지막에는 기능적 측면까지 고려해야 한다. 위에서 언급한 세 유형 비교연구가 모두 필요한 것이다. 사회복지의 내용적 · 기능적 측면의 비교는 외형적 · 제도적 측면의 비교보다도 더욱 다면적인 연구방법이 필요하다.

비교사회복지연구는 우리와 상대방의 사회복지를 규정하고 있는 각자 국가나 지역, 경제나 정치, 사회와 문화 등 모든 요소와 관계를 전체적으로 검토하면서 가능한 개별적이고 구체적으로 분석하는 시각과 절차를 설정하고 다듬어 성과를 만들어 내는 정밀한 작업이 필요하다.

CHAPTER 05

국제비교와 복지국가

CHAPTER 05

국제비교와 복지국가

오늘날 경제의 글로벌화 영향이나 유럽연합과 같은 공동정책 전략에 따라 다수의 분야에서 사회복지의 수렴현상이 나타나고 있다. 현재 상황을 타개하기 위해 새로운 복지적 결정을 선택하지만, 결코 과거의 복지결정의 영향에서 자유로울 수 없다. 복지국가의 새로운 조건에의 적응능력은 보편적인 것이 아니라 기존 전통에 따라 달라진다는 것이다. 따라서 서로 다른 가능성을 갖게 된다(Esping-Andersen, 1996; Pierson, 2000).

대안적 복지사회를 제시하는 연구들도 기존 복지레짐과 공존하거나 융합하려는 시도를 하지 않으면 현실화가 어렵다는 시사를 준다. 우리는 복지의 국제비교를 위하여 그 범위를 소득보장과 가족정책, 아동복지 등 실천과 과학 양 측면에서 역사적 경험이 비교적 긴 분야를 선택하여 복지의 논쟁점이 무엇인지를 과거의 경험도 포함하여 가능한 명확히 분석해 보고자 하였다.

1. 국제비교의 필요성

문제의식은 초고령 사회를 맞아 인구 고령화의 급속한 진행과 저성장에 따른 재정난이 예상되는 상황에서 사회복지의 변화를 모색하는 과정에서 복지학 연구를 어떻게 해야 할 것인가이다. 즉, 어떠한 학문적 접근을 해야 다른 국가들의 사회복지를 정책과학적으로 볼 수 있는가? 선진 산업국가에서 사회복지정책의 미래 방향을 어떻게 과학적으로 탐구할 것인가에 대한 것이다.

사회복지 국제비교는 가능하지도 않고 할 필요도 없다고 생각할 수도 있다. 학술적 차원에서 사회보장과 구분되는 사회복지학 고유의 국제비교 연구는 거의 없었다고 해도 지나친 표현이 아닐 것이다. 우선 여기서는 사회보장을 포함한 광의의 사회복지 개념을 논의의 출발에 두고자 한다. 사회보장과 사회복지가 대등한 개념인가? 어느 한쪽이 포함되는 개념인가에 대해서 논란이 있을 수 있지만, 사회복지학의 개념 구분 중 넓은 의미의 사회복지를 기점에 두고 복지향상을 위한 경제적 · 서비스적 보장을 포함한 개념으로 설정한다.

사회복지 국제비교는 무엇을 위해서 하는가? 우리는 어딘가 특정 선진국을 이상적인 국가로 삼아 그것을 우리나라에 어떻게 받아들일 것인가에 대한 문제의식을 강하게 느끼는 것 같다. 선진 복지국가들에 비하여 늦게 출발한 한국은 각국의 장단점을 실질적으로 분석하고 우리나라 복지의 특색을 파악하여 미래의 사회복지 체제를 이론적 · 실증적으로 발전시키는 것은 매우 뜻깊은 작업이라 할 수 있다.

국제비교 연구는 사회복지 개혁의 모습을 알 수 있는 하나의 비교사회복지 연구방법으로 생각할 수 있는 것이다. 비교연구를 통해 전체적 사회복지 시스템의 개념화를 그릴 수 있다. 예를 들어, 사회복지 시스템은 정책 차원, 복지경영 차원, 임상 차원 세 가지 구조로 구성되며, 그 구조의 바닥에는 국민부담이 있다. 하지만 이런 구조는 각 국가들의 사회경제적 · 정치적 · 문화적 다양성에 따라 독특하고 차별적인 제도나 서비스를 품게 될 것이다.

비교연구는 단순한 분야론이나 추상적 이론 연구가 아니라 실천적 국제비교를 위한 체계를 만드는 작업이며, 그것을 통한 반성적 고찰과 전진을 이루는 역할을 할 수 있어야 한다.

2. 국제비교의 방법

어떻게 분석할 것인가? 이는 사회복지제도가 어떤 구조를 가지고 있으며, 그것을 기반으로 어떤 연구방법으로 비교분석할 것인가에 대한 고민이다.

사회복지는 일정한 구조를 가지고 있으며, 소득, 의료, 빈곤 등 다양한 분야로 구성되는 분야론뿐만 아니라 국민의 생활을 사회적 급여를 통하여 안전하게 보호하는 일정한 사회시스템이다. 즉, 국민에게 보이는 것은 급여라 할 수 있지만, 그것의 하부구조는 사회복지 시스템이라 할 수 있다.

미시적 차원에서 의료나 돌봄, 대인서비스를 중심으로 질 높은 서비스를 확보하고 전달하는 체제와 방법에 대한 연구는 임상 차원의 복지연구가 될 것이다. 또한 급여와 부담관계를 중심으로 사회복지 관리와 운영 등을 연구할 경우 복지행정이나 경영 차원의 연구가 될 것이다. 사회복지 급여구조와 조세와의 관계, 사회복지와 사회보장, 노동정책 등과의 관계를 다루는 연구는 정책 차원의 복지연구라 할 수 있다.

사회보장에 대한 논의는 급여와 부담 중심이 되고 있지만, 사회복지는 임상과 관리 운영을 중심으로 기타 정책과 정치학 논의까지 포함할 수 있다. 그렇지만 우리는 여기서 사회복지의 범위를 넓게 보고 있으므로 사회보장과의 범위에 대한 논의는 따로 다루지 않겠다.

국제비교를 할 경우 연금이나 의료제도 등 횡단적인 양적 비교를 한다고 생각할 수 있지만, 질적 논의도 무시할 수 없다. 예를 들어, 개별 사회복지의 제도론·정책론 분석은 미시적 차원, OECD 등이 하고 있는 개별 국가들의 사회복지의 양적 비교는 급여와 부담 관계를 중심으로 분석하는 중범위 차원, 각 국가들의 급여구성 비교나 복지국가 체제유형 등은 거시적 차원으로 구분할 수 있다(西忖周三·京極高宣·金子能宏, 2014). 그런데 사회복지 시스템 구분은 정책과학적인 국제비교 연구에 도움이 될 뿐만 아니라 학제적인 공동연구에 있어서도 매우 유익할 것이다.

사회복지학이 주관하면서 중범위 차원에서 경제학, 거시적 차원에서는 사회학 등이 중심역할을 발휘할 수도 있을 것이다. 단순히 복수의 학문분야가 이름만 합쳐서 모인다고 국제비교가 효과적으로 이루어진다고는 볼 수 없다. 이와 관련하여 일본의 교고쿠(京極高宣) 교수는 <표 5－1>과 같이 사회보장체계를 세 가지 차원으로 구분하여 제시하고 있다. 개념범위는 차이가 있지만, 사회복지 비교연구 분석에 참고가 될 수 있을 것 같다.

〈표 5-1〉 사회보장의 전체적 · 구조적 체계

구 분	사회보장 전체 (총론)	부문별 사회보장 (분야 각론)	사회보장 부문 내 개별영역
Ⅰ. 정책 (제도)	거시적 차원 • 복지국가 유형 • 사회보장 규모 • 사회지출(국민부담 등) • 사회보장 부담 구성 • 기타	중범위 차원 • 복지정책 · 계획 • 의료정책 · 계획 • 의료 · 복지인재 • 노동정책과 관련 • 기타	
Ⅱ. 경영 (운용)	• 사회보장 재원 확보 • 사회보장단체 운영 • 사회보장 번호제 • NPO 등 민간단체 활동 • 기타	• 사회복지시설 운영 • 병원 · 진료소 경영 • 재택케어사업 운영 • 연금기금 운용 • 기타	• 사회복지법인 관리 • 의료법인 관리 • 지역포괄케어시스템 • 복지서비스 이용자 부담 • 기타
Ⅲ. 임상 (실천)		• 재택케어 실천 • 지역의료 실천 • 사회급여 관리 • 연금상담 체제 • 기타	미시적 차원 • 리스크매니지먼트 • 케어매니지먼트 • 다직종 연계 • 주민참가 • 기타

출처 : 西村周三 · 京極高宣 · 金子能宏(2014), p. 10.

사회복지가 국민에게 끼치는 영향은 사회적 · 경제적 · 정치적 측면 등 다양하게 있을 수 있지만, 예를 들어 경제적 영향에 집중하면 급여와 부담 측면을 논의할 것이다. 급여 측면에서도 제도의 목표 달성 정도와 같은 것은 미시적 차원, 빈곤율을 낮추거나 양극화를 없애는 등 소득재분배 효과를 낳는 것은 중범위 차원, 국민생활 안정과 국민경제 향상 등은 거시적 차원의 분석이 필요할 것이다. 부담 측면에서도 본인부담의 기능 등은 미시적 차원, 재정부담 구조 등은 중범위 차원, 경제성장률이나 국제경쟁력에 미치는 영향, 조세와 노동정책 등 관계는 거시적 차원의 분석이 가능할 것이다. 이런 구분이 비교의 논점으로 명확히 인식되어 진행될 필요가 있다.

국제적으로 OECD와 ILO 모두 사회복지제도의 국민 경제에 대한 적극적 역할을 강조하고 있다. 선진국들이 지나치게 복지급여를 억제하는 것은 성장뿐만 아니라 불황에서 탈출하는 데도 마이너스가 될 것이라는 제언을 하고 있으며 국민적 여론도 우호적이다. 따라서 저출산 고령화와 일자리 감소가 예상되는 또 다른 전환의 시기에 복지급여의 역할은 비교연구에서 더욱 강조되어야 할 것이다.

그리고 사회복지 공급에 있어서 중앙정부뿐만 아니라 지방정부와 민간도 중요한 역할을 하므로 지방분권과 민영화 등에 대한 세심한 검토가 중요할 것이다. 무조건 국가가 담당해야 한다는 것도 아니며 민간 만능도 아니다. 사회복지는 국가와 지방의 관계, 행정과 민간의 현실적 관계를 바탕으로 분권화와 역할분담을 이루고 시민참가와 기본 복지가 확보되는 체계를 확립해야 할 것이다.

목표를 복지국가 실현에 둘 경우 아시아형 복지국가라는 이데올로기적 상징물을 부착하여 마치 복지국가를 달성한 것처럼 생각할 수도 있다. 유럽에서 에스핑 안데르센의 복지국가 유형화가 널리 알려져 있지만 아시아 국가는 주요 대상이 아니다.

신흥국가가 복지국가를 지향한다는 점은 매우 바람직한 일이지만 복지국가 단계에 서 있는 것은 아니다. 아시아형 복지국가는 국제교류에는 도움이 될 수 있을지라도 학문적으로는 어떤 도움이 될지 고민할 필요가 있다. 아시아 고유의 복지 특성이 무엇인지 검증하기 위해서도 현재 우리나라 사회복지가 어떤 단계에서 어떤 과제를 안고 있는지를 선진 복지국가와의 관계에서 실증적이고 구체적으로 분석하는 방법론이 중요하다.

3. 복지국가의 비교

국제 인구위원회의 전망에 의하면, 개발도상국도 고령화가 빠른 속도로 진행되고 있다. 선진국의 경우 이민 수용이 많아 합계 특수출산율이 1.3을 넘고 있는 국가에 비하여 초저출산율 수준 1.3 미만인 일본, 한국, 스페인, 이탈리아 등은 지금보다 더 심한 고령화가 진행될 것이다.

이러한 세계적인 고령화율 상승은 저성장에 고민하는 선진국에서는 지금까지 쌓아왔던 복지국가 제도를 재고하고 개혁을 촉구하고 있으며, 고령화에 직면한 개발도상국은 연금과 의료, 돌봄 등 노인의 생활보장제도를 포함한 복지국가 제도를 해당 국가에 맞게 적용 발전시키려는 계기가 되었다.

특히 2008년 9월 세계적 경기후퇴 이후 선진국에서는 실업률이 상승하고 비정규 취업자와 노인들의 고용환경은 악화되고 있다. 더욱이 2011년 유럽 금융위기를 발단으로 선진국의 경제성장률 저하는 이들 국가들에 수출하여 성장을 유지해 온 개발도상국 경제에도 영향을 끼쳤다. 따라서 저출산 고령화에 의한 사회복지 확충을 세계적인 경기불황과 4차 산업 혁명기를 맞아 어떻게 실현할 것인지 중요한 과제가 되고 있다.

우리는 여기서 복지국가를 통해 비교연구의 방법과 그 과제를 고찰해보자.

복지국가 비교연구는 북유럽 등 복지국가를 대표하는 국가들의 개별적 복지제도 연구와 제도 비교에 더하여 각 국가들의 유형화를 비교하는 연구가 진행되어 왔다. 그러나 이런 분석들은 복지국가 정의를 반드시 단일하게 정한 후 실시하는 비교가 아니다. 어떤 경우에는 복지모델의 유형비교 연구로 분류되는 경우도 있다.

복지국가 정의는 연구분야마다 정의하는 방식이 다를 수 있으며, 그럴 경우 분석방법의 차이 등으로 이해해야 하는 부분이 있을 수 있는데, 연구분야에 공통적인 정의를 바탕으로 복지국가 비교연구를 할 필요가 있다는 것은 분명하다. 그것을 통해 학제적 비교연구도 가능해질 것이다.

비교복지국가 연구의 역사적 전개를 생각해 보면 경제발전에 수반하는 선진국들이 사회복지제도를 정비한 복지국가로 향해가는 요인이 무엇인지 고찰한 뮈르달(Myrdal, 1960)의 연구가 있다.

미소냉전체제가 계속되고 자본주의 국가와 사회주의 국가와의 대립 속에 각각의 정치경제체제의 우위를 보여주는 것은 각자 체제에 속하는 국가의 지속적 발전이 필수적이다. 따라서 자본주의 국가들은 노동력의 재생산과 노동력의 은퇴 후의 생활보장뿐만 아니라 노사관계 안정화와 국민의 최저생활 보장을 실현함으로써 사회주의 경제에 대한 우위를 제도적으로 실현하는 데에 노력하였다. 그 결과 선진자본주의 국가들은 경제성장과 함께 사회보장급여도 증가하고 이 국가들을 복지국가라 하고, 경제체제는 복지자본주의라 하게 되었다.

이러한 서구 선진자본주의 국가의 사회복지제도 발전과 복지지출 증가에 주목한 윌렌스키(Wilensky)에 의해 국내 총생산에서 차지하는 사회복지 지출이 일정 비율을 초월한 경우에 그 국가를 복지국가라 규정했으며 이것이 수렴이론의 출발점이다(Wilensky, 1975).

한편 복지국가와 시민권, 사회권과의 관계에 관한 정치학적 연구도 진행되고 그러한 관점에서 복지국가에 대한 정의가 시도되었다.

마샬(Marshall)에 의하면, 복지국가의 특징은 과거의 야경국가나 군사국가에 뒤이어 자리 잡은 현대 자본주의 경제를 지지하는 민주주의 국가이며 생존권 등 사회권을 국민에게 보장하고 있는 국가이다(Marshall, 1950).

복지국가의 기준으로 수량적 측면에 착안한 윌렌스키도 복지국가에서 사회권의 위치를 중요하게 여겼으며, 복지국가의 본질은 소득과 영양, 건강, 주택, 교육의 최저생활 보장을, 모든 시민에 대하여 자선으로서가 아니라 정치적 권리로서 정부가 보장하는 것이라고 지적하고 있다(田多, 2010).

정부가 복지를 보장하기 위해서는 근거이념이나 목표가 필요하며, 그에 맞게 정부가 제도를 정비하고 복지급여를 지급하거나 지급대상이나 기준을 정할 필요가 있다. 선진 복지국가에서는 국민복지나 내셔널 미니멈 실현 등의 이념에 따라 복지제도가 만들어진다.

이는 복지국가에는 규범적인 측면, 기능적인 측면, 규제적인 측면이 있다는 것을 의미한다. 지금까지 복지국가 연구결과를 토대로 그 정의를 생각해 보면 국가 목표가 복지국가로 되어 있는 국가, 급여를 제공하는 국가, 복지 제공을 위한 규제를 설정하고 있는 국가를 복지국가라 해도 좋을 것 같다. 그렇지만 복지국가의 정의를 정하기는 여전히 어렵다. 왜냐하면 복지국가의 조건을 충족한 선진자본주의 국가 사이에서도 다양성을 볼 수 있기 때문이다. 그 다양성을 인정하면서 복지국가들의 다양한 위치를 정하는 분석기준이 필요한데, 현재 가장 세련되게 분석 틀을 만들어 낸 학자가 에스핑 안데르센이라 할 수 있다.

특정한 조건을 충족하는 정치경제체제가 복지국가라면, 복지국가는 공통적인 조건과 동시에 각 국가에 고유한 역사적 배경과 사회적 상황 등 특수성이 반영된 다양성이 있을 것이다. 이 다양성을 인정하면서 복지국가 비교연구를 진행하는 데 필수적인 것이 에스핑 안데르센의 복지레짐론이다.

복지모델의 유형으로도 이미 소개되지만, 여기서는 복지국가 체제 비교에 초점을 두고 살펴보고자 한다. 에스핑 안데르센은 정부에 의한 사회보장급여 등에 의해 개인 또는 가족이 시장참가 유무에 관계 없이 사회적으로 인정된 일정 수준의 생활유지를 할 수 있는 정도를 의미하는 탈상품화(decommodification)를 제시하였다. 또한 각국의 노사관계, 정치구조 등과 관련된 정부의 복지정책에 대한 개입이 사회계층으로서 현 국민의 분단에 미치는 정도를 보여주는 계층화(stratification)라는 두 개념을 사용하여 그 유형을 세 가지로 구분하여 보여주고 있다. 즉, 탈상품화가 가장 진전된 국가의 유형을 사회민주주의형(북유럽형)으로 하고, 그 다음의 국가 유형을 보수주의형(유럽대륙) 그리고 가장 진전되지 않은 국가 유형을 자유주의형(앵글로색슨형)으로 구분하였다.

이렇게 볼 때 복지국가란 자본주의 경제에 의해 노동력 상품화가 진행되고 민주주의 정치에 의해 그 탈상품화가 권리로서 제도화되어 있는 정치경제체제라 할 수 있다(新川, 2011).

4. 복지국가 레짐과 변화

에스핑 안데르센이 제기한 복지국가 레짐은 비교복지국가 연구에서 각국의 역사적 · 정치적 · 경제적 상황과 다양성을 수용하면서 복지국가 레짐이라는 하나의 관점에서 비교연구를 할 수 있는 기반을 제공했다. 그러나 이 유형화는 탈상품화라는 하나의 축에 의존하므로 현실 복지국가의 여러 측면을 누락하고 있을 수 있다는 비판이 제기되었다. 이에 대하여 많은 연구자와 에스핑 안데르센 자신에 의한 분석 틀 수정이 이루어졌다. 그 변화에 가장 큰 영향을 끼쳤던 논의가 젠더에 대한 이해이다.

젠더론의 입장은 육아와 일자리의 양립 등에 의해 여성의 직장 진출이 바람직하며 노동시장에 의존하지 않아도 생활보장이 이루어질 수 있는 정도에 따라 복지국가를 구분하는 탈상품화 지표만으로 복지국가를 말하는 것은 적절하지 않다는 것이다. 이러한 비판에 대하여 에스핑 안데르센도 그 지적을 중요하게 받아들여 탈상품화 지표만으로 구분하는 것보다도 오히려 개인의 생활보장에서 가족과 국가와의 관계에도 주목하여 가족과 시장, 정부와의 삼자 관계로부터 복지국가를 구분하는 복지레짐을 제안하였다.

단지 복지레짐론에서는 복지국가들을 구분하는 관점이 늘었다는 것은 분명하지만, 그 자신은 세 가지 유형에 더하여 유럽대륙 중에서도 출생률이 매우 낮은 이탈리아, 스페인, 포르투갈 등의 남유럽과 동아시아 국가들 가운데 복지국가로서의 정치경제체제를 가진 국가들을 별개의 유형으로 간주하는 작업은 하지 않았다. 그 자신은 유형을 늘려서 비교연구가 산만해지는 것보다도 오히려 비교연구가 심화되는 방향을 모색하고 복지레짐이라는 복지국가 비교연구의 분석 관점을 억제적으로 응용해야 한다는 입장이었다(西忖周三 · 京極高宣 · 金子能宏 編著, 2014 : 24). 이런 입장을 존중한다면 동아시아는 자유주의형과 보수주의형의 혼합이라고 분석할 수도 있을 것이다.

하지만 보수주의형 유럽대륙의 노사관계는 우리와 상당히 다른 점이 있을 것이다. 독일, 프랑스 등 대륙형 국가에서 노동조합은 직역별이며 사회보험 급여 요건이나 수준에 대해서 노동조합의 의향이 반영되는 경우가 많다. 이에 대해서 정규 노동자의 종신고용제를 전제로 기업별 조합 위주인 경우는 상황이 다르다. 복리후생도 기업단위로 제공되는 경우가 많다. 따라서 유럽과 다르게 복지레짐과 고용레짐을 연계하여 고려해야 한다는 주장도 제기되고 있다(宮本, 2008).

복지레짐 유형에서 중요 요소인 노동조합, 노사관계에 더하여 종신고용, 종업원 복리후생제도, 퇴직제도 등의 고용제도 구성요소가 복지국가 유형을 특징하는 요소에 포함된다. 이에 따라 복지레짐론에서는 보수주의형으로 자리 잡는 경우라도 고용제도의 차이에 의한 비교대상 국가의 복지와 고용 특징을 보다 정확하게 분석하는 것이 가능해질 것이다.

실증적인 증거로 보면 한국의 경우 사회복지는 부양의무의 존재와 보편적 아동수당 부재로 가족주의가 반영되어 있다는 점에서 대륙형의 강한 보수성과 연결되는 측면이 있을 수 있다. 반면 상대적으로 낮은 복지지출과 불안정한 고용보장은 자유주의형의 부정적 측면을 나타내고 있다고 할 수 있다.

복지레짐론에 의한 복지국가 유형화에 대해서 에스핑 안데르센과 같이 범주적으로 행하는 입장과 국제연합 인구추계가 제시하는 것처럼 세계 각국의 고령화 진행에 수반하는 개발도상국의 복지국가를 지향하는 움직임을 고려하여 새로운 복지국가군 유형화를 시도하는 입장이 있다. 이러한 입장의 대립에 대하여 동아시아 국가들의 복지국가 유형에 대하여 연구를 하는 것은 현실 세계를 보다 체계적으로 이해하기 위한 준거 틀로서의 새로운 이념형 성격이 강하다. 명확한 이론적 · 체계적인 기준 없이 유형이 많아지면 그 유용성이 약해질 수 있다.

그러나 현실 세계에서 기존 유형과 상이한 발전경로와 형식, 기능이 보이며, 시간이 지나서도 일관성이 유지된다면 새로운 유형이 인정된다고 할 수 있다. 복지국가 비교연구의 발전을 위해서는 분석목적상 새롭게 필요한 유형이 있다면 이론적 기초가 있는 유형화를 제시할 필요가 있을 것이다. 예를 들어, 탈상품화와 탈가족화 두 기준을 이용하여 과거 세 가지 유형에 더하여 탈상품화와 탈가족화 정도가 함께 낮은 유형을 새롭게 분류하면 남부유럽, 우리나라와 일본이 포함될 수 있을 것이다(新川, 2005; 2011).

아시아는 국민 전체를 적용범위로 하는 사회보험제도의 정비와 실업보험, 산재보험 정비가 이루어지고 복지국가라 부를 수 있는 단계로 올라선 국가들이 존재한다. 선진 복지국가 외에 인구 고령화와 저출산, 사회경제의 변화에 수반하는 변화와 발전을 포함하여 중진국과 개발도상국의 복지국가 지향 노력도 비교분석에 포함할 필요가 있다.

이런 시도를 하는 학자들 중의 한 사람이 일본의 다께가와(武川) 교수이다. 그는 시간축의 중요성을 지적하고 에스핑 안데르센의 레짐을 상대화시킬 필요성이 있다고 한다. 구체적으로 시간축을 도입하여 복지국가의 조건이 되는 사회권 형성과 사회보장급여 도입이 실현된 시기에 주목하여 복지자본주의를 하부구조로 하는 복지국가들을 유럽 유형 · 일본 유형 · 한국 유형 세 가지로 구분하였다. 그 자신은 이를 동태적 유형이라 언급하는데 유럽국가들은 정치제도나 노사관계, GDP에서 차지하는 사회복지 지출 비율이나 국민부담 비율을 고려하면 너무나 넓은 느낌도 있지만, 베버리지 보고로 상징되는 1946년 이후에 일찍이 복지국가로서 정리되었다는 것이다. 이것이 E-type라고 한다.

다음으로 일본이 복지원년으로 상징되는 1973년 이후 의료 · 연금 · 고령자복지 · 육아휴업제도 등 소득보장과 복지서비스, 육아와 취업 양립지원 등에서 복지국가의 조건을 충족하고 있다(J-type).

아시아 경제위기를 극복하는 과정에서 한국과 대만이 1998년 이후에 국민 전체를 적용대상으로 하는 보편적 사회복지제도를 확립하여 복지국가의 한 유형이 되었다고 이해하는 것이다. 그는 이것을 K-type으로 분류하였다(武川, 2010).

〈표 5-2〉 시간변화에 의한 복지레짐의 유형화

구 분	유럽(E-type)	일본(J-type)	한국(K-type)
시간	1946년~	1973년~	1998년~
국내요인		경제성장 · 사회변동	
국제환경	묻혀진 자본주의	선진국들의 성장률 저하	글로벌 자본주의
역사적 전개	본격적 복지국가 형성	복지국가의 위기	복지국가의 지역적 확대
이데올로기	복지국가	일본형 복지사회	생산적 복지
특징	황금시대의 복지국가 형성	복지국가 위기와 복지국가 형성의 동시 진행	복지와 워크페어의 동시 진행

출처 : 西村周三 · 京極高宣 · 金子能宏(2014), p. 26.

유럽국가 내부의 움직임과 남미국가들 동향은 동아시아 국가들의 복지국가를 향한 움직임과 관련된다. 유럽국가들 내부에서도 동서냉전이 끝난 후 동유럽 국가들이 소련형 사회주의 계획경제로부터 자본주의 경제로 이행하면서 그에 수반하여 복지제도도 재편성되었다.

복지레짐론의 관점에서 보면 이행 국가들은 사회주의 국가들이었으므로 분석대상이 아니었다. 그러나 현실적으로는 유럽 통합 후에는 자본주의 경제로의 이행 국가들 중 다수는 유럽연합에 가입하였다. 그 결과 가맹을 맺은 국가들은 유럽연합의 기준에 따라 복지제도 개혁을 추진하거나 복지재정에서도 재정규율에 따라서 유럽연합의 인구 추계 개정에 대응하여 3년마다 각 국가의 복지재정 추계가 이루어지고 있다.

1999년 구 동유럽 국가들과의 가맹교섭이 시작되고 2004년 10개국의 가맹에 의해 유럽연합 확대를 향한 최초 단계가 완료되었다. 확대된 유럽연합이 신규 가맹국을 포함한 사회복지 지출의 미래 동향을 공동 연구하는 배경에는 통화통합에 참가하기 위해서는 가맹국들 사이의 금융재정정책이 일정 범위에서 협조될 필요가 있었다.

유럽연합 위원회는 2004년 유럽연합 확대로 가맹국이 늘어남에 따라 추계 방법의 개선과 가맹국 증가에 대응하기 위하여 2003년 폴란드나 헝가리 등 신규 가맹국 연구자도 포함한 비교연구를 개시하고 2006년에는 확대 유럽연합의 사회복지 지출의 미래 추계 결과가 공개되었다. 이 추계를 참고로 2007년과 2008년 의료 및 케어 정책보고서가 발표되었다(EC, 2006).

신규 가맹 국가들의 연금제도에 대해서는 이행 경제기의 경제적 혼란과 재정부족 때문에 연금급여 수준이 일시적으로 저하되었지만, 이를 적정한 급여 수준으로 회복함과 동시에 유럽연합 구성원에게 요구되는 연금재정 안정화를 위한 사회복지 부담 인상을 실행하기 위하여 급여와 부담의 세대 공평성이 중요한 개혁과제가 되고 있다. 급격한 시장경제화 속에서 세대 간 이해 조정을 위한 정책과제가 중요하게 부각되었으며, 연금제도 개혁의 공통점과 국가별 과제를 분명히 하려는 노력이 시도되었다(西村, 2006).

남아메리카는 에스핑 안데르센의 복지레짐에는 포함되어 있지 않지만 오늘날 남미국가들도 사회복지제도를 갖고 있다. 단지 그 제도의 형성과 보급에는 복지국가라 불리는 국가들과는 다른 정치적 배경이 영향을 미치고 있다.

복지국가 요건은 민주적 정부에서 사회권을 실현하기 위하여 복지제도가 확립되고 보급되는 것이라 할 수 있는데, 남아메리카에서는 군사정권이 정권유지를 목표로 하므로 노동조합과 국민의 반군사정권 운동에 대응하는 타협책으로서 사회복지제도가 도입되고 지급대상의 확대 등이 추진되어 왔다. 예를 들어, 남아메리카의 사회보험제도가 도입된 것은 페론 정권, 브라질의 바르가스 정권, 멕시코의 카르데나스 정권과 같은 소위 민주정권 시기였다. 그러나 사회보험제도의 적용대상 확대 과정은 민주정권 붕괴 후의 군사정권에서 이루어졌다. 브라질은 군사정권 시기에 사회보험이 농촌까지 확대되고, 기존 직역별 제도는 통합되었으며, 의료보험제도 개혁[1]은 노동조합과 학생에 의한 대규모 반정부 활동에 대한 군사정권의 양보였다고 간주된다. 아르헨티나에서도 연금제도의 정리 및 통합이 군사정권에서 이루어졌다. 남아메리카 국가들은 복지제도 도입은 대통령 선거 등에 의해 선출된 정부가 실시하였지만, 그 후의 제도운영과 확충은 군사정권이 정권유지를 위하여 실시했다는 점에서 엄격히 판단하면 복지국가 요건을 채우지 못했다고 평가할 수 있다. 그러나 소득분포의 국제비교와 재분배 정책 등의 복지개혁의 국제비교를 진행하기 위하여 미시적 데이터의 정비를 추진하고 있는 룩셈부르크 소득연구의 최근 실증 분석에서는 구 동유럽 국가와 남미국가를 에스핑 안데르센이 제시한 세 개의 복지레짐과는 다른 새로운 레짐으로 삼아 소득격차의 국제비교를 연구하고 있다.

5. 복지국가와 정치구조

복지레짐론의 세 가지 유형론이 복지국가 비교연구에 기여한 점은 이런 유형들이 성립되는 역사적 요소로 정치적 구조를 중요하게 다루었다는 것이다. 정치학적으로 볼 때 복지레짐론 유형은 국민통합 형성과 수단의 차이에 영향을 주는 단일민족국가나 다민족국가에 대한 분석이 충분하지는 않다. 예를 들어, 자유주의형에 속하는 영국, 미국, 캐나다 중 영국은 다른 민족들이 같이 구성되어 있지만, 영국인 이외의 사람들은 이민으로 간주하고 다민족국가로 이해하지는 않는 것 같다. 한편 미국이나 캐나다는 다민족국가이다(新川, 2008).

복지국가는 국민국가에 의한 사회적 연대 위에 실현된다고 생각할 수도 있지만, 캐나다와 같은 경우는 사회통합을 실현하는 수단으로 다민족을 상대로

1) 피용자 전체의 강제가입제도와 노동조합에 운영권을 맡기는 개혁

하는 복지정책을 활용하고 있다. 실제로 캐나다는 퀘벡 지역과 영국의 구식민지 지역의 연합으로 초기의 이민, 선주민, 제2차 세계대전 후 이민과 난민 등이 포함된 이민통합과 사회적 포섭이 중요한 정책이었다. 그 결과 캐나다 사회복지제도는 전 국민을 상대로 하는 조세기반형 기초연금 등 종합적인 소득보장과 조세와 보험료를 결합한 국민의료보험제도가 형성되었다. 뿐만 아니라 어떤 민족도 사회복지제도를 이용할 수 있도록 제도 설명과 신청 등 정보 제공에 대한 정책이 실시되고 있다.

영어와 프랑스어라는 2개 공용어가 제공되고 이에 더하여 소수민족이나 이민에 대해서는 공용어를 모를 경우에는 케이스워커를 배치하여 그들을 배려한 돌봄이 제공되도록 노력한다. 또한 이누이트 등 소수 민족은 캐나다 원격지에 살고 있으므로 원격지에 대한 사회복지 정보보장(remote access)도 힘쓰고 있다.

만일 복지레짐 분석에서 시간축과 정치학적 분석을 고려한다면, 이와 관련된 문제가 복지국가의 정권교체와 복지정책 문제이다. 개별 국가를 역사적으로 보면 유형으로서 자리 잡게 되는 일관성이 형성되고 발전하는 한편, 개별 정책은 정부의 정권기반과 정권교체의 영향이 나타난다.

사회복지정책은 현실적으로 정권기반과 정권교체에 근거하여 성립된 역대 정부의 개혁정책 속에서 지속되는 정책과 수정되는 정책의 두 노선이 맞물려 형성되어 왔다는 지적도 공감이 된다(西村周三・京極高宣・金子能宏 編著, 2014 : 31).

정권 기반의 영향은 복지국가의 정치학적 접근에서 주요 테마로 다루어져 왔다. 1970년대 후반부터 1980년대까지 산업화가 진행된 선진국에서 정부가 사회복지를 제공하고 정권유지와 복지국가로서의 발전을 추진하는 것은 노동자와 자본가의 계급관계가 반영된 것이라는 권력자원동원론 관점에서 실증분석이 이루어져 왔다.

윌렌스키는 복지국가는 경제성장에 의해 확대된 GDP 일부가 사회복지급여에 돌려지고 그것이 사회에 안정성을 제공하고 복지국가 발전에 기여하고 있다는 것을 밝혔지만, 권력자원동원론에서는 경제성장이라는 산업화 성과에 수반하는 노사의 이해대립과 계급격차에 주목하고 정부가 복지정책을 확충할 것인가 여부는 노동자와 자본가와의 권력관계에 의존한다는 점에 초점을 두고 분석한다.

그리하여 자본가에 대한 노동자의 힘을 보여주는 노동조합의 조직률 등이 높을수록 사회정책이 확충되는 경향을 실증적으로 보여준다. 그 결과는 노동조합 조직률이 높은 북유럽이 왜 복지국가로 되었는지 정치학적 근거를 보여주면서, 또한 복지레짐론에서 비교 관점으로 노사관계가 포함되는 이론적 배경이 되었다(Esping-Andersen & Korpi, 1987).

권력자원동원론에서 복지국가를 이해하기 위해서는 노사의 권력자원 동원, 복지에 대한 정치적 리더십, 관료의 주도권 등 서로 다른 정치적 요소와 그들이 작동하는 제도적 조건에 초점을 두고 분석을 시도해야 할 것이다. GDP에서 차지하는 복지지출 비율을 보면 동아시아의 일본은 미국과 유사한 복지국가라 할 수 있다(Estevez-Abe, 2008). 그런데 일본의 경우에도 개별 제도를 비교하면 연금과 의료제도는 유럽 복지국가에 뒤처지지 않고 공공사회복지 프로그램의 기능적 등가물이라고 할 수 있는 기업복지와 정부보조금이 결합된 고령자 고용 등의 고용보장, 시장의 규제 등은 다른 국가들에 비해 충실하다는 지적이 제기된다(Cambell & Ikegami, 1998; Kasza, 2006).

마찬가지로 우리나라 건강보험제도는 통합성과 보편성에서 다른 어떤 나라에 비교해도 뒤처지지 않는다. 복지지출은 선진 복지국가와 비교해 높지 않으면서 수준 높은 사회보험제도를 가지고 있는 그 배경에는 어떤 요인이 있을까? 선거제도와 정권교체 때문이 아닐까? 즉, 여러 국가들의 복지제도는 선거제도와 정권교체에 따라 영향을 받는다는 것이다. 연금의 급여수준이나 지급기준 등에 노인이 청년층보다 더 관심이 높기 때문에 연금개혁이 쟁점이 되는 선거에서는 노인의 투표율이 청년층보다 높아지는 경향이 있는 것처럼, 선거제도는 사회복지제도의 형태에 직접 영향을 주기 때문이다.

따라서 정치학적으로 보면 선거제도로 규정되는 세 가지 차원, 즉 선거구의 범위, 투표제도, 정부유형을 통하여 각 정권의 사회복지제도 개혁에 대한 전략과 그 결과 나타나는 제도의 특징을 설명하는 것이 가능할 것이다. 또한 국가와 국가, 정책과 정책, 시대 구분에 따른 비교도 가능할 것이다.

시간축에 따라 정치적 요인을 감안하여 분석한 연구결과에 의하면, 예를 들어 보수정권 시기에는 정치가는 특정 이익집단에 의존해 왔으므로 보편적 복지 프로그램을 추진할 동기는 약하다는 것이다. 따라서 직역마다 분립된 연금제도나 건강보험제도는 발달하지만, 보편주의적 실업보험이나 가족수당과 같은 노동친화적 복지대책은 후 순위로 밀려날 수 있다고 한다(Estevez-Abe, 2008).

반면 소선거구제도와 비례대표제 혼합에 의해 선거를 해야 하는 시기에 연립정권이 수립되면, 유럽대륙형 복지정책이 확충될 수 있는데, 그 이유는 유럽 연립정권 형태와 유사한 정권형태를 지향하기 때문이라고 한다(Estevez-Abe, 2008). 예를 들어, 기존 특정 정당의 지지기반을 초월한 포괄적인 복지 프로그램이 도입된다는 것이다.

모든 복지레짐을 정치구도로 설명하는 것이 타당하지는 않지만, 현실의 복지는 고정된 시점에서 만들어지는 것이 아니며 각 국가의 정책형성에 관련된 정권구조나 정권교체가 영향을 미칠 수밖에 없을 것이다. 정치구조와 정치사를 이해하는 것은 동태적 사회복지 비교연구에 필수적인 작업이라고 할 수 있다.

6. 국제 동향과 전망

사회복지 비교연구는 1990년대 이후 복지레짐론을 중심으로 발전되어 왔다. 레짐론에 대한 비판적 연구들도 세 가지 유형을 완전히 배제하지 않고 이를 바탕으로 이론적 · 실증적 연구를 진행하고 있다. 복지국가들은 공통적으로 청년세대의 늦은 결혼과 혼인 기피, 노인세대 증가와 같은 인구학적 문제가 진행되고 있다. 앞으로 어떤 사회복지제도가 필요한지에 대하여 레짐론과 젠더론 양 차원에서 어떤 함의를 찾아보고자 한다.

공통적으로 보이는 현상이 여성의 취업 증가이다. 이와 관련하여 북유럽 국가와 앵글로색슨 국가들은 1970년대 이후 확대되었지만, 유럽대륙 특히 남유럽에서는 북유럽이나 앵글로색슨 국가들처럼 급속히 확대되지 않았다. 여성 취업은 복지국가가 아동양육과 일의 양립에 충분한 기능을 하고 있는지와 관련되는 것으로 저출산 · 고령화 진전에 상이한 영향을 끼친다.

북유럽 국가들처럼 정부가 자녀양육과 일의 양립을 지원하는 조건을 정비하면, 여성 취업은 고학력화되는 여성의 자기실현이 되면서 동시에 아동이 태어난 후의 경제적 불안도 감소하므로 출산율 저하를 막을 수도 있다. 이러한 조건이 정비되지 않은 국가들을 보면 출산율 저하경향이 계속되고 초저출산율 상태가 나타나게 된다. 여성의 자녀양육의 어려움 해소와 임금 등 차별 해소가 출산율 저하를 막는 데 도움이 되었다고 지적할 수 있다.

남성의 가사와 육아 참가를 더욱더 촉구하고 취학 전 양육조건의 개선을 통해 아동의 인지능력과 미래 학력이 향상되도록 정책을 정비하는 작업은 지속적인 경제성장의 요인이 될 것이다. 또한 여성의 취업 증가는 현시점의 재정 부담자의 증가요인이 된다. 결국 양육과 여성취업에 대한 지원은 복지국가의 지속 가능성과 발전의 조건이라 할 수 있다.

오늘날의 복지국가는 동일한 세대 내 또는 동일한 시대 내의 최저생활 보장을 목표로 하는 베버리지형 재분배와 질병과 은퇴, 실업 등에 의한 생활주기에서의 소득 상실이나 저하에 대비하는 비스마르크형 재분배의 복합적인 구조를 통해 소득격차를 없애나가는 기능을 가지고 있다. 하지만 여성의 취업과 가족생활에서의 어려움 해소는 동류혼을 조장하여 학력격차가 부부의 소득격차로 나타나고, 또한 아동의 양육환경과 아동 자신의 학력차로 나타나 격차의 세습을 초래할 가능성이 있다.

이러한 문제에 대해서 복지국가는 격차를 해소할 다양한 대응책을 준비해야만 한다. 이를 위해 복지재원 확충을 고민해야 하는 것이다. 재원의 주된 부담자인 젊은 세대의 불안을 없애기 위하여 세대 간 공평성을 충족하는 것이 복지국가의 중요한 과제라 할 수 있다(西忖周三・京極高宣・金子能宏 編著, 2014 : 34).

특히 에스핑 안데르센은 세대 공평이 재정문제에만 머물지 않는다는 점을 분석하였다. 예를 들어, 돌봄에는 가족의 유대가 중요한데, 젊은 세대가 노인을 돌보는 시간과 그 빈도는 반비례하는 경향이 있다는 것이다. 따라서 장수를 누리며 돌봄기간이 평균적으로 길어지는 상황에서 복지국가의 지속 가능성을 위하여 돌봄비용을 줄이기 위해서는 가족의 장시간 돌봄이 필요하지만, 이는 젊은 세대의 자녀양육과 일의 양립 방향과 모순되는 것이며 가족의 돌봄 실태와도 괴리되는 것이라 지적한다.

오히려 장수화를 효과적으로 이용하는 방법, 즉 노인의 취업을 지원하고 연금 지급 개시연령을 인상하여 복지재원을 돌봄수요자에게 집중하여 재분배하고 돌봄서비스를 공적으로 제공하는 것이 바람직하다고 주장한다. 이처럼 복지국가는 격차를 줄이기 위한 소득재분배가 이루어지므로 비교분석에서 평등 관점이 필수적이다.

한편 세대 간 공평성을 달성하기 위해서는 사회복지급여가 미래 세대에게도 확실히 지급되는 것이 필요하며, 그를 위해서는 사회복지 재정의 지속 가능성이라는 제도 효율성을 무시할 수 없다. 따라서 복지 비교연구에서도 평등과 효율성이라는 모순되는 두 가지 관점에 의한 분석이 필수적이다.

평등과 효율성 관점에서 복지국가를 생각하려면 전통적이라고 생각했던 가족의 모습을 지탱해 오고 있는 남녀의 역할분담을 바꿀 필요가 있다. 여성이 정규직으로 일할 수 있도록 정부가 일과 가정의 양립에 노력하는 것도 평등중심의 복지국가 과제라 할 수 있다.

동류혼이 많아지면 여성의 고학력과 정규직 고용이 진전되고 유사한 직종과 학력을 가진 남성과 결혼하여 고소득 세대가 되고 아이도 고학력이 될 것이다. 그렇지 못한 여성과 아동은 남편의 학력과 소득이 모두 낮은 가족에서 자라나 학력도 낮아지는 경향이 있으므로 불평등은 세대를 초월하여 지속될 것이다. 동류혼이 사람들의 선호에 의한 것이라면 사람들의 평균적 학력을 올리기 위해서 경쟁과 수월성보다는 보편적 고등교육을 확대하여 미래 세대가 보다 좋은 기회를 찾을 수 있도록 노력해야 한다.

아동 세대의 생활수준이 향상되면 고령화에 의해 필연적으로 어느 정도 늘어날 수밖에 없는 사회복지급여의 부담 증가도 감당할 수 있게 될 것이므로 세대 간 갈등이 일어날 가능성도 적어질 것이다. 우리는 비교복지 관점에서, 예를 들어 젠더론과 같은 비판을 통해 앞으로 복지는 여성의 고학력화와 사회참가를 촉진하면서 아동에게도 고학력화 기회를 제공하는 데 힘써야 하며, 그를 통해 엄혹한 경제환경에서도 지속적으로 발전하는 복지국가가 가능할 것이라는 교훈을 얻을 수 있다.

각국의 민주주의와 자본주의의 다양한 조합은 복지국가의 차이를 부르는 요인이 될 것이다. 정권교체가 수시로 발생하는 국가와 그렇지 않은 국가에서 복지실현의 추이는 다를 것이다. 자본주의라고 하지만 다양한 자본주의의 모습이 있다. 주주 자본주의와 여러 이해관계자의 서로 다른 역할이 있는 자본주의 사이의 차이는 복지 투입과 실행의 차이를 좌우할 것이다. 노동조합, 정당, 정치제도, 대중의 여론 차이가 복지에 미치는 영향에 대한 분석은 매우 흥미로운 주제이다.

1990년대부터 국제적인 각종 데이터베이스가 정비되면서 빅데이터를 활용한 대규모 조사가 가능해졌으므로 국가에 대한 신뢰감과 여론동향 분석도 복지형태를 좌우할 수 있으므로 중요한 비교연구 테마가 될 수 있다.

특히 비교연구에서 교육은 별도로 다루어야 한다는 지적도 있다. 이미 1975년 시점에서 윌렌스키는 교육만은 연금, 의료, 요양, 주택 등 다른 항목에 비하여 복지국가론으로서 특별하게 다루어야 한다고 주장했다. 다른 사회보장 항목에 비하여 교육은 약간 특수한 지위를 차지하고 있다.

현실의 국제비교에서도 공교육 지출의 GDP 비율은 국가마다 큰 차이가 있다. 특히 사회복지의 주된 초점이 노인중심의 보장으로 되기보다는 유럽의 경우처럼 돌봄이나 청년고용 등에 초점을 두고 어느 한 대상으로 치우침이 없이 전 세대를 대응하는 사회복지를 지향하는 움직임이 활발해지고 있다. 이 경우 특히 한국과 같이 교육사다리가 붕괴된 사회에서 교육보장은 사회권 확보를 위해서도 중요하다.

에스핑 안데르센은 사회권을 유지하기 위해서는 시장에 대항하기 위한 장치로서 개인 존재의 탈상품화가 필요하다고 하였다. 이는 노동의 상품화에 대항하는 논리로 이해할 수 있으며 적극적으로는 기업 상품을 구입하는 것까지 상품화로 보고 이것까지 부정하는 것, 즉 일상생활에 영리활동이 개입되는 것 자체를 부정하는 논리로까지 확장될 수 있다.

이는 우리가 살고 있는 자본주의 사회에서 거의 불가능한 요구라 생각한다. 상품경제를 통한 풍요의 추구를 그만두는 것이 탈상품화라는 주장도 가능할 것이다. 또한 노동력을 상품으로 판매하기를 그만두는 탈상품화 제안은 분명히 매력적이다. 그러나 이러한 이상을 정책으로 실현하기 위해서는 민주주의 국가에서 개인의 자유를 부정하지 않고 탈상품화를 설계하는 정교한 정책기술이 필요할 것이다. 자본주의 체제 속에서 자본주의를 공공적으로 제어하는 장치를 연구할 필요가 있는 것이다.

그런데 모든 사람에게 일률적으로 일정액의 소득을 제공하고 그 소득의 재량권을 각 개인에게 부여한 후 욕구에 따라 자유롭게 소비하도록 인정하는 것도 그러한 방법이 될 수 있다. 이러한 구상이 사회를 안전하게 보호할 수 있다는 데에 찬반의 논란이 있을 수 있다.

시장 메커니즘을 자유주의 입장에서 옹호하는 사람들은 개인의 자유를 전제로 하며 거기에는 인간의 합리적 행동에 대한 믿음이 있다. 극단적으로 흡연하는 사람, 약물하는 사람도 그것이 합리적 선택의 결과라고 가정할 수 있는 것이다. 만일 조건 없는 급여를 통한 탈상품화가 진행될 경우, 그 속에 술값이나 의료비가 모두 포함되어 있다고 이해해야 할지 의문을 제기할 수 있다.

다양성과 선택이라는 매력적인 키워드로 무장된 자유주의 정책이념이지만, 여기에 대해서도 냉소적인 반응, 복지국가 이념에 대항할 수 있을 정도로 강력한 구상은 아니라는 비판이 가능하다. 조건을 정하여 급여하는 것이 타당할 것인가 보다도 개개인에 대한 개인적 지원이 어느 정도 제공되고 있는지가 중요하다는 비판도 제기된다(Weston, 2012). 하지만 조건부 복지주의(Welfare Conditionalism)에 대한 대안으로 기본 복지 보장을 위한 경제적 최소기반을 마련할 수 있다는 점에서는 여전히 매력적인 연구분야라 할 수 있다. 특히 각국에서 시도되는 기본소득 실험은 충분히 복지정책에서 비교연구의 대상으로 주목할 가치가 있다.

CHAPTER 06

소득보장 비교

CHAPTER 06

소득보장 비교

빈곤은 어느 사회에서나 사람들의 생존과 사회의 지속 가능성을 위협하는 사회문제였다. 산업사회 이전의 빈곤문제는 중세에 제정된 영국의 엘리자베스 구빈법처럼 주로 구빈법에 의한 공공 구빈사업과 사적 구빈사업에 의해 이루어졌다. 중세에 시작된 당시 유럽의 구빈사업은 노인과 정신장애인, 완치가 불가능한 환자, 고아 등의 구제할 가치가 있는 대상자와 노동능력 있는 비취업자와 같은 구제할 가치가 없는 빈민으로 구분되었다.

근대적인 공공부조제도로 전환되면서 낙인은 완화되었지만 지금도 여전히 근로 가능성은 중요한 급여의 원칙이 되고 있다. 빈곤과의 전쟁은 사회적 공평이라는 관점에서도 중요하며 사회정책 평가에서는 우선 무엇보다도 빈민에 대하여 정부가 어떤 대책을 세웠느냐가 중요한 문제가 되었다. 그런 의미에서 소득보장은 단순한 경제적 궁핍이나 빈곤을 삭감하는 수단이 아니라 복지국가 또는 복지레짐의 정치적 수행능력을 판가름하는 것이다.

1990년대 이후 거듭되는 경제불황, 산업구조와 노동시장의 변화, 불완전 고용의 확대와 실업의 장기화 등으로 선진국에서도 소득격차가 확대되었을 뿐만 아니라 빈곤과 격차가 커졌다. 따라서 소득보장정책의 기능 상실이 지적되었다. 소득보장은 사회보장의 주된 기둥이라 할 수 있다.

목적은 개인이나 집단이 소득을 상실하고 소득능력이 저하되는 경우에 소득재분배정책에 의해 소득을 보충하거나 강화하여 타당한 생활수준을 보장하는 데에 있다. 소득보장의 주된 기둥인 사회보험이 1880년 후반(질병보험 1883년, 산재보험 1884년, 노령연금 1889년)에 세계 최초로 독일의 비스마르크에 의해 시작되었다는 것은 널리 알려진 사실이다. 역사적으로 볼 때 사회보험제도의 계보는 비스마르크형과 베버리지형으로 구분할 수 있다. 또한 공공부조(public assistance)와 최저소득보장제도(minimum income protection benefit)의 구조와 내용은 사회보험 구조와 제도적 조건에 좌우된다(Nelson, 2003). 소득재분배정책은 기본적으로 선별주의와 보편주의로 구분하며 양쪽 모두의 빈곤삭감 효과에 대해서 논의가 이어져 왔다. 잔여적이며 선별주의적 재분배보다도 보편주의적 재분배가 평등한 소득재분배에 유리하며 재분배 효과도 높다는 것이 실증되고 있다(Esping-Andersen, 1990; Korpi & Palme, 1998).

북유럽 복지국가 모델은 모든 사람의 사회권을 기초로 보편주의적 소득재분배를 중요시하며 성인 및 아동의 상대적 빈곤율을 낮게 억제하는 데에 성공하고 있다. 빈곤의 심각화와 함께 공공부조의 국제비교도 활발히 이루어져 소득격차 축소, 빈곤 완화 및 예방수단으로서 공공부조와 최저소득 보장 효과가 논의되어 왔다. 빈곤 완화와 예방에 대한 공공부조급여 효과는 어느 정도인가? 사회복지정책 분야의 긴축대상으로 되기 쉬운 것은 보편적 급여인가? 아니면 선별적 급여인가?

빈곤개념의 주류는 절대적 빈곤(absolute poverty)과 상대적 빈곤(relative poverty)이다. 절대적 빈곤은 1970년대 세계은행에 의해 사용되기 시작한 개념으로 저소득, 영양불량, 교육결여, 건강불량 등 인간다운 생활과 거리가 먼 상태에 빠져 하루 1.9달러(2016년) 미만으로 생활해야 하는 상태를 말한다.

국제연합개발계획(UNDP)의 인간개발 보고서(Human Development)에 의하면, 하루 2달러 미만으로 생활하는 인구는 약 30억이며 세계 총인구의 절반에 육박한다. 경제협력개발기구(OECD)가 정의하는 상대적 빈곤은 그 사회의 일반 생활수준에서 일정 비율 이상 떨어져 있는 상태(전국 가처분소득 중 중위소득의 50% 또는 60% 이하 소득)에 있는 국민의 비율을 뜻한다.

빈곤측정법은 직접지표와 간접지표를 활용하여 다양하게 이루어진다(Rauhut, 2006). 라운트리의 제1차 빈곤선은 절대적 빈곤에 관한 직접 측정법을 대표한다. 상대적 빈곤은 빈곤 그 자체보다도 불평등에 초점이 있으므로 소득·소비수준·생활조건이 중요 변수이다. 소득은 사람들의 복지에서 중요한 소비수준이나 생활조건을 측정하는 간접지표이다. 이 측정법의 배경에 있는 것은 모든 사람이 동일한 소비욕구를 가진다는 것이다.

빈곤의 복잡성을 조정하여 사람들이 탈출할 수 있는 가능성을 측정하려 했던 센(Sen, 1999)은 복지와 소득 또는 물질적으로 윤택한 생활조건은 서로 다른 것이라 지적하였다. 분명한 것은 지금까지 어떤 측정법을 가지고도 빈곤기간이나 빈곤으로부터의 탈출 가능성을 측정하기가 어렵다는 것이다.

오늘날 빈곤의 특징은 자본주의 경제구조의 변화와 경제불황에 의해 대량으로 발생되는 실업과 고용불안이 배경에 있다. 탈산업사회와 지식사회로의 이행에 의한 산업구조 변화는 고용이나 임금 등 노동조건을 크게 바꾸어 선진국의 빈곤문제를 심각하게 만들었다.

소득재분배 이전의 빈곤율의 차이는 근접하고 있지만 재분배 소득에 의한 빈곤율은 국가 간의 차이가 매우 벌어져 있다(厚生勞動省, 2012). 예를 들어, 서구사회에 비하여 복지수준이 그다지 높다고 평가되지 않는 미국과 일본의 경우에, 일본의 빈곤은 1980년대 이후 크게 증가하여 2000년대 중반에는 OECD 평균을 넘어섰다. 소득재분배 후 상대적 빈곤율은 16%(2010)로 미국에 이어 두 번째로 높은 국가이다.

소득보장의 목적은 빈곤 감소나 예방뿐만 아니라 사람들의 생활안정과 생활수준 향상을 이루는 데 있다. 개인이나 집단이 소득을 상실하거나 소득능력이 낮은 경우에 소득재분배에 따라 소득 보충이나 강화를 시도하여 국민에게 타당한 생활수준을 보장한다. 소득재분배란 일정한 경제활동에 의해 얻는 소득의 처음 분배에는 격차가 생기므로 국가의 시장경제 개입으로 소득불평등을 완화하거나 수정하는 것이다. 예를 들어, 스웨덴은 상실한 소득을 보충하는 제도로서 소득에 비례하는 급여-질병수당, 부모수당이나 육아수당, 실업수당 등의 사회보험급여-와 소득 유무나 크기에 관련 없이 급여되는 기초적인 소득보장-기초연금, 보증연금 등-이 있다. 소득강화에는 모든 사람에 대한 보편적 균일급여(아동수당 등)와 소득조사가 필요한 선별적 급여(주택수당, 사회부조 등)가 있다.

또한 소득재분배는 수직적 재분배와 수평적 재분배로 구분한다. 수직적 재분배는 고소득층에서 저소득층으로 소득을 이전하는 것이며 대표적인 것이 기초생활보장급여이다. 수평적 재분배는 욕구가 큰 사람들에게 자원이 이전되는 재분배로 동일한 소득층에게 소득 불평등이 생겼을 경우에 소득 보충이나 강화로 이루어진다. 의료보험이나 연금보험 등 사회보험이나 아동수당 등이 구체적인 보기이다.

빈곤자 등의 구제에 필요한 사람들만을 대상으로 하는 잔여적·선별적인 소득재분배와 모든 국민을 대상으로 하는 보편적 재분배 효과에 관한 논의는 앞으로도 계속될 것이다. 그러나 소득재분배의 역설이라는 것처럼 보편적 재분배가 소득능력을 균등하게 할 수 있으며 재분배 효과가 높다는 것에 주목해야 한다.

〈표 6-1〉 스웨덴의 주요 현금급여

급여종류	소득상실 보충	소득의 강화
자녀가 있는 가정	부모수당, 일시적 부모수당, 임신수당, 장애아 돌봄수당	부모수당, 아동수당, 주택수당, 학업수당, 양육수당
교육	특별성인교육수당	학업수당
질병과 장애	질병수당, 조기연금, 산업재해 시 종신연금	조기연금, 장애가산금, 주택개조수당
실업	실업수당, 교육수당, 이주수당	
부양자의 사망	유족연금, 아동연금, 산업재해 시 종신연금	산업재해 시 장례비용 지원
고령	노령연금	노령연금, 주택수당, 배우자 가산금
욕구 발생 시	기초생활보호	기초생활보호

출처 : Elmér, Blomberg, Harryson & Petersen(2000), p. 100.

1. 사회보험

사회보험의 역할은 임금노동자에게 일어나는 재생산 문제를 빠르게 해결하는 데에 있다. 생산성 향상이 중요하게 여겨지면 노동자의 물질적 생활조건 보장이 우선되고 노동시장 외부에 존재하는 집단은 가볍게 다루어지기 쉽다.

비근로기 생활조건 악화를 막기 위해서는 노동자에게 있어서는 실업보험이나 노령연금이 중요하지만, 자본가는 장기적인 노동 재생산에 필요한 아동수당이나 의료보험을 우선하게 되면 계급 사이의 이해관계의 일치를 요구하기는 어려워진다. 사회보험제도화에는 유사성도 있지만 서로 다른 섬이 보이는 것은 노사관계나 정치적 조건이 국가마다 다르기 때문이다.

자유주의 정책에 의해 사회보험제도를 도모한 영국과 다르게 사회보험을 비롯한 비스마르크 사회정책은 자본주의 체제를 유지하는 관점에서 국가가 추구한 사회평화주의적 정책이었다. 사회보험제도화 과정을 보면 국가에 따라 계급 간이나 계급과 국가의 이익대립 양상이나 정도가 다르다(Marklund, 1982). 공통점은 대부분 국가에서 우선 노동자 산재보상보험이 1910년대에, 다음으로 의료보험이나 연금보험이 1920년대에, 10년 정도 지난 후 실업보험이 등장하고 있다는 것이다.

가족보험이나 아동수당 등의 제도화는 1930~1940년 이후였다. 1920년대 말부터 1930년대 세계대공황은 그 후 여러 나라의 사회보험제도 개혁에 큰 영향을 끼쳐 구조와 재원부담, 재정운영 등을 서로 다른 것으로 만들었다. 노령연금 발전의 계보를 찾아 들어가면 비스마르크형과 베버리지형 두 가지로 구분되는 것처럼 현재의 사회보장제도는 과거의 경제적 · 정치적 요인에 크게 의존하고 있다.

유럽형 사회보험은 영국의 우애조합 등 노동자 자조조직에서 출발하여 제2차 세계대전 후 공공제도로서 정비되고 1950~1960년대에 국민 대부분을 포괄하는 사회보험으로 발전하였다. 또한 대부분 국가는 정액급여에서 소득비례 급여로 변경되었다.

스웨덴이나 덴마크, 독일은 직업별로 조직된 공제조합에 기반을 두고 국가에 의해 상대적으로 빠르게 제도화가 진행되었다. 예를 들어, 스웨덴은 1913년에 모든 국민을 대상으로 하는 국민연금법을 도입하였지만, 그 후 사회보험 개혁에는 시간이 필요하였으며 모든 국민을 포괄하는 국민보험제도는 1950년대에 완성되었다.

영국, 호주, 뉴질랜드 등의 앵글로색슨 국가들은 자유주의 국가사상이 지배적이었으므로 공공제도에 대한 관심이 낮았다. 그 결과 민간보험 시장이 상대적으로 빠르게 성장하였다. 내셔널 미니멈 확립을 목적으로 하는 영국 국민보험제도는 1942년 베버리지 보고서를 기반으로 1946년에 성립하였다. 2년 후

1948년에는 모든 국민을 대상으로 무상 보건의료서비스를 내용으로 하는 국민보건서비스가 도입되어 영국형 복지국가의 기반이 형성되었다.

국민보험은 모든 국민을 대상으로 하고 소득수준이나 직업을 묻지 않는 보편적 성격을 가지는 것이었지만, 대처 정권 이후는 사회보험 중심의 보편적 급여에서 선별적 급여를 중심으로 하는 소득보장정책으로 변하였다. 그 후 노동을 위한 복지(welfare-to-work) 또는 적극적 복지(positive welfare)로의 전환이 추진되고 제3의 길을 제시한 블레어 정권(1997~2007)은 근로촉진, 저소득자의 보장 강화, 공공연금에서 사적 연금으로의 비중 전환 등의 소득보장 개혁을 촉진하였다.

미국은 루즈벨트(Roosevelt) 대통령에 의한 뉴딜정책의 일환으로 1935년 사회보장법이 제정되었다. 이 법에는 사회보험이 공공부조나 다른 사회서비스와 함께 포함되었다. 노령연금이나 실업보험은 성립되었지만 의료보험은 포함되지 않았다.

1964년에는 존슨(Johnson) 대통령에 의한 '빈곤과의 전쟁'이 전개되고 사회보장 개혁도 일부 이루어졌다. 보호가 필요한 아동에 대한 부조(ADC)는 모자세대에 대한 보호가 필요한 아동에 대한 가족부조(AFDC)로 변경되었는데, 사회보험의 확충보다도 빈민에 대한 선별적 급여가 중심에 자리하게 되었다. 1980년대 레이건(Reagan) 대통령은 사회복지예산 삭감을 실시함과 동시에 행정관할을 연방에서 지방정부로 옮기고 영국의 대처리즘과 함께 작은 정부의 실현을 향해 노력하였다.

서로 다른 인생단계에서 사람들의 다양한 생활욕구를 충족하고 안정적으로 노동력을 재생산하려는 것이 수평적 재분배 성격을 가지는 사회보험이다. 사회보험의 구조는 소득재분배에 있어서 시장과 정치의 역할을 반영하며 빈곤 및 불평등 축소에 매우 중요한 의미를 가진다.

사회보험의 세 가지 제도적 요인(수급자격 및 조건, 급여원칙, 운영형태)을 바탕으로 기본적 생존권에 관계되는 노령연금이나 의료보험에 초점을 둔 사회보험제도는 네 가지 이념형 국제모델로 분류할 수 있다. 이 모델은 세 가지 제도적 요인으로 분석할 수 있다.

〈표 6-2〉 사회보험 제도의 이념형 모델

모 델	수급자격 및 조건	급여원칙	피용자 및 사용자의 재정운영 참가
자산조사형	자산조사에 의한 욕구 인정	최소한	무
조합주의형	소속 직업과 근로 참가	소득비례급여	유
기초안정보장형	국적 또는 보험료 납부	정액급여	무
보편적 표준형	국적 소유와 근로 참가	정액급여와 소득비례급여	무

출처 : Korpi & Palme(1999), p. 61.

첫째, 수급자격 및 조건 요인이다. 이것은 보편주의 정도를 나타내지만 ① 자신의 능력이나 소득조사에 의한 욕구 확정, ② 보험료 납부, ③ 소속 직업, ④ 국적이나 거주권 소유로 구분된다. 이러한 급부조건은 각 국가에 따라 다양하게 조합되어 적용된다.

둘째, 소득상실에 대하여 지불되는 급여수준의 결정요인이다. 자산조사를 전제로 하는 최소한의 급여, 모든 사람에 대한 정액급여, 과거 소득수준을 고려한 소득비례급여로 구분된다.

셋째, 사회보험의 재정운영 요인이다. 피용자와 사용자의 대표에 따라 운영이 시행되는지 여부와 사용자 부담 정도에 따라 구분된다.

구체적으로 이념형 모델의 특징을 좀 더 살펴보도록 하자.

① **자산 및 소득 조사형**이다. 이 유형은 구빈사업의 전통을 계승하지만 인정기준의 엄격성은 다양하며 각 국가에서 조사기준의 완화가 진행되어 왔다. 노령연금과 의료보험급여에 욕구인정을 의무화하는 유일한 국가인 호주에

서도 최빈곤층만을 대상으로 하는 급여에서 최고 소득층만을 제외하는 인정방식으로 전환되고 있다. 더욱이 다른 국가에서도 자산 및 소득조사 급여는 근로경험이 없거나 고용 관련 사회보험 수급자격이 없는 사람이나 부양욕구를 충족하지 못하는 사람에 대해서 적용된다.

② **조합주의형**이다. 강제가입과 소속하는 직업별 급여를 원칙으로 하는 비스마르크 사회보험이 원형이며 유럽대륙의 보수주의 국가와 가톨릭 문화권에서 발전했다. 조합주의형은 노동시장 분할과 노동자 계층화를 계획하며 각 직업분야의 사용자와 피용자의 협동촉진을 목적으로 한다. 급여조건은 사용자와 피용자가 납부하는 보험료와 소속하는 직업에 기초하므로 직업별 조직화를 특징으로 한다. 처음에는 공장 노동자를 대상으로 하였지만 점차 다른 부문으로 확대되었다. 급여수준은 과거 소득수준에 비례하지만 권리내용이나 급여조건은 각 프로그램에 따라 다르다. 다른 모델과 다르게 이 모델은 사용자 · 피용자 · 국가 3자 대표에 의해 운영되므로 조합주의형이라 부른다. 재원은 노사 모두에 의한 부담이 일반적이며 취업 경험자만을 포함하고 전업주부나 취업경험이 없는 자는 제외된다. 벨기에, 프랑스, 이탈리아, 독일, 호주 등의 유럽국가들에 더하여 일본의 후생보험도 기본적으로 여기에 속한다.

③ **기초안정 보장형**이다. 급여조건은 국적 보유 또는 보험료 납부이다. 모든 사람에게 정액급여를 하며 고소득자는 사적 보험에 의해 과거의 생활수준을 보충할 것이 장려된다. 이 모델의 원형은 베버리지이다. 소득상실의 크기에 관계없이 정액급여를 하는 것이다. 임의보험제도의 존재를 전제로 하는 구상이었지만, 베버리지는 보다 많은 국민을 포괄하는 것을 중요하게 생각하였다. 그러므로 국적 보유자를 대상으로 하며 이 모델을 대표하는 국가는 덴마크, 캐나다, 네덜란드, 뉴질랜드, 스위스 등이다. 보험료 납부를

급여원칙으로 하는 경우에는 피용자 또는 사용자에 의해 보험료가 지불되는 사람만을 대상으로 하므로 포괄성은 국적 보유자에 비하여 조금 낮아진다. 영국, 아일랜드, 미국의 연금이 이러한 급여원칙을 적용한다. 급여액은 영국과 미국에서는 납입한 보험료 액수에 비례하므로 소득비례급여가 된다. 단지 조합주의형과 다른 경우에는 모든 피보험자가 동일한 보험 프로그램으로 조직화된다. 의료보험에 대해서는 네덜란드는 조합주의형, 스위스는 임의가입 국고보조형, 뉴질랜드는 자산조사형이 특징이다. 또한 기초연금의 보장수준은 국가마다 다르다.

④ **보편적 표준형이다.** 베버리지형에 비스마르크형을 조합하여 만든 것이 보편적 표준보장형이다. 핀란드, 노르웨이, 스웨덴이 이 모델을 대표한다. 급여조건으로서 요구되는 것은 국적 소유 또는 거주권과 보험료 납입이다. 보편적 프로그램은 모든 국민을 대상으로 하는 기초안전 보장을 실시한 후에 경제적 활동을 수행한 사람에 대해서는 소득비례급여를 행한다. 이 모델은 사적보험 수요를 낮은 차원에 머물게 함으로써 고령자 사이의 종합소득에 있어서 불평등을 작게 억제한다. 사회보험 운영이나 운영기관은 국가에 따라 다르지만, 스웨덴에서는 실업보험을 제외하고 1995년부터 모든 국민을 대상으로 하는 국민보험이 국가에 의해 운영된다. 국민보험 가입조건은 16세부터 국적 유무에 관련 없이 스웨덴에 거주하는 것이다. 실업보험은 임의보험이며 과거처럼 노동조합 조직과 연계된 약 40개의 실업보험조합에 의해 운영된다. 실업보험은 노동조합에 따라 직업별로 조직해 왔던 역사적 배경과 노동조합이 실업보험에 대한 영향력 유지를 희망하였으므로 조합이 운영하게 되었다.

이런 모델에서의 노령연금은 모든 국민에 대한 기초연금과 모든 근로경험자를 대상으로 하는 소득비례급여의 부가연금으로 구성된다. 스웨덴은 1998년 연금개혁에 의해 2층 구조가 하나로 통합되어 과거의 기초연금에 상당하는 새로운 제도의 보증연금이 도입되었다. 보편적 모델은 스웨덴에서는 1955년의 소득비례급여를 원칙으로 하는 의료보험과 1960년의 부가연금을 통해 도입되었다. 노르웨이나 핀란드에서도 1960~1970년대에 발전하였다.

2. 공공부조

사회보험과 함께 소득보장의 또 하나의 기둥이 내셔널 미니멈 수준을 보장하는 공공부조 또는 최저소득보장이다. 국가에 따라 명칭과 내용이 다를 수 있다. 공공부조는 협의와 광의로 구분된다.

협의는 사회부조(social assistance)나 복지부조(welfare assistance)라 하며, 예를 들어 과거 우리나라의 생활보호가 여기에 해당한다. 광의는 독일의 공공부조처럼 실업부조(unemployment assistance), 주택수당(housing benefit), 사회부조와 특별부조(general social assistance and assistance in special situation), 망명자 부조(asylum seekers benefit) 등이 포함되는 형태다. 더욱이 최저한의 생활수준을 보장하기 위하여 공공부조 수급자에게 아동수당이나 환급 가능한 세액공제 등 급여가 부가되고 종합적으로 공공부조를 사용하는 경우에는 최저소득보장이라는 용어를 사용하는 편이 더 적합할 것이다.

공공부조는 사회보험과 다르게 자산 및 소득조사를 조건으로 하므로 보다 엄격하게 정의하면 사회 모든 구성원에 대하여 또는 국가에 따라서는 노인 등 특정 국민 집단에 대하여 최후의 경제적 안전망으로 최저생활을 보장하는 것이 목적이다. 기초생활보장급여에 자산조사가 부과되는 기초연금이나 저소득층만 인정되는 아동수당을 지급한다면 광의의 공공부조라 할 수 있을 것이다.

구빈사업에서 공공부조로 현대 소득보장이 본격적으로 발전한 것은 제2차 세계대전 이후이다. 1950~1960년대 복지국가 황금기나 1970년대 경제정체나 긴축기를 거쳐 1990년대 경제위기에 의해 실업의 장기화나 고용침체가 심각해지면서 사회상황 변화에 따라 빈곤감소나 예방수단으로서 공공부조 또는 최저소득보장 기능에 관한 국제비교 연구도 활발해졌다. 예를 들어, 공공부조는 빈곤 삭감이나 예방에 어느 정도 효과가 있는가? 사회보장 분야 재원절약이 필요하다고 할 때에 그 대상이 되는 것은 보편주의 급여인가? 아니면 선별주의 급여인가에 대한 논의이다. 사회정책 모델이나 복지레짐의 관계에서 공공부조의 다양성과 기능, 빈곤완화와 예방역할 등에 대한 논의가 어떻게 변화해 왔는지 이해할 필요가 있다.

첫째, 구빈으로서의 출발이다. 산업사회 이전의 빈곤구제는 주로 구빈법에 의한 공적인 구빈사업과 사적인 자선사업으로 대응했다. 중세에 시작된 유럽의 구빈사업에서 지적되는 것은 구제할 가치가 있는 대상자와 구제할 가치가 없는 대상자로 나누어 대응하였다.

구빈사업 관리행정은 지방자치단체 행정의 원조가 되었고 후에 사회복지행정을 발전시켰다. 1929년 영국의 지방정부법(Local Government Act)에 의해 구빈행정은 지방정부에서 관리하게 되었다. 구빈사업의 또 하나의 흐름은 사회복지 발전에 공헌한 런던 자선조직협회운동(COS)의 구제활동이었다. 그 외 알려진 것은 부스와 라운트리(Booth & Rawntree)의 빈곤원인 조사, 빈곤문제 해결을 위한 사회행동으로서 세틀먼트 운동과 페비언협회에 의한 빈곤구제사업을 들 수 있다.

스웨덴은 1847년에 구빈법이 제정되었는데, 자선사업에 의존하지 않고 일찍부터 교구에 의한 공적 책임을 확립한 것이 특징이다. 1871년에 개정된 구빈법은 미성년, 정신장애, 고령, 질병, 노동 불가능 빈민을 구제대상자로 정의하였다. 이처럼 의무에 의한 구빈사업과 의무가 없는 구빈사업으로 나누는 원칙은 1980년 사회서비스법 제정 때까지 계속되었다(訓覇法子 外, 2014).

1600년대 유럽의 중상주의 정책에 의해 식민지가 확대된 미국은 영국의 전통과 관습이 지배적이었다. 종교적 영향에 의한 엄격한 생활규범을 바탕으로 빈민이나 부랑인은 무능력자 또는 가장 큰 죄악으로 간주되었다(一番ケ瀬, 1963). 따라서 구빈사업은 최소한에 머물렀지만 식민지 주민 증가에 수반하는 궁핍자의 증가 때문에 부랑을 예방하는 관점에서 구빈법이 각 식민지에서 제정되게 되었다.

1646년 버지니아에서 제정된 구빈법이 최초의 것이었는데, 유럽과 마찬가지로 진짜 가난한 사람만을 구제하는 통제적 성격이 강하였다. 독립혁명 후 구빈법 비용과 관리에 관한 예이츠 보고서(Yeates Report, 1824)에 의해 지역 구빈원법이 제정되고, 구빈원 사업의 합리화가 진행되었으며, 빈곤 구제에서 예방으로 성격이 변화되었다.

둘째, 공공부조제도의 본격적인 등장이다. 선진국들이 소득보장제도의 본격적인 개량을 실시한 것은 제2차 세계대전 후 전후 고도경제성장기였다. 대상자 포괄성과 급여수준의 개선이 이루어지고 가족정책 분야에서는 아동수당이나 가족수당 등이 도입되었다.

유럽에서는 대부분 구빈법이 폐지되고 공공부조제도나 최저소득보장제도가 성립되었다. 그러나 급여조건이나 대상은 국가에 따라 다르게 정착되었다. 영국은 이미 1942년 베버리지 보고에 의해 내셔널미니멈 소득보장이 국가 책임으로 자리 잡았으며 주요 수단으로 사회보험이 중심이 되었다. 정액기여와 급여의 원칙, 최저생활보장 원칙이 확립되었다(Beveridge, 1942).

베버리지 원칙의 기본 이념은 사회보험에 의한 소득보장은 최저한으로 유지하는 것이 타당하며 그것을 넘어서는 부분은 개인의 자조노력에 맡기고 사회보험에서 배제되는 시민에 대해서는 공공부조에 의해 대응해야 한다는 것이었다.

1948년 노동당 정권에서 과거 구빈법이 폐지되고 국민부조(National Assistance)로 전환되었다. 그 후 국민부조는 1966년 보충급여(Supplementary)로 개정되고, 1988년에 소득지원(Income Support)으로 도입되었다. 후에 가족공제(Family Credit)가 더해졌다. 대처 정권 2기째에 도입된 소득지원은 생활수준 저하를 초래하였다. 실업자나 한부모 세대보다도 고령자나 장애인에 대한 급여수준이 높았기 때문에 구제받을 가치가 있는 빈민과 그렇지 못한 빈민의 분류가 다시 힘을 발휘하는 선별적·잔여적 급여제도의 강력한 작동이라 할 수 있다. 그러나 노동당이 집권한 1997년 사회보장제도의 비용 절약에 제동이 걸리기 시작하였다. 노동당은 자산조사 위주의 급여에 반대해 왔지만 선별적 대책은 새로운 노동당 복지정책의 중요한 축을 차지하게 되었다.

정부는 새로운 수단이나 기존 제도의 개선뿐만 아니라 자산조사 급여수준의 인상을 시도하였다. 급여제도의 개혁 속에서 가장 중요한 대책은 자녀가 있는 가정과 연금생활자에 대한 소득보조 수준을 인상하고 근로세대 세액공제(WTC : Working Tax Credit)를 도입한 것이었다. WTC는 자산조사에 의한 최악의 효과를 상쇄하려는 목적으로 저소득 노동자를 경제적으로 지원하는 대책이었다.

미국에서는 모든 사람을 대상으로 하는 공공부조제도는 국가 차원에서 실시하고 있지 않다. 1930년대 중반은 자산조사에 의한 보호가 필요한 아동에 대한 부조(ADC : Aid to Dependent Children)가 도입되었는데, 아동만 급여대상이었으며 부모나 친족 급여는 포함되지 않았다(Cauthen & Amenta, 1996). 그러나 1960년대에 연방정부는 주 정부에 대하여 아동의 양육에 필요한 성인에 대하여 급여 환급 요구를 인정한 후 급여내용은 천천히 개선되었다.

1962년에 ADC는 보호가 필요한 아동에 대한 가족부조(AFDC : Aid to Families with Dependent Children)로 전환되었는데, 수급자격으로서 주된 소득자에게 근로경력을 요구하였고 현재도 중요한 조건이 되고 있다. AFDC와 함께 빈곤대책으로서 정부가 저소득 세대의 생계유지나 영양상태 개선을 위하여 1964년에 도입한 것이 식품권(Food Stamp)이었다.

가구의 구매력을 높이고 국내의 소비능력을 개선시키는 것이 목적이었다. 수급자는 소득에 따라 매월 일정의 식료품비를 지불하면 그 대가로 추가적인 식품권이 급여되고 소득이 늘어나면 급여도 줄어드는 구조이다. 따라서 미리 식비를 조달할 수 없는 극빈층은 실질적으로 프로그램에서 배제되었다(Nelson, 2003).

현재 보충적 영양지원 프로그램(Supplemental Nutrition Assistance Program, 2008)이 거의 모든 주에서 주 정부 재원에 의해 현금급여 수급자격이 없는 저소득자에 대한 일반부조 프로그램(General Assistance Program)으로 도입되고 있다. 그러나 이 급여수준은 정부관할 프로그램 급여수준보다 낮고 아동이 없는 성인가족은 주요 급여대상임에도 불구하고 취업 가능한 성인에 대해 급여를 실시하는 주 정부는 소수일 뿐이다(Nelson, 2003).

1980년대 레이건에 의해 사회보장 분야에서 재원삭감정책이 촉진되었다. AFDC와 식품권도 삭감대상이 되었고 식품권 수급자격은 일부 시민집단으로 제한되었다.

1990년대 초 경제불황 시대에 빈곤대책이 부실해지고 유일하게 확대된 것은 환급조건부 세액공제(EITC : Earned Income Tax Credit)이었다. AFDC는 클린턴 정권하 1996년에 생활이 어려운 세대를 위한 일시부조(TANF : Temporary Assistance for Needy Families)로 전환되었다. 현금급여와 취업 프로그램을 조합함으로써 취업을 급여조건으로 하는 TANF는 근로를 조건으로 하는 복지정책, 즉 워크페어(Workfare) 전환의 초석이 되었다. 또한 지방정부에 대한 연방정부의 재원 지원도 기존처럼 관대하지 않았다. 미국에서는 노동과 복지 관계는 끊임없이 빈곤대책의 중심에 있었다. 노동을 중시한다고 해도 완전고용정책에 의한 국민의 경제적 자립을 목적으로 하며, 직업교육 등을 실시해 왔던 스웨덴의 적극적 노동시장정책은 미국에서는 찾아볼 수 없었다. 그 대신에 미국 연방정부는 강제적인 취업장려를 위하여 급여를 낮게 유지하는 전략을 활용했다. TANF 도입에 의해 각 지방정부는 능력 향상이나 장기적 교육 투자보다도 신속한 노동시장 진출을 가능하게 하는 프로그램을 우선하였다. 급여기간 제한(5년)을 둔 TANF는 노동능력이 있는 사람에 대하여 우선 취업(work first)을 의무화했고, 직업훈련과 인적자원 개발을 중요시하는 대책은 중요하게 보지 않았다(Rodgers, 2000).

독일은 1961년에 과거 부조에 대하여 수급권리 강화와 대상범위를 확대한 사회부조를 도입하였다. 급여수준도 인상하고 단순한 최저한의 신체적 욕구 충족에서 사회적 욕구 충족을 고려하였다. 그 특징은 가족과 친족의 지원을 받을 수 없는 경우에 급여한다는 보수주의 레짐의 소극적 보충성 원칙에 근거하는 것이었다. 그러나 그 후 점차로 보충성 원칙은 완화되어 2촌 등에 의한 부양의무는 폐지되었다. 또한 다른 선진국과 마찬가지로 1990년대 실업률 상승에 의해 최후의 경제적 안전망의 적정화가 추진되었다. 예를 들어, 기초자치단체나 광역자치단체의 행정적·재정적 부담을 줄이기 위하여 연방정부는 이민이나 사회적 돌봄이 필요한 집단의 사회부조 책임을 국가 관할 프로그램으로 옮겼다. 또한 취업을 장려하기 위하여 연방정부는 급여수준을 임금의 최저수준 이하로 억제하는 수단을 취하였다. 예를 들어, 기본적 급여수준을 측정하기 위하여 사용된 개별 욕구기준을 폐지하였다.

스웨덴은 1956년에 과거 구빈법에 의한 구제를 사회부조법으로 전환하였다. 새로운 사회부조법은 과거의 보충성 원리를 폐지하고 개별 사정 때문에 취업하지 못하는 경우도 포함하여 급여권리를 상실하지 않도록 하고 개인의 수급권리를 강화하였다(訓覇法子 外, 2014). 하지만 구제할 가치가 있는 빈민과 가치가 없는 빈민의 분류는 남았고 전자에게만 급여신청 권리가 주어지고 후자에 대한 지원은 기초자치단체의 자유재량에 맡겨졌다. 그렇지만 대부분 기초자치단체는 실업자를 원조하였다.

스웨덴은 영국이나 미국이 실시한 사회보장비 삭감정책은 도입하지 않았고 1980년대까지 사회보장을 계속 확충하였다. 1982년 사회서비스법－기존 아동복지법, 사회부조법, 알코올중독 돌봄법을 통합한 종합법－의 시행에 의해 구제할 가치가 있는 빈민과 없는 빈민의 구분이 폐지되고 급여대상 범위가 확대되었다. 최저소득보장제도가 확립되고 행정결정에 대한 이의신청 권리가 마련되고 급여권리가 강화되었다. 사회서비스법이 전국적으로 시행되는 단일 법제이므로 발생하기 쉬운 자치단체의 격차를 예방하고 국민의 대등한 권리를 강화하기 위하여 1985년 사회청에 의해 자치단체의 부조급여 기준 설정을 위한 국가의 가이드라인이 마련되었다(訓覇法子 外, 2014).

1990년대 경제위기는 일반적인 사회정책 확장을 끝나게 했을 뿐만 아니라 사회보험 급여수준이 일시적으로 낮아지거나 자산조사에 의한 급여조건이 엄격해지는 등 부정적 영향을 초래하였다. 1998년 사회서비스법 개정에서는 청소년 취업 관련 활동을 조건으로 하는 취업우선 원칙이 도입되었다. 또한 국가에 따라 급여기준을 개정하는 등 제도를 직정하게 수정하려는 노력이 진행되었다.

3. 빈곤감소 효과

1) 공공부조 레짐

선진국에서 공공부조는 사회보장의 잔여적 구제수단이다. 사회권 확대나 사회보험제도의 발전에 의해 공공부조의 기능도 변하여 2차적 소득보장 수단이 되었다. 좁은 의미의 공공부조는 ILO의 정의에 의하면, ① 자산조사, ② 사회권, ③ 내셔널미니멈 보장수준, ④ 무기여 급여를 특징으로 한다. 또한 보호급여는 모든 국민을 포괄하는 프로그램과 특정 집단을 대상으로 하는 프로그램으로 구분된다. 유럽연합의 대부분이 포괄적 프로그램을 도입하고 있다.

공공부조의 구조와 내용은 다양하지만, 기본적으로 8종류의 모델이 존재한다. 미국과 일본은 특별한 사례로 다루어진다(Bahle, Pfeifer, & Wendt, 2012).

① 잔여적·선별적 복지시스템이다. 대부분 프로그램이 자산조사와 특정 집단에 따라 조직화되는데, 상대적으로 관대하며 권리를 기반으로 국가 전체적으로 통합되어 있다. 호주와 뉴질랜드 등이다.

② 미국의 경우이다. 대상자인 특정 집단이 광범위하지만 스티그마가 수반되는 복지급여와 취업장려가 특징이다.

③ 종합적 안전망 시스템이다. 전국적으로 통합되고 제도화된 관대한 급여와 사회권 보장이 특징이다. 아일랜드, 영국, 캐나다 등이다.

④ 이중보호 시스템이다. 특정 집단에 대한 급여가 지배적인데, 모든 국민에 대한 최후의 경제적 안전보장의 수단으로 포괄적 프로그램이 보완한다. 프랑스, 벨기에, 독일 등이다.

⑤ 시민권에 근거한 잔여적 시스템이다. 포괄적 프로그램에 따라 상대적으로 관대한 급여가 시행되지만 고도로 발전된 사회보장 시스템에서는 매우 한정된 이차적 역할을 한다. 네덜란드, 노르웨이를 제외한 북유럽

국가이다.

⑥ 미성숙한 공공부조 시스템이다. 일부 특정 집단을 대상으로 하고 지역마다 비공식적으로 조직화된 구제시스템에 의한 낮은 수준의 급여와 포괄성을 특징으로 한다. 터키를 포함한 남부유럽이다.

⑦ 분권화된 자유재량 시스템이다. 강한 지방재량권, 평균을 웃도는 급여수준이지만 소수 수급자를 대상으로 한다. 노르웨이, 스위스 등이다.

⑧ 일본의 경우이다. 중앙집권화되어 있지만, 자유재량 시스템을 특징으로 한다.

공공부조 국제유형은 복수의 요인을 고려한 것이지만, 급여범위와 총인구에서 차지하는 수급비율, 급여수준 등의 양적인 지표에 의해 비교하면 다양성을 볼 수 있다. 1992년 급여범위는 일본의 1%로부터 뉴질랜드 25%까지 매우 다양하다.

영어권 국가들은 광범위한 시스템을 특징으로 하지만 국가 사이의 제도내용은 다양하며 그중에서도 중간소득층에도 급여가 제공되는 뉴질랜드는 가장 광범위한 시스템을 대표한다. 그에 비하여 미국의 특징은 식품권으로 인하여 급여율은 높지만 급여수준은 낮고 욕구에 대한 포착률도 낮다. 남유럽 국가는 공공부조제도가 충분히 발달하지 않았으므로 급여율과 수준 모두 낮다. 중앙유럽 국가들은 급여범위와 수준 모두 중간적인 위치를 차지한다. 그에 대하여 양 지표가 상대적으로 높은 것이 북유럽이다. 1990년대 초반 북유럽 국가들은 심각한 경제위기를 맞아 공공부조 의존율은 낮지만 그 시기에 수급자는 증가하였다.

자유주의 레짐과 보수주의 레짐 국가 사이의 다양성은 명확하다. 영어권 국가는 상이한 자유주의 레짐의 발전모델을 볼 수 있다. 사회권을 근거로 최저한 소득보장을 제도화한 것이 영국과 아일랜드형이다. 또한 관대한 자산조사가 제도의 중심을 이루는 것이 태평양형이다. 북미형은 스티그마가 강한 빈곤구제 전통을 계승하는 고전적 자유주의 레짐이다. 남부유럽 국가들은 사회보장이 충분히 발달하고 있지 않았으므로 가족이 생활곤란에 대한 중요한 책임을 지는 시스템이 특징이다. 제도 미비와 가족 부양이 포괄적 공공부조 시스템의 조직화를 어렵게 하고 뒤처지게 했다. 또한 불안정한 경제상황, 제한된 행정능력이나 사회에 침투되어 있는 공공기관에 대한 불신 등도 공공부조의 발전을 방해한다. 하지만 오스트리아, 스위스, 노르웨이 등은 지방자치단체의 전통을 반영하여 분권화된 공공부조가 발달하였다.

여기에서 각 국가의 다양성을 예를 들어 1990년대 초반과 2000년대 중반 상황을 비교해 보면, 영국과 아일랜드는 높은 공공부조 지출과 급여율을 나타내고 있다. 2006년 영국의 경우 총인구의 1/4이 최저소득보장급여를 받고 있다. 북유럽 국가들과 포르투갈의 경우 유형은 다르지만 수급률은 모두 낮다. 덴마크와 스웨덴은 최저소득보장제도는 충분히 확립되었지만 높은 수준으로 발달한 사회보장제도에서 공공부조가 수행하는 역할은 크지 않다.

2) 사회보험과의 관계

물가나 임금 변동에 대하여 공공부조급여 수준의 실질 가치를 유지하기 위한 주요 수단은 급여기준 갱신과 인상, 급여기준의 재산정 세 가지이다. 시대를 초월하여 급여금액의 실질 가치를 계속 유지하려는 것이 갱신이며 급여기준 인상은 급여 구매력을 높이기 위하여 행해지는 정치적 수단이다.

급여기준 재산정은 소비항목 구성 등의 기준을 변경하여 급여금액을 새롭게 고치거나 기준을 인상했을 때 적용된다. 일반적으로 급여기준 갱신이 사용되지만 중요한 것은 급여기준이 소비자 물가지수나 생계비 지수에 연동되어 조정되거나, 특별한 정치적 의도에 따라 기준 설정이 이루어진다.

가족정책 분야에서는 물가 슬라이드 제도가 가장 효과적이지만 다양한 정치적 의도에서 정부가 재원절약 전술로 소비자 물가지수나 생계비 지수 등을 전혀 고려하지 않는 선택도 생각할 수 있기 때문이다.

독일, 스웨덴, 영국에서는 기본적으로 물가 슬라이드 제도에 의한 급여기준 결정방법이 선택되고 있다. 독일은 1990~1997년까지는 저소득 집단의 지출 패턴에 근거한 급여기준 책정을 적용해 왔지만, 1998년에 실질 임금 변동에 근거하여 산정되는 노령연금과 연동시킨 임금 슬라이드 제도를 도입하였다.

미국의 식품권은 최저소득 가구의 식비상황에 맞게 급여기준이 조정되고 부양아동 가족부조(AFDC)급여에 대한 국가의 기본 원칙은 마련되어 있지 않다. 각 지역의 자유재량이 가능하므로 대부분 지방자치단체는 물가변동에 따라 급여수준을 수정하는 경우는 없다. 1960~2000년 실질 급여금액은 1960년대와 1970년대 전반에는 상승하였지만, 그 후에는 생활비의 발전동향에 따라 급여기준 유지가 어렵게 되었다(Nelson, 2003).

또한 영국, 미국, 캐나다, 독일, 스웨덴 5개국의 사회보험과 공공부조 급여 수준 발전추이를 비교한 자료에 의하면－자산조사급여와 사회보험급여의 실질적 가치변화(1960~1995년)－ 높은 인플레이션과 임금 상승으로 사회보장급여가 발전한 수준에 대비하면 공공부조급여의 발전동향은 긍정적이지 않다.

단독 가구의 평균가치 지수를 1970년에 100으로 보았을 때, 사회보험급여는 1970~1995년까지 150에서 160 가까이 성장했지만, 자산조사급여는 같은 기간에 110에서 120 정도만 성장하였다(Nelson, 2003 : 66).

더욱이 경제불황에 의해 정부가 재원 절약과 삭감이 필요할 때에는 보편적 사회정책보다 사회지출이 상대적으로 낮은 잔여적 · 선별적 공공부조급여가 불안정하며 비용 절약 및 삭감 대상이 되기 쉽다는 것이 지금까지 지적되어 왔다(Esping-Andersen, 1990).

그러나 1990년대 경제위기에 등장한 것이 자산조사급여가 사회보험보다 우위에 선다는 반론이다(Pierson, 1994). 단, 반론측이 간과했던 점은 자산조사급여는 지방자치단체의 책임이며, 예를 들어 국가 차원의 비용으로서는 적어도 실업자 증대에 의한 부조재원의 압박은 지방자치단체의 재원에 치명적이며 필연적으로 비용 절약과 삭감을 수반한다는 것이었다.

선행연구에 의해 분명해진 것은 이념형 모델에 근거하면 포괄적 표준형이나 조합주의형보다도 기초안전보장형 국가에서 자산조사급여가 재원 삭감이나 절감의 대상으로 되기 쉬웠다(Nelson, 2003). 즉, 모든 사람에게 돌아가는 포괄적 · 보편적 사회보험제도가 정치적인 합의나 여론의 지지를 얻기 쉬우며 사회정책 분야의 재원 삭감의 방어적 역할을 할 뿐만 아니라 자산조사급여 재원의 삭감에 대해 대항력을 가진다는 것이다.

그러나 재원 절약 및 삭감 시에 사회보험과 자산조사 급여의 상관관계를 18개 국가[1] 사이에서 비교한 선행연구에 의하면(Nelson, 2007), 포괄적 표준형 또는 조합주의형 국가에서 재원 절약 및 삭감에 취약한 것은 자산조사급여라는 점이 지적된다. 또한 노령연금은 실업보험이나 의료보험보다도 재원절약이나 삭감의 대상이 되기 어렵다. 그 이유는 사회적 리스크의 영향범위에 관계되며 실업이나 질병에 의한 리스크는 사람들의 사회경제적 배경에 의해 크게 다르지만 비근로기에 급여되는 노령연금은 모든 국민에게 중요하기 때문이다.

1) 호주, 오스트리아, 벨기에, 캐나다, 덴마크, 핀란드, 독일, 아일랜드, 이탈리아, 일본, 네덜란드, 뉴질랜드, 스웨덴, 스위스, 영국, 미국

3) 공공부조 효과

공공부조급여는 현재도 대부분 국가에서 저소득 가구의 중요한 수입원이다. 그러나 경제위기나 재정위기의 영향을 받아 국민최저한의 소득보장이 어렵게 되고 있다면 빈곤을 감소하고 예방하는 것이 어려워진다. 따라서 빈곤에서 탈출할 수 있는 급여수준, 즉 급여의 타당성 확보가 중요하다. 자산조사급여 수급자는 아동수당, 주택수당, 환급받을 수 있는 세액공제 등 급여도 받을 수 있으므로 종합적인 최저소득급여[2)]가 개별 국가의 가처분 중앙소득에서 어느 정도 비율을 차지하는지를 살펴보면 그 효과를 판단할 수 있다(Nelson, 2003 : 73).

상대적 빈곤을 가처분 중앙소득의 50% 이하 소득이라 정의하면 스웨덴의 최저소득급여만이 보장수준이 그 이상으로서 빈곤에 대한 방어책으로서 기능하고 있다. 시대와 함께 급여수준의 타당성[3)]이 개별 국가에서 공통적으로 낮아지기는 하지만 발전양상은 다르다.

미국의 최저소득급여는 빈곤에 대한 방어적 기능과는 멀어서 빈곤과의 전쟁이나 위대한 사회를 내걸었던 1960년대조차 급여수준은 30% 이하이며, 1970년대 중반 이후 최고 35%를 기록한 후 2000년대에는 15%까지 떨어졌다. 이런 수준으로는 빈곤으로부터의 탈출뿐만 아니라 장기적 수급에서 탈출하는 것도 어려울 것 같다. 이처럼 급여수준은 중요한 의미를 가지므로 미국이 선진국에서도 가장 높은 상대적 빈곤율을 가진 국가라는 것은 당연한 결과라 할 수 있다.

노동시장의 철저한 규제완화에 의한 저임금과 잔여주의와 선별주의를 강

2) 캐나다, 독일, 스웨덴, 영국, 미국의 단독 가구, 자녀 2인 부부가구, 자년 1인 한부모 가구의 합계소득의 평균값
3) 가처분 중앙소득에서 차지하는 비율

화하는 전략을 선택해 온 신자유주의는 빈곤심화와 격차를 확대했다고 평가받고 있다(Esping-Andersen, 1996). 재분배의 역설이 말하는 것처럼 소득재분배 대상이 선별될수록 재분배 효과가 낮아지는 것은 중간계급의 지지를 얻기 위하여 빈민에 대한 서비스를 한층 낮게 유지하기 때문일 것이다.

1990년대 초기 경제위기 전에는 영국의 최저소득보장급여는 독일이나 캐나다보다 관대하였지만 그 후 독일이 타당성이 높은 급여를 실시하게 되었다. 단, 1990년대 후반부터 2000년에 걸쳐 급여수준 타당성이 상승한 것은 영국뿐이었다. 그러나 최근 분석에 의하면 빈곤 삭감이나 예방에 대한 공공부조급여 효과 양상이 1990~2008년에 걸쳐 변화하였다는 평가가 있다(Kuivalaimen & Nelson, 2010 : 81).[4)]

급여수준의 타당성은 스웨덴에서 가장 낮아졌고 다음으로 네덜란드, 덴마크, 아일랜드, 영국 순이다. 노르웨이의 발전경향은 비교적 안정되어 있으며 1990년대 말부터 조금씩 상승경향이 나타났다. 독일도 약하지만 일관되게 상승하였고 노사관계가 정책수립에 참여하는 조합주의형 사회정책 구조가 재원삭감에 대한 대항력을 강하게 하였다(Esping-Andersen, 1996).

2008년 경우 북유럽 국가들의 급여수준 타당성은 44~48%로 낮다. 1990년대 초에 핀란드, 노르웨이, 스웨덴 급여수준의 타당성이 높은 것은 낮은 인플레이션과 임금 상승이 완만하게 이루어진 결과라 할 수 있다. 가처분중앙소득에 대한 상대적 급여수준을 보면 북유럽 국가들은 서로 비슷하며 급여수준의 타당성 정도는 독일과 네덜란드의 중간에 있다.

사회지출에서 차지하는 북유럽 국가의 최저소득급여 비율은 여전히 낮아 3~6%이다. 수급자의 빈곤율이 북유럽 국가에서는 상승하였으며 가장 극적

---

4) 1990~2008년 동안 공공부조와 최저소득 급여의 타당성을 분석한 연구로서 단독 가구, 한부모 및 양부모 세대의 평균급여의 비율

인 변화를 보인 것은 노르웨이로 1991년 17%에서 2004년에는 43%로 늘어났다. 2000년대 중반에 다른 북유럽 국가의 수급자 빈곤율은 평균 35%였다. 독일이나 네덜란드에서도 수급자 빈곤율은 높아졌는데 영국만 낮아졌다. 이는 일반적 공공부조급여 기준의 인상에 의한 것이 아니라 저소득 취업자나 공공부조 수급자 일부가 이용할 수 있는 세액공제 도입 등 다른 요인에 의한 것이다(訓覇法子 外, 2014 : 136).

1990년대 중반 이후 덴마크, 노르웨이, 독일, 영국, 핀란드, 스웨덴, 네덜란드 등 1990~2005년 동안 4년 주기의 조사에 의하면 북유럽 국가의 빈곤 삭감에 대한 최저소득급여 효과가 낮아졌다는 것은 분명하다(Kuivalaimen & Nelson, 2010 : 83).

핀란드는 51%에서 32%로 내려가고 덴마크나 스웨덴에서도 마찬가지 경향이 나타났다. 북유럽 국가 이외 국가에 대해서는 전혀 반대의 효과가 나타나 2000년대 중반에 독일은 2000년 28%에서 29%로, 영국은 2000년 32%에서 39%로, 네덜란드는 같은 시기 32%에서 45%로 상승하였다. 특히 북유럽 국가 덴마크는 1995년 빈곤완화 효과가 54%에서 2005년 45%로 낮아졌지만 여전히 높은 수준을 유지하고 있는데 북유럽 국가들 전체적으로 20년 전보다 빈곤율이 높아지고 있다는 점은 분명하다. 이처럼 빈곤완화 효과가 낮아짐으로써 북유럽 국가들은 다른 국가의 동향과 유사하게 접근하고 있다고 할 수 있다(訓覇法子 外, 2014 : 136).

공공부조의 국가 기준이나 지침을 설정함으로써 수급권리 강화 등 긍정적 측면도 지적할 수 있지만, 급여수준이나 빈곤완화 효과는 이전처럼 긍정적이라고는 할 수 없다. 그 배경에는 2008년 경제위기 영향이 있다고 할 수 있다. 낮게 유지되었던 실업률이 상승하여 빈곤율에 영향을 미치고 있기 때문이다. 지금도 고실업률이 계속될 것이라 예측되므로 청년실업자나 장기실업자에 대한 소득보장제도의 개선이 요구된다. 보다 효과적인 소득재분배를 실현하기 위해서는 공공부조와 최저소득 급여수준의 타당성을 개선할 수 있는 과감한 대안이 요구된다.

4) 빈곤투쟁

재정위기와 계속적인 고용문제는 사회보장의 비용 절약이나 삭감을 초래하고 공공부조에 의한 안전망 기능이 강조됨과 동시에 공공부조의 구조개혁을 필연적으로 초래하였다. 환급 가능한 세액공제, 워크페어에 대한 소득보조나 취업조건의 도입 등에 의해 공공부조제도의 적극적 역할이 강화되었다.

세액공제는 미국에서 1975년 처음 도입되고 1985년 이후 몇 차례 개정된 후 현재 미국에서 가장 큰 빈곤대책 프로그램이 되었다. 세액공제는 영국에서도 1985년 도입되고, 1999년, 2003년 수정을 거친 결과 미국보다 높은 급여수준을 유지하고 있다. 기타 캐나다, 아일랜드, 뉴질랜드, 호주, 벨기에, 프랑스에 더하여 덴마크나 핀란드 등의 북유럽 국가들 일부에서도 도입되었다. 또한 독일도 임금보조나 실업수당을 최저소득보장 수준으로 인상하기 위하여 자산조사급여를 도입하였다.

1996년 클린턴 정권에 의해 도입된 워크페어는 강제적 요청을 특징으로 한다. 취업을 가장 우선적으로 요구하며 고용 초점을 공공부조를 수급하는 최하층에 둔다.

서구에서 워크페어의 주요 대상은 청년, 장기실업자, 한부모, 이민자 등이다. 취업을 우선하는 프로그램은 근로참가를 촉구하는 노동능력 활성화 정책이며, 구직활동을 하고 있어도 일할 곳이 없는 경우에 부조가 제공된다. 또한 사회보험에 가입할 수 없는 불안정 취업자가 빈곤에 빠지면 부조대상이 된다. 일이 없어 생활이 어려워도 일하지 않으면 보호를 받을 수 없다는 것은 근로능력 활용이 수급의 적극적 조건이라는 것이다. 이러한 정책의 대표적인 예가 영국의 구직자법(British Jobseeker's Act, 1995), 네덜란드의 구직자고용법(Dutch Jobseeker's Employment Act, 1998), 덴마크의 적극적 사회정책법(Danish Active Social Policy Act, 1998) 등이다.

공공부조도 취업요청을 원칙으로 하는 방향으로 전환되고 있다. 청년의 노동시장 진출이 어려워지고 장기실업자가 증가하면서 사회적 포섭전략이 EU에 의해 도입되었다.

1960년대 고동경제성장기에 의해 빈곤은 소멸할 것이라 생각되었지만, 1970년대에 빈곤의 지속이 드러나면서 빈곤과의 전쟁을 위한 유럽 프로그램(European Programme for the Fight Against Poverty=Poverty Ⅰ)이 성립되었다. 프로그램은 1975년부터 1980년까지 계속되고 빈곤연구에 대한 재정적 지원 등을 행하였다. 1984년부터 1989년에 걸쳐 실시된 빈곤 프로그램 Ⅱ에 의해 사회적 배제 개념이 도입되고, 빈곤의 사회적 규모나 원인 규명에 초점이 맞춰지고 국제비교가 활발하게 이루어졌다. 1989년부터 1994년의 프로그램 Ⅲ에서는 빈곤의 다차원적 개념, 사회적 포섭, 관계자와 공공기관과의 협력관계, 지역 프로젝트 참가 등에 연구 초점이 맞춰졌다.

2000년 리스본 전략에 의해서도 사회적 배제가 중요한 정치과제로 다루어지고 회원국에서 사회적 배제를 제거하고 사회적 포섭을 촉진하기 위한 노력이 시도되었다. 효과적인 실천에서 각 국가가 배우기 위하여 실천결과가 공동 보고서로 정리되었다.

이와 같은 사회적 포섭정책에 의해 노동시장 참가 또는 근로능력 활용을 의무화하는 다양한 방법이 전개되었다. 남부유럽에서는 다른 복지정책을 보완하는 것으로 지금까지 누락되었던 국가수준의 공공부조 프로그램의 필요성이 정치논의의 중심에서 다루어졌다. 일반부조와 같은 포괄적 프로그램이 없었던 프랑스나 스페인에서도 1980년대 중반까지 조세방식에 의한 자산조사 프로그램을 마지막 단계의 소득보장으로 도입하였다(Bahle, Pfeifer, & Wendt, 2012).

많은 국가에서 사회적 포섭은 근로참가 촉진과 근로능력 활용 프로그램 계획의 일부로 조합되었다. 영국 등에서는 1990년대 후반부터 청소년 구직자, 이민자, 장년 이상 연령의 근로자 통합 프로그램으로 도입하였다. 또한 공공부조 수급에 대한 근로연계 복지정책은 청년층을 가장 중요한 표적집단으로 삼았다. 취업과 현장훈련 또는 직업교육을 요구하는 수급원칙은 덴마크를 비롯한 북유럽 국가들도 도입했지만, 그럼에도 불구하고 가장 약한 사회집단이 사회적 배제의 위험에 노출될 위험은 여전히 남아있다.

CHAPTER 07

무조건적 소득보장 : 기본소득

CHAPTER 07

무조건적 소득보장 : 기본소득

1. 보충성과 기본소득 원리

전통적 복지국가의 소득보장이 기여와 노동능력, 자산조사 등 일정한 조건을 필요로 한다면, 기본소득은 무조건 소득보장의 완결판이라 할 수 있다. 복지권이 시민적 자격으로 확립된 이상, 복지제도는 나름의 고유성을 가진 정상적 사회제도라 할 수 있다. 분배원리를 중심으로 할 때 소득보장 유형은 기여와 욕구 중심의 분배로 구분할 수 있다.

기여중심은 소득 중단이나 상실에 대비하는 보험적 복지 분배이므로 위험 발생 시 기존 소득을 대체하는 성격이 있다. 반면에 욕구중심은 부족한 욕구의 보충을 위한 기본 복지의 보장이므로 보충적 분배 성격을 가진다. 복지 집행에는 항상 일정한 조건이 부과되어 왔으며, 그것은 소득과 재산, 근로능력, 가족 유무, 거주지역 등에 따라 급여내용을 설계하고 개인의 능력과 가족부양 등을 우선 활용한 후 순위 복지로 운용되어 왔다. 하지만 복지권에 대한 인식이 강해지기 시작하면서 복지에서의 기본 욕구 보장은 까다로운 조건 없이 보다 책임 있는 정부에 의해 보편적으로 제공하는 것이 적극적 보충성 원리라 생각된다.

사실 사회복지의 보충성과 관련된 논의는 새로운 것은 아니다. 사회국가의 이념적 기초로서 보충성 원리는 개인 또는 작은 공동체가 자기의 창의력과 능력으로 자기의 과제를 이해할 수 없을 경우에는 국가를 비롯한 상위의 공동체가 도움을 제공해야 한다는 적극적 의미를 안고 있다(안봉근, 2010 : 33).

이는 단순히 개인의 가치 실현은 개인과 가까운 단위에서 우선적으로 이루어지도록 하고 국가는 하위단위에 대한 관여를 기계적으로 제한한다는 의미는 아니다. 따라서 자본주의 사회에서 경제관계 토대에 의해 다른 구조들이 제약을 받기 쉬운 상태에서 생존권 보장이 위태로운 상태라면 보충성 원리는 단순히 개인 노력의 우선적용을 의미하는 것이 아니라 현대사회에서 생존권 보장을 위한 국가의 우선적 의무를 의미하는 적극적 보충성으로 해석해야 할 것이다.

그런데 사회질서 원리로서 보충성과는 차원이 다른 사회복지학의 본질과 관련된 보충성은 복지의 기능과 관련된 것이다. 즉, 사회복지가 다른 사회질서에 대해 보충적으로 기능하는가? 고유적으로 기능하는가와 관련된 것이다.

이는 복지제도가 생존권 보장을 위한 보충적 기능인가? 고유적 기능인가에 대한 문제의식이기도 하다. 예를 들어, 사회문제 가운데는 기본적으로 노동자 계급의 일원 또는 그에 연계된 존재로서 저임금 노동자, 실업자, 노인, 아동, 상병자, 장애인을 대상으로 하면서 전통적인 사회문제(고용관계)에서 파생적으로 만들어진 여러 문제가 포함되어 있는데, 여기에 사회복지가 대응하는 것이다. 따라서 사회복지는 대상으로 하는 문제의 성질과 노동문제 중심의 사회정책의 한계를 부분적으로 대체하거나 보완하는 특징을 가진다는 것이 보충적 기능론이다(孝橋正一, 1962 : 61-72).

또한 사회복지와 다른 여러 사회대책과의 관계에서 보충관계에 주목하는 논의도 있다. 예를 들어, 컬럼비아대학교를 중심으로 사회복지 국제비교 연구를 수행한 칸과 캐어만(Kahn & Kamerman)은 영국의 논의를 바탕으로 개별적 사회서비스를 소득이전, 주택보장, 보건의료, 교육, 고용훈련 정책을 잇는 여섯 번째 사회서비스로 지위를 부여하면서 그 내용과 특징에 따라 개별적 사회서비스의 국제비교를 시도하였다. 비교대상은 미국, 캐나다, 영국, 프랑스, 구 서독, 폴란드, 유고슬라비아, 이스라엘이다. 그들은 사회복지제도가 발전된 사회에서는 개별적 사회서비스 중에서도 개인이나 가족의 성장이나 사회화를 촉진하는 사업에 초점을 두고 있으며, 그것들이 발전하기 시작한 사회에서는 대체적 돌봄, 직접적 원조 등이 강조되고 있을 뿐만 아니라 특히 물질적 지원의 제공과 긴밀하게 연결되어 있다고 한다(Kahn, & Kamerman, 1976 : 1-6).

일본의 나카무라(仲村優一) 교수는 사회복지의 기본적 특징이 보충성에 있다는 점을 강조하였다. 사회복지는 개인 또는 가족이 사회의 기초적 단위로 자립적 생활을 꾸려나갈 수 있도록 개별 또는 집단의 대인원조를 조직적으로 하는 일이라고 규정하였다.

그는 보충성을 ① 사회복지 독자적 영역의 보충성－사회복지가 독자적 영역을 가지고 상호보완적으로 함께 존재하는 경우로 생활시설 입소나 재가복지서비스 등이다. ② 일반정책의 주변 영역으로 존재하는 보완적 보충성－일반대책보다 효과적으로 작동되는 것으로 의료사회사업, 취학지원사업, 보호관찰사업 등을 들고 있다. ③ 대체적 보충성으로 일반대책에 대한 불만으로 인하여 사회복지가 대체적 역할을 하는 경우로 기초연금이나 기초생활보장 등을 제시하고 있다(仲村優一 外, 1977 : 17-20).

사회원리로서 보충성은 개인의 자율성을 최대한 존중하려는 가치에 기반하고 있다고 생각한다. 국가나 지방자치단체가 개인의 존엄을 스스로 지킬 수 없을 때 개입하여 지원해야 한다는 정책원리는 매우 타당해 보이지만, 물적 기반 자체가 개인이 자율적으로 스스로를 보호할 수 없는 상황에 있다면, 오히려 자율성의 보충자로서 국가의 선제적 복지개입이 필요하다고 생각한다.

마찬가지로 사회복지의 보충성을 최후의 역할로서만 이해하고 적용한다면,

오늘날 사회경제적 한계상황에 대한 지나치게 소극적 대응을 낳을 수밖에 없을 것이다. 따라서 사회복지정책이 일반 사회정책의 노동문제 대응에 대한 한계를 보충하는 소극적 역할뿐만 아니라 일반 사회대책의 불충분함에 대해 독자적인 영역에서 적극적인 보충역할을 하는 기능도 갖고 있다고 해석해야 할 것이다.

그런 측면에서 생각하면 기여에 의한 재분배로 해결할 수 없는 격차나 낙인문제 등을 욕구에 따른 재분배를 통해 복지의 물질적 기반을 자율적으로 보장하고자 하는 것이 기본소득이라 할 수 있겠다. 즉, 적극적 보충성 원리에 의한 물질적 생존조건의 자유로운 보장이 기본소득의 제도화라 할 수 있다. 기본소득이 적극적 보충성 기능을 발휘할 수 있을 것인가? 그것이 가능하다면 제도가 가진 고유한 역할을 다른 사회정책들에 보충적으로 기능하게 되므로 고유성을 담보한 적극적 보충성의 발휘가 기본소득의 효과라 할 수 있다.

여기서 기존 소득보장 위주의 사회보장과 대비하여 기본소득의 효과성에 관해 비교해 보자.

2. 효과성 비교

우리들은 과거보다 더 오래 살고, 은퇴 후의 삶을 더 즐기며, 다양한 직업을 경험할 수 있는 기회를 가지고 있다. 단 하나의 경력으로만 사람들이 영원히 안전하게 계속해서 살 수 있다고 생각한다면 현대 사회복지제도는 곧 새로운 사회적 리스크에 직면하게 될 것이다. 따라서 우리들은 당연히 보호받을 것이라 예상한 보호를 받지 못할 것이다.

규제 없는 자유시장은 기존 복지제도보다 더 효율적이고 높은 유연성을 제공하며 더 많은 소득을 창출할 것이라는 믿음이 새로운 리스크에 대응하려는 신자유주의 방식이었다. 지난 수십 년 동안 경제성장은 증가했지만, 보호받지 못하는 이질적 생활방식, 인구통계학적 변화에 대한 적응 부족, 실업과 불안정성의 증가는 여전히 계속되고 있다. 정보의 이동성 및 자원의 제한성은 규제 없는 자유시장에서 경쟁에 불리한 사람들의 사회경제적 상황을 더욱 어렵게 만들었다. 이는 사회 자체에 대한 위협으로 커질 수 있다.

무조건 기본소득(UBI : Unconditional Basic Income)은 이러한 신자유주의적 질서에 대항하는 새로운 방식을 실현하려는 운동적 구상이다. UBI는 모든 개인이 추가소득에 의존하지 않고 사회적, 정치적 및 경제적 환경에 참여할 수 있도록 조건 없이 일정 금액을 확보하도록 규정하려고 한다. 우리들은 스스로의 활동을 선택할 수 있는 완전한 자유를 누릴 수 있다. 나이, 성, 종류 또는 민족성에 관계없이 보편적으로 일정 금액을 받을 수 있다. 보상이나 자선보다 이 사회 모두에게 속한 몫을 인정하는 금액이 제공된다.

현재 사회복지 및 사회보장 제도는 특정 목적, 목표 및 기능에 따라 결정된다. 각 국가들은 목표를 달성하기 위해 사회정책을 시행하고 그 산출물과 성과를 판단하기 위해 효율성과 효과성을 문제 삼는다. 기본소득도 마찬가지로 평가받을 것이다. 보충성 관점에서 본다면 UBI의 잠재력을 탐구하여 현재 사회복지 수준을 향상시키는 것도 매우 유용한 연구가 된다.

UBI란 무엇인가? 그리고 기대할 수 있는 것은 무엇인가? 사회복지제도와 무엇이 다른가? 목표, 목적 및 기능은 무엇인가? UBI가 어떻게 효과와 효율성을 향상시킬 수 있나? UBI에 관한 경험적 자료는 없기 때문에 이론 및 규범적 논의에 초점을 맞출 수밖에 없다. 특정 복지제도의 선택기준은 복지국가 유형에 따라 그 목표가 좌우될 것이다.

가장 많이 사용되는 유형 중 하나는 에스핑 안데르센의 복지레짐이라 소개되고 있지만, 정확히 표현해서 현재 복지국가는 이러한 순수한 유형과 거의 동일시되지 않고 명확한 비교분류가 매우 어렵다. 그럼에도 불구하고 복지레짐 유형 비교연구의 기준과 지침으로 여전히 합리적이라 받아들여지고 있다. 우리의 관심사는 복지레짐 유형에 따라 기본소득이 보충적 역할 또는 대체적 역할 등 어떤 영향력과 잠재력을 가질 수 있는지 규범적 · 이론적 논의를 탐색하는 것이다.

1) 완전기본소득(UBI)

UBI는 다양한 형태로 추진되고 있지만 그 개념은 요구사항, 실행, 참여자 및 금액과 같은 측면에서 조금씩 다르다. 예를 들어, 기본소득에 관한 활발한 연구 · 저술활동을 하고 있는 빠레이스(Parijs)는 다음과 같은 정의를 시도하고 있다. '정부가 일정한 수준과 간격으로 각 성인에게 지급하는 소득이다. 부유하거나 가난한 사람이든, 혼자 사는 사람이든 다른 사람들과 함께 있든 상관없이 지불되며 그 수준은 고정되어 있다. 시민에게만 제공되는 것이 아니라 모든 영구적 거주자에게 부여된다(Van Parijs, 2001 : 5).' 또한 스탠딩(Standing)은 다음과 같이 제시하고 있다. '모든 시민 또는 합법적 거주자가 매월 세액 공제 또는 현금 지불 중 하나에 대한 기본적 또는 사회적인 권리가 보장되어야 하며 연령과 노동 상태 등에 상관없이 각 개인에게 개별적으로 주어지며, 그 국가에 살고 있는 곳이라면 어디에서든 지불될 수 있을 것이다(Standing, 2009 : 299).' 한편 세계기본소득 재단은 '모든 국가의 모든 사람들에게 무조건 주어지는 보장된 최저소득'으로 기본소득을 폭넓게 정의하고 있다(Global Basic Income Foundation, 2011). 기본소득 국제 네트워크인 BIEN의 정의는 보다 구체적이다. '자산조사 또는 노동조건 요구 없이 개별적으로 모든 사람에게 무조건 부여되는 소득이다.

세 가지 중요한 방법으로 다양한 유럽국가에 존재하는 것과는 다른 최소소득 보증의 한 형태이다.

첫째, 기본소득은 가구단위보다는 개인에게 지급된다.

둘째, 다른 원천으로 얻은 소득과 무관하게 지급된다.

셋째, 노동이나 제공되는 일자리 수용 여부와 관계없이 지급된다(BIEN, 2011).'

기본소득에 대해 모두 무조건적인 접근을 주장하고 있다. 하지만 공통적으로 조건부여에 대한 제안도 있었다. 기본소득 수령자들이 최소한 어떤 형태의 참가라도 해야 한다는 것이다(Solow, 2001). 예를 들어, 스탠딩은 기본소득 요구에 대한 조건들을 토론하는 등 삶에 대한 사회정치적 참가를 예상할 수 있다고 주장한다(Standing, 2009 : 322).

무조건적인 충분한 액수를 요구하는 기본소득은 처음 구상대로 달성되지는 못하고 있으며 수정된 형태의 제안들은 현재 사회보장정책과 다르지 않다는 것도 중요하다. 유럽국가의 기존 급여제도는 기여요건, 급여요구 및 급여를 받기 위해 특정 기준을 충족해야 한다. 개인은 이러한 요구사항을 충족하는 경우에만 수급할 수 있으며 그렇지 않으면 제외된다. 따라서 이러한 급여혜택은 실제로는 제한된 보상이다. 권리는 요구사항과 공존할 수 없기 때문이다.

UBI는 현재의 사회보장제도와 온정주의적 복지제도보다 더 많은 선택권과 더 높은 독립성을 제공한다(Standing, 2009 : 299-300). 그러나 UBI가 너무 낮게 설정되면 현재의 사회복지급여와 동일한 함정에 빠질 수 있다.

사람들은 여전히 노동의 가용성이나 가난을 검증하기 위한 급여조건에 의존할 것이다. 그러나 충분한 수준의 UBI가 모든 필요를 충족시킬 수 있다고 주장하는 것도 만능이 아니다. 개인마다 욕구나 기대가 다르기 때문이다. 장애인은 일상적인 생존을 위해 비장애인 이상으로 많은 것이 필요하다. 따라서 기본을 보장하는 것이 모든 욕구를 충족시켜 주는 것이 아니라는 점을 이해해야 한다.

장애인의 경우 UBI는 너무 적을 수 있다. 그러므로 기존의 조건부 이전을 대체하는 역할을 하기 어렵다. 따라서 기본소득은 필요할 경우에 보충하는 역할이 될 수도 있다. 완전한 UBI를 지지하는 사람들은 이런 대안을 거부할지도 모른다.

기본소득의 규모에 대해서도 살펴보자. UBI는 시민권이나 거주를 조건으로 국가나 전 지구적 차원의 배분을 할 수 있다. 만일 전 지구적 차원의 기본소득을 도입할 경우, 시민권 또는 영주권이 조건이 되어야 하는지는 확실하지 않다. 조단(Jordan)은 이 문제를 연대와 사회적 결속에 관한 것으로 다루고 있다(Jordan, 2006 : 252-253).

그는 국가 차원의 시민을 위한 UBI는 실현하기가 쉽다고 한다. UBI는 세금과 높은 연대가 요구된다. 이러한 연대는 시민권을 통해서 만들어지기 쉽다. 예를 들어, 국적이 있는 사람은 개인의 사회화에 있어서 보다 높은 우선 기회를 향유할 것이다. 특히 영주권자를 기반으로 할 경우 국경을 초월하여 이동성이 늘어날 가능성이 있다. 그러면 오히려 사회적 연대는 희미해지고 UBI는 정당화되기 어려울 것이다.

전 지구적 차원의 UBI가 국제 이동을 줄이는 방안이 될 수는 있겠지만, 국가 사이의 연대성과 질서 있는 이주의 권리를 정하기는 더 어려워질 것이다. 또한 UBI가 각 국가별로 개별적으로 또는 국제적 차원에서 이행되어야 하는 경우 인권을 제공하고 유지해야 하는지에 대한 질문을 포함한다.

기본소득의 서로 다른 특성 유형이 어떤 쪽으로 최종적으로 채택될 것인가는 실현 가능성과 선호의 문제이다. 그러나 UBI의 보편적 측면을 고려하면 부의 소득세와 사회적 지분급여도 적절한 설계라 할 수 없다. 특정 사람을 제외하거나 유리한 결과를 낳을 수 있다. 특히 UBI 수급자 결정요인으로 시민권만 강조할 경우 영주권만 있는 이민자는 제외될 수도 있다.

UBI의 기대효과는 무엇을 원하는가에 관한 논의와 관련된다. 안전 · 존엄 · 유의성 · 독립성 · 임파워먼트 · 선택권 등 다양한 선호가 있을 수 있다. 보장하려는 것은 사회 또는 개인에 대한 정치적 · 경제적 · 사회적 또는 환경적인 보장을 의미한다(Sheehan, 2005). 그렇지만 대부분 빈곤과 관련된다. 빈곤은 개인의 경제적 · 사회적 생존을 위협하거나 사회통합이나 평화를 위협하기 때문이다. 따라서 빈곤의 퇴치는 사회보장의 목적이면서 또한 UBI의 복지적 효과이기도 하다. 충분한 월 소득을 제공하므로 존엄한 생활을 보장하고 빈곤을 해소시킨다는 주장은 지지하는 여러 학자들이 언급하였다(Howard, 2005 : 130; Standing, 2002 : 212, 217; Van Parijs, 2001 : 3).

그 원인이 무엇이든 충분한 수입을 얻지 못하는 사람들은 빈곤 리스크에 직면하기 때문이다. 빈곤으로부터 보호받기 위한 주된 자원으로서의 임금노동이 도전받고 있다는 점은 부정하기 어렵다(Birnbaum, 2012 : 5). 높은 실업률과 기술혁명은 사람들이 전통적 임금노동에 따라 살아가는 것을 불가능하게 만들고 있다. 일자리에 대한 접근이 모든 사람에게 평등하지도 않다. 충분한 임금도 부족하다. 따라서 임금노동만으로는 모든 사람이 빈곤한 삶을 피할 수 있도록 보증하는 것은 불가능하다. UBI는 노동시장에 의존하지 않아도 되므로 높은 수준의 탈상품화가 가능하다. 노동시장 업적을 요구하지 않고 모든 사람을 빈곤으로부터 지킬 수 있다.

현행 조건형 복지제도에서는 적절한 노동이 가능해지면 충분한 임금이나 근로조건 여부에 관계없이 급여가 배제된다. 이는 높은 기회비용과 빈곤함정을 초래한다. 하지만 UBI는 임금노동과 관계없이 지불될 것이다. 인간의 지속적인 노동참여를 가정한다면 기본소득은 독자적인 수입보충적 역할을 하게 될 것이다. 따라서 UBI는 사람들을 빈곤에서 보호하고 현 사회정책의 설계에 반대하는 기회비용을 줄이는 효과가 있다(Standing, 2002 : 212, 217).

최근 사회적 위험도 악화되고 있다. 근로조건은 악화되었고 전통적 가족관계는 도전받고 있다. 인간관계와 직업은 더욱 다양해졌고 보건의료 시스템은 고령화의 충격에 침식될 위기에 처했다.

지금까지 사회제도는 새로운 위험들에 대응하지 못하고 기능부진의 위기에 있지만, UBI는 이러한 위험에 대한 해결책을 제공할 수 있는 잠재력이 있다(Alstott, 2001 : 77). 일생 동안의 노동기간을 고려할 때 기술, 지식, 전문지식을 얻기 위한 시간이나 자원이 없는 경우가 생길 수 있다. UBI는 사람들이 휴식을 취하고 자신을 재정립할 수 있도록 하며 시장의 무한경쟁에 의해 제기되는 압박을 경감하는 데에 도움이 된다(Standing, 2009 : 321). 또한 혼밥이나 혼술세대 등 홀로가구가 일반적으로 되고 있는 시기에 모든 개인에게 이익을 줄 수 있도록 설계되므로 기존 제도보다 훨씬 조정이 쉬울 것이다.

기존 사회복지정책 대부분은 자산조사가 포함되어 있다. 자산조사는 수준 높은 관리가 필요할 뿐만 아니라 급여를 필요로 하는 사람들에게 있어서도 불쾌감을 불러일으킨다. 도움의 신청은 신청자와 사회 모두에게 약점으로 인식된다. 신청의 부담과 사회적 해악 이 모두는 배제를 불러일으키기 쉽다.

선택과 집중에서 어느 정도의 선별과 차별이 사회적으로 수용되는 것처럼 보이지만 분명히 반인권적이다(Pasma, 2010 : 15; Standing, 2009 : 307). 반면 UBI는 이런 문제에 대처할 기회가 있다. 무조건 지급에 따른 관리비용 절감효과도 있다. 취업자의 노동상황도 개선할 것이며 고용주에 대해서 보다 유리한 교섭위치를 가질 수 있다.

그들은 시장에 의존도가 낮고 보다 높은 임금 또는 보다 좋은 노동조건을 기대할 수 있다. 기술적 발전을 더욱 촉진할 수도 있다(Pasma, 2010). UBI는 기업가 정신을 지원할 것이다. 최근에 1인 기업의 수가 증가하고 있는데, UBI는 이러한 기업들로부터 어느 정도 위험을 감수하게 할 것이다. 생활비를 걱정할 필요가 없으므로 이익을 좀 덜 내더라도 기꺼이 쉽게 경쟁할 수 있다. 또한 사회적으로 가치 있는 무상노동에 종사하는 사람들은 재정적인 안정을 얻게 될 것이다.

전통적인 사회보험은 돌봄과 다른 중요한 자원적인 활동을 무시했다. 노동이 아닌 이런 종류의 일은 높은 경제적 · 사회적 가치에도 불구하고 생산적인 활동으로 간주되지 않았다. 무보수의 과업, 정치 및 공동체 활동 없이는 사회는 작동되지 않는다. UBI는 사람들이 워크페어 프로그램에 의해 원하지 않거나 질 낮은 직업을 받아들이도록 강요당하지 않고 보다 의미 있는 활동에 시간을 투자할 수 있게 할 것이다(Standing, 2009 : 301).

UBI는 우리의 행동에 어떤 조작과 압박이 영향을 미치는 것을 배제할 수 있다. 모든 가치관을 존중하며 강제력으로부터 인간을 해방시킬 가능성을 제공한다. 여가는 개인 및 사회 모두에게 중요하며 자신을 인식하고 논리적으로 올바른 결정을 내리는 데에 도움이 된다(Standing, 2009 : 302).

인간은 모두가 여가를 누릴 특권을 가지고 있지 않은가? 사람들은 경제적, 사회적, 정치적 및 문화적 환경에 참가하는 이유가 매우 다르다. 임금노동은 사람을 동기화하는 단 한 가지 자극요인일 뿐이다. 인간에게는 과잉보호도 경계해야 하지만 지나친 과소보호도 허용되어서는 안 될 것이다. 인간은 늘 최저 이상의 것에 도전하고자 한다. 가부장적 방식으로 외부적 동기부여를 강요하기보다는 내재적인 동기를 자극하는 방법이 더 인간 본성에 적합하다고 생각한다.

2) 사회보장과 기본소득 비교

서로 다른 복지모델과 안전보장에 있어서 사회보장제도가 복지의 주요한 측면이므로 그 의미를 탐색할 필요가 있다(Fitzpatrick, 2001). 서로 다른 종류의 복지를 분석하고 보다 좋은 이해를 제공하기 위하여 개발된 접근 중 하나가 에스핑 안데르센의 복지레짐이다. 그의 유형은 복지 분석 기준으로 매우 큰 비판을 받았지만, 복지 차이와 사회보장제도의 이데올로기적 기초를 검증하는 것을 목적으로 하고 있다. 복지국가는 사회정책의 집약이 아니라 '체계적으로 짜여진 법적 · 조직적 특징의 복합'이라는 점을 시사하였다(Arts et al., 2002 : 139).

그의 복지국가 비교는 세 가지 서로 다른 복지제도 유형을 시사하고 있다. 그의 비교에서 중요한 개념인 탈상품화란 시장에서 개인이나 가구가 독립성을 유지하여 필요한 수준의 자원을 확보하는 것을 의미한다(Walker, 2005 : 14).

자유주의 레짐은 낮은 수준의 탈상품화와 강한 개인주의가 특징이다. 개인은 다른 개인들과 공공기관에 의해 손상되지 않는다는 믿음을 유지한다. 따라서 시장이 복지 제공의 중심적 역할을 하므로 기본소득은 시장의 소극적인 보충역할만 할 것이다. 반면 사회민주주의 복지제도는 높은 수준의 탈상품화와 보편적 연대를 유지하고 있다. 시장을 불평등의 원인으로 보고 있으며, 따라서 개인은 높은 급여와 보편적인 복지를 통해 자유로운 시장 세력으로부터 보호되어야 한다고 제안한다.

기본소득은 보편복지를 대체하기보다는 기존 제도와 병존하며 또 다른 역할을 할 수 있을 것이다. 보수주의 복지체제는 중간 정도의 개혁과 가족 간의 연대와 이전 기여를 특징으로 한다. 따라서 복지는 사회적 구성에 있어서 개인 지위의 지원에 의존한다. 이 사회적 네트워크가 그 기능을 수행할 수 없는 경우에만 정부가 대체 서비스를 제공한다(Walker, 2005 : 13-16). 여기서 기본소득은 사회민주주의보다는 소극적이지만 자유주의 레짐보다는 적극적인 보충적 역할을 할 것이다.

사회성원들을 안전하게 보장하려는 제도들이 복지향상으로 반드시 귀결되지는 않는다(Fitzpatrick, 2001 : 6). 예를 들어, 가부장적 사회에서 결혼은 여성 안전보장의 원천으로 여겨져 왔다. 하지만 여성들은 시장의 영향을 받지 않고 남편에 의존해 왔지만 사회보장은 남성노동자 중심으로 제공되어 왔다. 정의와 관련된 여러 가지 질문이 가능하다. 누가 더 나은 보장(secure)이 필요한가? 나쁘지만 보장된 일을 하고 있는 사람, 또는 좋지만 보장되지 않은(insecure) 일을 하는 사람? 이에 대한 답은 그들의 이데올로기적 관점을 기반으로 하는 개별 욕구와 선호에 달려 있다(Standing, 2009 : 296-298).

보장(security)은 모든 욕구가 충족되고 있는 것이 아닐 수도 있다. 모든 욕구가 보장이 필요한 것도 아니며 리스크에 대한 반대 개념도 아니다. 개인은 리스크에 직면할지 모르지만, 그것이 생활수준에 큰 영향을 미칠 정도가 아니라는 인식 때문에 안전하다고 느낄 수 있다(Fitizpatrick, 2001 : 6). 보장(security)에 대한 인식은 개별적일 뿐만 아니라 집합적으로도 다르다. 따라서 사회보장은 문맥이나 장소에 따라 달라진다.

ILO는 1952년에 사회보장 최저기준에 관한 조약 102조를 발표하였다. 국가는 사회보장을 시민에게 보증하기 위하여 적어도 다음 중 세 가지를 제공해야 한다. 즉, ① 의료보장(medical care), ② 질병급여(sickness benefit), ③ 실업급여(unemployment benefit), ④ 노령급여(old-aged benefit), ⑤ 산재급여(employment injury benefit), ⑥ 가족급여(family benefit), ⑦ 산모급여(maternity benefit), ⑧ 유족급여(survivor's benefit) 등이다.

실업급여, 노령급여 또는 산재급여 어느 하나가 적어도 포함되어야 한다

(ILOLEX, 1952). 어떤 체제는 의료, 질병, 산재 급여를 강조하거나 다른 체제는 노령, 가족, 유족 급여에 초점을 둘 수 있다. 그것은 시장에 대한 사람들의 의존성을 줄일 뿐만 아니라 현재의 필요와 미래 계획을 위한 수단을 창조하는 것이 목표이다(Millar, 2003 : 7).

사회보장의 실현방법은 기여급여(사회보험, contributory benefits), 비기여 현금급여(non-contributory cash benefits), 사회부조[social assistance(means test) benefits], 세액공제(tax credit) 등이다. 이들 각각은 "공공, 민간 및 비영리 부문 또는 세 가지 조합을 통해 설계 및 제공될 수 있다(Walker, 2005 : 6)." 사회보장제도를 분석하기 위해서는 이들 시스템의 목표와 목적, 기능 차이뿐만 아니라 그러한 시스템들 차이의 분석도 권장된다. 사회보장제도가 이들을 달성할 수 있을 것인가는 제도의 유효성, 효율성과 관련된다.

사회보장제도의 목적은 서로 다른 경제적 · 사회적 · 정치적 관점에 의존하고 있으며, 그에 대응하는 복지 이데올로기에 의해 제공된 우선순위에 크게 의존하고 있다. 목적은 서로 유사하지만 선호되는 목표는 다를 수 있다. 그렇지만 영국, 독일, 스웨덴 등 복지 선진국 사이에 유사한 긍정적 효과를 가져왔다. 이들 목적은 빈곤 완화, 소득 유지와 교환, 재분배, 사회적 결속, 리스크에 대한 보호, 행동변화 등이다. 서유럽 국가들은 제2차 세계대전 후 일정 기간 동안 빈곤을 극복하는 데에 성공하였는데, 빈곤 퇴치는 사회보장제도 내에서 우선순위를 차지하고 있다. 빈곤 퇴치나 완화는 사람들의 경제적 복지를 보호하지만, 빈곤이 격차의 극단적인 결과라는 사실 때문에 사회적 측면에도 영향을 끼친다.

UBI는 사회복지 및 사회보장 제도보다 이러한 목적을 이루는 데 유능하다. 사회의 모든 멤버가 존엄한 생활을 가능하게 하는 일정 금액의 돈을 얻으므로 빈곤은 원칙적으로 제거된다. 대부분 사회보장제도의 최우선 목표는 수입을 유지하거나 대체하는 것이다. 사회적 포섭을 촉진하고 개인의 리스크를 줄어들게 하는 데 효과가 있을 것이다.

UBI는 제도 설정을 할 때 소득 유지나 대체를 노리는 정책을 대신할 수는 없다. 모든 소득은 항상 추가된다. UBI는 수직형·수평형·생애형과 같은 모든 재분배 유형을 포괄할 수 있다. 지리적 기준을 중심으로 하는 영토형 재분배까지 포괄할 수 있다. 연령과 젠더, 수입 등과 관계없이 모든 개인은 소득을 받을 수 있기 때문이다.

사회적 결속력 증진은 시민권 또는 민족주의의 '우산' 아래 다양한 사회·인구 통계학적 집단 사이의 연대성 향상이 목표이다. 이는 기본소득의 보편적 원칙에 따른 특징이다. 사회적 결속력을 높이기 위해 모든 사람에게 사회적·경제적 지위와 무관하게 그의 몫을 요구할 자격을 부여한다. 기본소득의 보편적 원칙이 공유되기 시작하면, UBI가 사회통합을 촉진할 수 있다는 것이 논리적인 합리성을 얻게 될 것이다.

리스크에 대한 보호는 사회보장제도의 또 다른 목적이다. 특히 미숙련 노동자나 빈곤한 사람들은 일생 동안 더 큰 리스크들에 노출된다. 그들은 더 쉽게 실직당하거나 건강에 해로운 삶에 노출된다. 따라서 보험제도는 개인을 보호하기 위하여 리스크를 회피하는 데에 도움이 되지만, 집단의 안전도 지원한다.

UBI는 이러한 위험을 최소한으로 처리할 수 있는 수단을 제공한다. 이에 더하여 능동적 사회부조정책과 적극적인 노동시장정책을 통해 장애급여 및 행동수정과 같은 보상이 제공될 수 있다. 하지만 UBI의 보상범위는 상대적으로 제한적이다. UBI가 제공하는 소득보다 더 많은 비용이 필요한 장애인이 UBI에 만족해야 한다는 것은 아니다. 사람들의 행동을 변화시키는 목적과 관련하여 UBI는 이 목표에 대립적이다. UBI는 사람들의 행동을 변화시키려는 제도가 아니다. 즉, 사회보장에 의해 사람들의 의도적인 변화를 노리고 특정 한 의무를 부과하는 정책을 피할 수 있다. 하지만 지금까지 존재하지 않았던 급여제도를 확립하는 것이 목표이다. 또한 실질적 인간 해방을 위해 기본적으로 제공되어야 하는 물질적 기준의 불완전성을 보충하고 기존 제도를 조정하는 것이다.

그런데 목표는 공개적인 효과와 잠재적인 효과를 가져올 수 있으며 그 차원은 다양하므로 목표들이 서로 모순되거나 갈등에 빠질 수 있다. 예를 들어, 가난한 사람들을 위한 혜택은 조세로 재원을 조달해야 한다. 납세자들은 자격 없는 가난한 사람들에게 힘들게 벌어들인 소득을 낭비할 수도 있다. 이 경우 사회적 응집력을 높이려는 목적이 약화될 수 있다. 이러한 부작용을 포착하려면 다양한 유형의 기능을 고려해야 한다. 경제적 요구, 개인적 환경, 가부장주의, 재생산 및 생산의 유지 등도 검토해야 한다.

무엇보다도 사회보장의 주요 기능은 개인에 대한 물질적 필요를 제공하는 것이다. 우리들은 노동시장 소득에 직간접적으로 의존하기 때문에 사회보장제도는 대상 인구에 대한 지원을 어떻게 설계하느냐가 중요하다. 그 사회보장제도가 실제로 수혜자의 필요를 충족시킨다는 보장은 없다. 필요는 상대적이며 정책결정자가 필요를 선택할 것이다. 이후 대상집단에 영향을 미치며 경제안정에 긍정적인 기능을 할 수 있다.

이에 대하여 UBI는 항상 전체 인구를 대상으로 한다. 비록 그 금액이 존엄한 삶을 살만큼 충분하지 못해 수령자의 요구를 충족시키지 못하는 상황도 생길 것이다. 하지만 개인적 상황을 안정시키는 데 도움이 될 것이다. 우리가 실업자가 되거나 은퇴하거나 교육, 훈련 또는 보살핌을 받기 위해 노동시장에서 벗어나기로 결정했을 때 우리들은 수입을 유지할 수 있는 원천이 필요하다.

보수적인 레짐의 사회보장제도는 우리의 안전한 삶이 불안정해지는 것을 막기 위해 지금까지 익숙한 소득보장 체제를 유지하면서 개인이 과거에 얻어낸 소득과 연결되는 급여를 제공하려 할 것이다. 특정 근로자나 성별에게 유리할 수 있지만 그 반대로 어떤 사람들에게는 불평등한 결과를 가져올 것이다. 하지만 사회적 응집력과 세대 간 연대를 창조하고 경제발전에 도움이 될 수 있다. 부모에 대한 양육수당은 미래의 노동력과 납세자를 창출한다. 조건이 부과되는 훈련이나 구직 프로그램들도 잠재능력을 개발할 것이다. 이에 대하여 UBI도 비슷한 기능을 가지므로, 육아와 보육 또는 훈련을 위해 시간을 할애할 수 있다. 사회적 응집력과 연대도 촉진될 것이다. 상대적으로 불평등은 줄어들 것이다.

사회보장의 가부장적 기능은 일에 대한 분별력과 도덕적 해이에 영향을 미친다. 사회보장급여가 충분히 높으면 노동시장에서 탈퇴할 상황이 벌어진다. 하지만 역설적으로 사회보장제도는 직장의 불안정과 도덕적 해이를 줄이기 위해 고안되었다. UBI는 모든 사람이 동일한 금액을 노동 소득 여부와 무관하게 보충적으로 받을 수 있으므로 빈곤함정을 유발하는 기능이 없다.

3) 빈곤완화 효과 비교

빈곤대책의 효과성을 표준적으로 평가하기는 매우 어렵다. 빈곤개념에 대한 일치된 개념도 확정되어 있지 않다. 많은 사람들이 빈곤을 상대적으로 정의하고 절대적 용어를 선호하는 사람은 거의 없다. 자유주의 레짐은 빈곤의 적절성을 정의하는 경향이 있으며 보수주의와 사회민주주의 레짐은 충분성을 정의하는 경향이 있다.

워커(Walker)는 빈곤의 타당성과 충분성을 동의어로 사용할 것을 제안한다. 적절성이란 한 명 또는 그 이상의 개인으로 구성되는 단위가 특정 기간 동안 최소한 또는 적정 수준의 생활수준을 유지하는 데 필요한 자원을 의미한다. 사회보장 담론에서 빈곤은 일반적으로 부적절함, 적절성에 대한 반의어이다(Walker, 135). 워커(Walker)는 빈곤 대책에 영향을 미치는 세 가지 중요한 요인을 제시하였다. ① 전문가에 의해 정의된 예산기준에 의한 규범적 판단, ② 대중의 태도와 선택, ③ 평균 소득과 기존 급여수준 등에 따른 판단이다.

빈곤에 대응하여 최소한의 자원을 얻으려면 우리들은 자신의 자격을 증명해야 한다. 독일의 경우 일할 능력이 있거나 능력이 없는 사람들을 위해 최소한의 자원이 제공되지만 욕구에 따라 충분한 소득을 창출할 수 없는 가구 구성원을 대상으로 한다. 스웨덴은 이러한 급여가 원칙적으로 개인의 권리이지만 가정 전체의 상황을 고려한다. 영국에서는 개인이 이러한 급여의 중심에 있다. 부양가족의 경우에는 보충적 급여가 필요할 수 있다. 수급조건은 국적, 거주, 나이, 가구 구성원, 재산, 소득, 다른 급여 수급 여부 등 각 국가마다 다르다. 자격조건이 만족되면 자격기간은 무제한이다. 그러나 일부 혜택은 일반적으로 12개월의 제한이 있으며 많은 국가들이 불우한 사람들의 구직 및 훈련과 같은 노동시장 연계정책에 적극적으로 참여하고 있다(MISSOC, 2012).

구직활동에 적극적으로 참여하고 그에 대한 공감대가 높은 것은 구직이 복지체제의 빈곤 퇴치의 주요 구제수단임을 시사한다. 하지만 유럽을 비롯한 국제적인 사회경제적 조건이 그것을 지원하는 환경이 되고 있지 못하다. 실업증가, 저임금 국가에 대한 아웃소싱 및 기술 혁신, 불충분한 임금 등 충분한 수입 보장에 한계가 드러나고 있다. 보장과 생존에 대한 낙인화, 강압적이고 억제적 사회보장제도는 도덕적으로 의문을 제기해야 한다.

UBI는 국가에 대해 낙인과 조건이 부과되지 않고 개인의 존재를 위협하지도 않는다. 높은 탈상품화 환경을 조성하고 사람들을 시장세력으로부터 보호할 것이다. 낮은 탈상품화를 지향하는 영국의 자유주의적 복지 이데올로기와도 모순된다. 반면에 UBI는, 예를 들어 영국의 현재 제도보다 훨씬 높은 수준의 개인주의를 허용할 것이다. 모든 억압으로부터 자유로워질 수 있는 수단을 제공하려 할 것이기 때문이다. 스웨덴의 경우 UBI는 탈상품화와 보편적 연대라는 두 가지 주요 목적을 보다 쉽게 달성하도록 도울 것이다. 스웨덴의 목표는 사회와 개인을 시장으로부터의 위협으로부터 보호하는 것이므로 기본소득 효과가 더욱 클 것이다. 독일의 보수적 복지체제와 관련하여 UBI는 그 기초인 가정의 역할을 강화시킬 잠재력이 있다. 사람들은 가족과 인간관계에 집중할 시간과 자원이 필요하다. 특히 각 가족 구성원이 UBI를 얻고 그들의 지출비용과 낭비를 줄일 수 있다. 하지만 동시에 자신들이 가족과 분리될 수 있는 기회가 증가할 수도 있다.

4) 소득대체 효과 비교

급여의 수준과 기간을 검토하는 것이 중요하다. 높은 수준의 급여를 장기간 받을 수 있다면 근로소득을 잃은 후에도 자신의 욕구에 맞는 생활양식을 유지할 수 있을 것이다. 물론 근로동기 저하 문제가 있을 수 있으므로 얼마나 합리적이며 대체기간이 어느 정도 필요한지 효율성에 대해 고민해야 한다.

개인 또는 가구 어디에 초점을 두어야 하는가? 가구의 경우 그 규모와 추가 소득 또는 저축도 대체율 결정에 영향을 미친다(Walker, 2005 : 117-120). 실업, 질병, 한부모 또는 노령 연금 급여와 같은 혜택은 기간, 금액 및 요구사항이 국가마다 다르다. 대체할 소득은 노동을 통해 주로 획득한다. UBI의 경우 노동소득에 추가되므로 소득대체 목적을 달성하기는 어렵다. 따라서 기본소득을 통해 노동소득으로 유지하던 생활수준을 그대로 하기가 어려울 수도 있다. 하지만 애초부터 기본소득은 소득을 대체하는 상황 유지가 아니라 개인의 기본 욕구를 보충하는 물질적 수단을 제공하는 것이 목적이다.

하지만 보장은 욕구보다는 기여에 의해 제공되는 경우가 대부분이다. 예를 들어, 독일은 거주자가 아닌 경우 과거 2년 동안 최소 12개월 동안 고용력이 있어야 실업보험 혜택을 받을 수 있다. 구직자에게 기본적으로 제공되는 보장혜택을 받기 위해서 자산조사를 요구한다. 스웨덴은 과거 12개월 동안 6개월 사이의 연속된 기간 중 최소 6개월 또는 480시간 고용력이 있어야 하며 하루에 최소 3시간, 주 17시간 이상이 필요하다. 다른 조사는 없다. 영국은 과세연도 중 소득에 기여해야 한다. 자산조사는 소득기준이지만 기여에 대한 몫으로 제공되는 실업급여는 아니다. 실업자로 등록되어야 하고 적극적으로 일을 해야 한다. 그렇지 않으면 제재 또는 급여 중단에 직면한다. 결국 일을 통한 소득대체가 목적이며 민간에 의해 제공될 경우에는 더 엄격한 조건이 필요하다(Whitefield, 2010).

기본소득은 실업자의 소득 상실에 대한 보상이 목표가 아니지만 소득의 보충기능이 있다. 현행 소득대체제도와 그 조건은 무보수 노동의 경제적 가치를 무시하고 있지만, 기본소득은 그런 가정을 무시한다. 사람은 자발적인 지역사회 일에 종사하고 싶을 수 있으므로 노동시장에서 탈퇴할 수도 있다. 하지만 사회보장제도에 필요조건이 없어서 소득대체급여를 받을 자격이 없다. 기여에 대한 인센티브가 충분하지 않다는 가정을 기본소득은 거부한다. 이는 인간이 사회에 참여하고 기여하고자 하는 인류의 긍정적인 이미지에 기반을 두고 있다(Raventos, 2007). 기본소득이 현행 소득보장제도를 완전히 대체할지는 불확실하지만, 영국, 독일, 스웨덴 등 소득대체 급여제도의 단점을 극복하는 데 도움이 될 것이다.

3. 기본소득과 재분배

재분배는 다양한 유형이 있으며 그 선호도는 복지국가 유형에 따라 다르다. 재분배가 효과적으로 성취되었는지 여부를 검토하기 위해 수혜자, 운영 메커니즘 및 재원을 검토할 필요가 있다. 하지만 기본소득은 재원에 대해서 상세한 정보가 제공되고 있지 않다.

진정한 재분배를 실시하기 위하여 UBI에 사용되는 돈은 소득이 다른 집단 사이를 이동할 필요가 있다. 수평적 재분배를 위하여 필요성이 다른 집단 사이에서 금전을 이전할 필요가 있다. 지리적 재분배는 서로 다른 지역 사람들 사이의 거래가 필요하며 생애 재분배는 개인 사이의 이전이 필요하다. 기본소득에 어떠한 소득이전이 포함되어야 하는지 예측하기는 어렵다. 개별적으로는 세 가지 유형 모두 가능하다. 그러나 저소득층에 대한 표적 정도가 낮을수록 재분배는 더 커진다는 증거가 있다(Korpi & Palme, 1998 : 667).

UBI는 모든 소득집단을 포함하고 있기 때문에 보다 높은 재분배를 달성할 수 있다. 재분배는 또한 사회의 불평등을 해결할 수 있다. 스웨덴은 독일, 특히 영국보다 더 높은 재분배로 인해 시민들 사이에서 더 높은 평등을 이룬다(Korpi et al., 1998). 그러나 유럽의 모든 지역에서 불평등은 증가했으며 UBI는 이러한 평등의 격차를 줄이는 방법을 제공하고 있다.

우리는 결과의 평등과 기회의 평등을 구별해서 생각해야 한다. 결과의 평등은 사회민주주의 체제의 목표이다. 자유주의적이고 보수적인 정권은 오히려 기회의 평등을 목표로 한다(Walker, 2005 : 34). UBI는 결과의 질보다는 어느 정도 평등한 기회를 제공하려고 한다. 그러므로 그것은 독일과 영국의 이데올로기적 토대에 더 어울릴 것이다. 기회의 평등은 불공정을 보상하기에 충분하지 않다고 비판받아 왔다. 결과의 평등을 달성하기 위해서는 더 많은 조치가 필요하다. 기본소득 구상은 이 주장과 모순되지 않는다. 결과의 평등을 창출하기 위해 항상 추가적인 정책과 세금을 보충할 수 있기 때문이다. 다른 사회보장 분야에서 더 높은 효과를 내기 위해서는 그러한 보충적 정책이 필요하다.

소득 재분배는 리스크 보호와도 연결된다. 사회보장제도는 특히 사람들을 경제적 리스크로부터 보호한다(Hacker, 2008 : 5). 영국은 독일과 스웨덴보다 급여가 적고 기간도 짧고 조건이 엄격하다. 또한 영국은 민간보험을 보다 적극적으로 이용하고 있으며 이들 보험은 사람들의 욕구를 커버하는 데에 충분하지 않다. 시장경쟁의 격화에 수반하는 이와 같은 낮은 탈상품화의 조건은 리스크를 격발하는 방아쇠 역할을 한다. 독일과 스웨덴은 상대적으로 탈상품화 지수가 높다. 그러나 노동시장의 경쟁격화는 오늘날 양 국가 모든 사람들의 과제이기도 하다. 급여의 자격조건이 노동시장 성과와 결합되어 있으므로 하향 이동성과 노동시장 참가 불능으로 인한 경제적 · 사회적 리스크가 높아진다. 하지만 UBI는 노동시장과 관련이 없다. 따라서 리스크 보호와 관련하여 빈곤과 같이 전통적인 위험으로부터 사람들을 보호할 수 있는 잠재력이 있다.

또한 일과 삶의 균형과 같은 새로운 위험에도 보호기능을 할 수 있는 이점이 있다. 그러나 장애인 경우와 같이 필요한 소득이 더 높아야 하면 기본소득은 질병을 충분히 예방하는 기능을 할 수 없다. 또한 사람은 높은 생활수준을 유지하거나 유지하기를 원하지만, 이에 대한 기회를 찾지 못하는 경우 기본소득이 충족되지 못한 기대를 보호할 수 있을 정도로 제공되어야 하지만 거기에 대한 대응은 불확실하다. 오히려 실업수당과 같은 소득유지정책에 의해 커버되고 있다. UBI는 빈곤과 웰빙 등 기본적 욕구와 관련된 리스크 보호와 자원봉사, 돌봄제공자, 예술가 등 현재 사회보장 리스트에 익숙하지 않은 고객보호에 높은 효과성을 제공할 수 있다.

4. 유대감과 통제

수급권 자격을 위해 대체로 몇 가지 조건이 부과된다. 이러한 조건들은 사회보장제도에 자금을 지원하는 납세자들의 지지를 합법화하는 것을 목표로 한다(Korpi et al., 1998 : 682). 특히 자유주의 복지체제에서 이 논증은 지지를 낳았다. 영국의 자산조사 이용률이 높다는 것은 중요한 시사를 주고 있다. 그러나 이러한 조건은 선별적이다. 그것은 경제적 참여나 사회적 보장의 참여에 사람들을 제외시킨다. 사회적 집단을 나누어 경쟁환경에서 서로 대립하게 만든다. 혜택을 필요로 하는 일부 사람들은 자격이 주어지지만, 도움이 필요한 다른 사람들에게는 자격이 주어지지 않고 세금을 통해 다른 사람들이 지원을 받아야 한다(Korpi et al., 1998 : 663). 그러한 환경이 사회적 응집력을 창출한다고 주장하기 어렵다. 사회적 연대를 촉진하는 데는 선별적 프로그램보다 보편적 편익이 더 우수하다는 경험적 증거가 있다(Korpi et al., 1998).

UBI는 보편적인 원리에 기초를 두고 있다. 따라서 보편적 편익을 옹호하는 주장이 UBI에도 적용된다고 보는 것이 타당하다. UBI는 사람들이 자원활동, 돌봄 또는 공동체 활동에 보다 쉽게 참여할 수 있게 하거나 가족이나 우정과 같은 사회적 관계를 강화할 수 있게 한다. 그와 같은 상호작용의 활성화는 사회적 자본과 신뢰도, 사회적 연대를 창출한다(Jordan, 2006 : 194-195).

스웨덴과 독일은 복지 이데올로기에 근거하여 UBI로부터 이익을 얻을 수 있을 것이다. 자유가 공동의 선으로 받아들여져서 영국과 같은 자유주의 복지국가에서 사회적 결속의 기초로 이해된다면 마찬가지로 긍정적인 결론이 도출될 것이다. UBI는 사람들에게 기본적으로 욕구를 제공하고 사람들이 무차별하게, 그리고 개인의 이상에 따라 살아갈 수 있게 해줄 것이기 때문이다.

현행 사회보장정책은 지나치게 가부장적이라는 비난이 제기된다. 행동통제에 집착하는데, 더 직접적으로는 활성화 프로그램과 관련되고 빈곤에 적절한 처벌을 수행해야 한다는 것이다. 이러한 통제와 프로그램들은 각 국가에서 활용되어 왔다. 그러나 공포, 무기력한 감정, 낮은 자존감, 자원결여, 빈약하게 설계된 정책과 프로그램들, 중독, 과거와 현재의 학대, 정신적 장애, 육체적 무능력 등은 모든 사람을 압도하고 방해할 수 있다. 불안은 도덕적으로 잘못된 의사결정과 엄격함을 불러와 사람들에게 더 상처를 가할 수 있다(Standing, 2009 : 302, 309).

하지만 기본소득은 무조건 제공되므로 사람들에게 가부장적 태도로 다가가지 않는다. 사람들을 격려하고 동기를 부여하며 기본 자원을 제공한다. UBI는 사람들이 공공생활에 참여하고 스스로 사회적 · 정치적 환경에 관계할 수 있게 한다. 소수자에게 더욱 관용적이 되도록 장려하고 사람들이 서로 영향을 끼칠 수 있으며 그런 가능성에 의존하여 신뢰하도록 한다.

자원의 재분배는 주로 소수에 의해 통제되어 왔다. 그런 환경은 그들의 자원과 권력에 의해 통제되던 사람들로부터 배제되는 집단을 낳을 수 있다. UBI는 의존으로부터 스스로 발전하게 하고 타인의 원하지 않는 통제로부터 스스로를 보호할 수 있는 환경을 만들 수 있게 한다.

사람들은 스스로를 통제할 수 있게 되므로 현 권력구조에 대한 도전이 될 수 있다. 통제당하는 대신 사람들이 보다 많은 시간을 정치에 관심을 두고 스스로 통제할 수 있도록 한다. 또한 원하지 않는 노동에 종사하도록 강요당하지 않을 힘을 줄 수 있다. 가족의 억압과 가부장적 압력에 불이익을 당하지 않도록 도울 수 있다. 영국 · 독일 · 스웨덴의 정책입안자들이 위협과 처벌을 수반하여 행동을 바꾸려 하는 프로그램 도입을 더 어렵게 만들 것이고 보다 긍정적인 격려와 동기부여 특성으로 정책을 변경하도록 압박할 것이다. 사람들은 자신의 가족과 지역사회에서 연대감을 발휘하고 원하지 않는 억압으로부터 자유로워지는 데 도움이 될 것이다.

5. 효율성 비교

효율성은 사회보장정책이 목표와 목적, 기능 등 계획대로 실제 작동되고 있는지를 설명하기 위한 것이다. 그것은 정책 자체의 성과에 관련된다. 정책 목적이 어떻게 성취되었으며 다른 사회보장 체제에 대해 가지는 부수적 효과가 무엇인지 검증하는 것이다(Walker, 2005 : 113-115).

이와 관련하여 기본소득은 사회보장 및 사회복지 정책 목적을 달성하는 최선의 방법인가? 더 긍정적인 혹은 부정적인 부수효과가 있는가?

여기서 스웨덴, 독일 및 영국의 기존 사회보장제도의 효율성에 대비하여 UBI의 잠재력을 탐색해 보자. 성과 검증을 위하여 세 가지 이슈를 생각해 보자. 비용 효과성, 사회적 효율성, 기회비용이다(Müller, 2013 : 47). 만일 최소한의 비용으로 정책목적을 얻었다면 정책은 비용 효과성을 달성했다고 본다. 비용이 필요한 것보다 더 많이 들었다면 자원은 낭비된 것이다. 자원은 다른 정책의 목적 달성을 위해 사용될 수도 있다. 그러나 비용 효과성이 있는 정책이라도 같은 비용으로 더 나은 이익을 달성하는 잠재적 정책은 보장되어 있지 않다. 정책은 또한 사회적 이익에서 사회적 비용을 뺀 목표를 충족시켜야 한다. 사회지출의 증가는 세금에 의한 그 실현이 해악을 미치고 있다는 불만 때문에 더 이상 이득이 되지 않는다. 이 경우 사회적 편익 및 사회적 비용이 추가로 증가함에 따라 순수한 사회적 편익은 감소하게 된다. 또한 이러한 지출은 다른 사회정책에 사용될 수 있으므로 높은 기회비용이 나타날 수 있다(Müller,

2013 : 47).

이런 이슈는 표적 집단, 경제와 행정 차원의 효율성과 관련이 있다. 먼저 사회보장의 목표에 의해 급여를 받을 필요가 있는 인구와 표적 집단에 대한 지식을 제공해 줄 것이다. 또한 인센티브 또는 불이익에 대한 시스템의 대응 능력을 설명한다. 아울러 시스템이 빈곤과 실업 및 저축함정에 대응할 수 있는지 여부를 제시한다. 마지막으로 비용 효율성에 큰 영향을 미치는 행정과 편익 측면의 기회비용을 고려할 수 있게 해준다(Müller, 2013 : 47-48).

1) 표적 효율성

이것은 내부적 및 외부적 효율성으로 구분할 수 있다. 전자는 표적과 수령인 사이의 관계를 나타낸다. 후자는 수령 인구와 필요한 인구 사이의 관계를 나타낸다. 높은 내부적 표적 효율을 달성하기 위해서는 표적 집단의 불일치, 상황의 불안정성, 사기 및 학대, 행정적 오류 및 측정오류에 대한 문제에 대처해야 한다. 반면 높은 외부적 표적 효율성은 적절한 혜택 수준과 범위를 필요로 하며, 급여를 요구하는 사람들에 대한 장벽을 감소시킨다. 수급자격에 개인을 포함시킬 것인가 제외할 것인가 여부는 정책 설정에 따라 결정된다. 어떤 정책에도 법적 지위, 친족, 거주, 납세의무, 근로경험, 노동 불능, 연령, 자산조사 결과, 노동시장 참가 의욕 등 몇 가지 조건이 수반된다. 그들은 표적 인구에 영향을 미치므로 내·외부적 표적 효율에 영향을 미친다. 예를 들어, 실업수당이라면 개인의 노동경험이 요구한 기간보다 작거나 보험에 기여하지 못했거나 다른 기준을 충족하는 데 실패한 경우, 각 경우에 최소한의 보호를 신청할 수 있다. 그렇지만 목표가 소득을 유지하는 것이라면, 이 사람들은 실업보험 혜택에서 제외될 것이다. 이들은 표적 인구에 포함되지 않으며 내부적 효율성은 저하될 것이다. 다른 한편 그러한 특징들은 사기 및 남용을 방지하기 위해 가능한 높은 내부적인 표적 효율을 유지하게 할 것이다.

반면에 UBI는 모든 개인에 대한 권리이므로 표적 효율성 개념은 거의 적용되지 않는다. 그런 의미에서 표적 집단은 없다. 모두가 대상이거나 아무도 아니다. 그러나 목표인구가 빈곤에 직면한 사람들일 경우, UBI가 실현되면 수직적 차원의 내부 표적 효율성은 낮아질 것이다. 반면 수평적 차원의 내부 표적 효율성은 최대한으로 높아져 잠재적인 빈민은 모두 UBI를 받게 될 것이다. 따라서 기회비용과 비용 효율성이 높아질 것이다.

외부적 표적 효율성의 경우 표적보다는 욕구집단에 초점을 둔다. 표적에 포함 여부와 관계없이 항상 욕구에 필요한 혜택이 있을 수 있다. 또한 대상자가 필요한 만큼 혜택을 모두 누릴 수 있다는 보증은 없다. 예를 들어, 실업보험제도의 경우 독일은 자녀가 있는 수급자에게는 67%의 순소득을 지급하지만 자녀가 없는 수급자에게는 60%를 지급한다. 스웨덴은 처음 200일 동안 수입의 80%, 다음 100일 동안 70%의 수입을 얻는다. 영국의 기여금 혜택에는 24세 이상 수혜자의 경우 1주일당 75유로, 1주일당 젊은 사람의 경우 59유로가 추가된다.

소득 기반 혜택은 소득, 연령 및 가정환경에 따라 다르다. 독일과 스웨덴의 경우 소득이 매우 낮은 사람은 원래 소득의 겨우 67/ 60% 또는 80%로 생존해야 하기 때문에 심각한 문제를 안고 있을지 모른다. 영국은 개별 상황을 구별하지 않고 급여의 결정요인은 연령뿐이다. 이 경우 다양한 종류의 욕구에 대응하기는 어렵다. 소득에 근거하여 급여를 신청하는 선택지가 있지만 자산조사가 필요하다(Müller, 2013 : 49-50).

UBI는 모든 조건에 관계없이 적절한 액수로 항상 기본적인 필요사항을 충족시키는 데 도움이 될 것이다. UBI가 개인의 필요를 충당할 수 있다고 주장하는 것은 다소 과장된 것일 수 있다. 조건부급여는 더 높은 개별적인 요구사항들이 있다면, 혜택을 얻기 위해 필요한 자격을 증명해야 하고 그렇지 못하면 아무것도 얻지 못하게 된다. 하지만 개별 욕구를 다 만족시킬 수는 없지만 UBI의 경우 일정 금액을 얻을 수 있다.

자격조건에 대해서는 비판이 제기될 수 있다. 예를 들어, 장애보험의 경우 수혜자가 일할 능력이 없고 따라서 급여를 받을 자격이 되는지 증명할 수 있는 장애 판정, 근로능력 심사, 의료 심사 등이 필요하다. 어떤 유형의 일은 불가능하지만 다른 일은 가능할 수도 있다. 모든 불가능성을 증명하는 것은 불가능하다. 따라서 관리 또는 측정의 오류는 배제할 수 없다. 자산조사가 정책의 일부일수록 오류가 더 많이 발생할 수 있다.

UBI는 이러한 오류를 줄이고 특정 집단의 욕구에 대해 집중적으로 표적을 설정하는 데는 부정적이지만, 수평적으로 폭넓게 표적을 설정하는 데는 효율적이라 가정할 수 있다. 영국은 자산조사를 엄격하게 적용하므로 스웨덴과 독일보다 위와 같은 효율성 효과가 강할 것이라 예상할 수 있다. 비용 효율성은 낮을 수 있지만 사회적 위험과 차별이 적어 사회적 편익이 높다. 따라서 UBI에 투자하는 것이 합리적이며 기회비용은 낮게 유지될 것이다.

2) 경제적 효율성

경제적 효율성은 사회경제 내에서 제도의 효과를 언급하는 것이다. 사회보장의 부정적·경제적 효과에 대해 자주 지적되어 왔다. 그것은 일을 줄이고 저축동기를 감소시킨다고 비판받아 왔다. 전자는 급여의존을 크게 하고 고용률을 저하시킨다는 비판이다. 후자는 저축동기와 투자를 감소시킨다는 것이다. 양자 모두 경제성장에 부정적 영향을 끼칠 것이다(Murray, 1984).

이런 가정들은 아직까지 지지되고 있지만 또한 도전받고 있기도 하다. 사회보장은 경제위기 시에 합리적 의사결정, 생산성, 건강과 사회적 스트레스

감소 효과를 가져온다. 모든 복지제도와 사회보장은 긍정적 · 부정적 인센티브를 만들어 낸다. 부정적으로는 경제적 해를 끼치고 보장제도의 경제적 효율성에도 해악을 끼친다. 중요한 세 가지 억제요소는 실업, 빈곤, 저축의 함정이다. 빈곤함정은 이미 언급되었으며 저축함정은 인간의 저축이 그의 수급 자격 부여에 부정적 영향을 미치는 함정이 될 수 있다는 의미이다. 실업함정은 개인이 그의 여분의 노동으로 재정적 상황을 개선하는 데 최소한의 노동만 제공하려는 것이다. 개인은 자신의 노동의 유용성을 인지하지 못하고 수급상태를 더 선호할 수도 있다. 이러한 함정을 피하기 위하여 급여의존과 같은 요인들, 급여기간, 등록된 임금수준과 같은 요인들, 개인의 환경 등뿐만 아니라 조건화, 자산조사 활성화 프로그램 등 행동에 직접적 영향을 미치는 요인들을 고려한다(Walker, 2005 : 201-228).

각국은 이러한 대응들을 보완해 왔다. 특히 자산조사와 활성화 프로그램은 최근 더 많은 주목을 받고 있다. 스웨덴과 독일 등은 영국보다 좀 더 완화된 형태로 그러한 기준을 활용하고 있다. 스웨덴과 독일은 연령과 가족급여를 자산조사에 포함시키지 않는다. 하지만 영국은 그 일부를 급여에 포함하고 있다. 60세 이상 사람들을 위한 세금공제 연금크레딧 또는 출생 및 입양 보조금 등이다. 영국과 독일은 또한 자산조사를 실업급여 지급에 활용하고 사회적 돌봄이나 사회부조와 같은 장기돌봄급여에도 적용한다. 그러나 모든 나라들은 다른 정책의 수급기간이 만료되었거나 혜택이 충분하지 않은 경우 최저보증 소득 등 자격에 자산조사 관련 조건들을 수행하고 있다. 이와 같은 자산 관련 조건들은 재산, 동산, 소득 및 기타 혜택 등과 관련하여 달라진다.

UBI의 경우 최소한의 자원에 대한 이러한 수단과 관련된 조건충족이 필요 없으므로 각 국가들의 관련 제도들은 폐기될 것이다. 그러므로 자산조사 관련 수요를 감소시키고 낙인을 없앨 것이다. 가난한 사람들 입장에서는 이런 변화는 상황의 개선이라 평가할 수 있을 것이다. 그들에게는 스스로 활용할 수 있는 옵션이 별로 없다. 그들은 비현실적 급여요건 또는 질 낮은 유급 노동 수행이라 할지라도 낙인과 차별을 수용할 수밖에 없을 것이다. UBI를 통해 사람들은 추가 급여 신청을 통한 심사도 필요 없고, 기여나 노동 조건에 관계없이 고용되지 않아도 된다.

영국의 추가적인 아동세액공제 및 육아수당, 독일의 육아수당은 부모의 소득이 영향을 미친다. 이 경우 부모들이 너무 많은 돈을 벌면 혜택이 줄어들 가능성이 있다. 사람들은 잠재적 이익을 위해, 질을 높이기 위한 아무런 노력도 하지 않거나 적게 버는 것을 목표로 삼을 수 있다. 이런 상황이 벌어졌을 때 실제 이런 결과가 일어날지는 의문의 여지가 있다. 그러나 경제적 효율성에 영향을 주기 때문에 주목할 만하다. 기본소득은 전혀 직접적인 영향을 미치지 않는다.

자산조사나 기타 관료주의적 장벽을 피하기 위해 어떤 사람들은 이러한 급여를 처음부터 신청하지 않을 수도 있다. 이에 대한 사회적 비용은 너무 높을 것이다. 이 사람들은 불리한 조건을 무릅쓰지 않고 스스로 혜택을 포기하는 것이다. 이러한 모든 상황과 조건들은 고용과 빈곤 또는 저축함정을 만들어 사회보장정책의 경제 효율성에 영향을 미칠 수 있다. 현재 시스템에서 사람들은 실업수당을 신청하면 근로소득 경력에 대해 알고 있어야 한다. 독일과 영국은 수입을 허용하지만 스웨덴에서는 가능하지 않다. 독일에서는 추가 수입도 급여자격 수준에 부정적인 영향을 미친다. 따라서 사람들은 신고하지 않고 부적절한 돈을 벌 수 있는 유혹에 직면하게 된다. 또한 노동소득은 실업급여 수준과 같을 수 있으므로 높은 기회비용으로 인해 근로동기 저하를 초래할 수 있다. 하지만 UBI는 기회비용을 낮게 유지할 것이다. 그들의 소득은 추가될 것이고 실업함정에 빠지기는 불가능하다(Müller, 2013 : 54).

UBI가 노동에 장애요인을 만들어 낼 수 있다는 것은 부인할 수 없다. 그러나 나미비아의 시범사업 결과는 여기에 적용하기가 어렵지만 UBI가 경제를 자극할 것이라는 제안도 있다. 또한 자원활동 및 돌봄을 활성화시킬 수 있다. 이것은 또한 사회적 자본에 대한 잠재력으로 인해 사회적 효율을 촉진할 것이다. 물론 노동에 대한 담론이 수정되지 않으면 여전히 자원활동이나 돌봄의 사회경제적 가치는 저평가될 것이다.

3) 행정적 효율성

급여 전달과 서비스에 대한 효율성도 고려해야 한다. 이러한 급여들은 자원을 최대한 유용하게 활용할 수 있도록 적절히 전달되어야 한다. 이 목적은 비용을 가장 적게 하는 것과도 관련된다. 정확하고 시간에 맞게 이전되는 것이 필요하며, 기존 자원을 최소한으로 하며 수익자를 존중하여 적절히 다루어질 필요가 있다.

높은 관리효율을 달성하기 위해서는 세 가지 과업을 수행해야 한다.

① 중간적 성과와 목표에 대한 수행이 최대화되도록 보증할 필요가 있다. 이들 성과는 운용과정의 효율성, 신속한 대응, 정당한 자격, 이용자의 효율성, 소통과 상호작용, 부정 방지 등이 포함된다.

② 자격 있는 인력과 적절한 기술장치를 제공할 필요가 있다. 예를 들어, 훈련받지 않은 인재는 제시된 과업을 적절히 실행하는 데 문제를 안고 있을 가능성이 있다. 한편 과도한 자격을 가진 인재는 다른 장소에 투입되어야 할 자원을 흡수해 버릴 가능성이 있다.

③ 설명책임과 투명한 업적 관리가 필요하다. 이것은 내부적 및 외부적으로 정의된 기준에 근거하여 이루어진다. 외부적으로 정의된 기준은 ILO

와 같은 국제기관의 정의에 근거하여 국가들 사이의 비교가 존재한다 (Walker, 2005 : 229-253).

UBI는 관리적 측면에서 몇 가지 장점을 가질 것이다(Müller, 2013 : 56).

① 누가 신청해야 하며 누가 제도를 필요로 하는지를 증명할 필요가 없다.

② 또한 모든 사람이 매월 동일한 금액을 받으므로 UBI를 정확하게 적절한 시간대로 제공하려는 노력을 할 필요가 없다.

③ UBI는 자동적으로 이전되므로 수급자는 아무도 부당하게 처우받는 상황에 놓이지 않는다. 이는 행정 담당자로부터 불필요한 감시를 받지 않는다는 뜻이다.

④ UBI는 모두를 위한 권리이므로 부정행위가 필요 없다.

⑤ 고급기술과 높은 자격을 가진 인력은 필요 없다.

⑥ 설명책임과 투명성도 높아질 것이다. 누가 누구의 UBI를 받았는지 매우 간단히 통제할 수 있다.

보충성의 관점에서 기본소득은 다른 사회복지 및 사회보장 제도에는 영향을 주지 않고 공존할 수도 있다. 건강보험이나 고용보험, 산재보험 등은 현재와 같이 동일한 성능으로 실행될 것이다. 동일한 비용효과, 사회적 효율, 기회비용으로 운영될 것이다. 선진 복지국가들이 모든 보장제도를 폐지하고 기본소득으로 대체하기는 사실상 불가능하며 그럴 필요도 없다. 예를 들어, UBI는 최저한의 보호를 위하여 자원계획을 수립하기 위하여 노력하는 각 국가의 일반적인 관리효과에 플러스 영향을 제공할 것이다. 각 국가는 이들 급여자격을 증명하기 위하여 자산조사를 사용하고 있다. 자산조사는 다른 자격인증 경로보다 비용이 더 많이 든다. 효과를 올리기 위해 더 많은 자원과 높은 수준의 성과를 필요로 하기 때문이다.

이러한 복지자원 절약을 위해 기본소득을 도입하는데 각 국가들이 공통적으로 동의할 수 있을 것이다. 핀란드의 실험도 그것을 반증하고 있다. 기본소득은 철학적으로는 인간해방의 물질적 기반을 확보하는 데 필요하다고 생각하지만, 현실 제도 운용 면에서는 실질적으로 경제 및 기회 비용을 줄이는 데 도움이 될 것이다. 또한 자산조사는 종종 수혜자의 낙인으로 인식된다. 사회복지급여의 권리는 자산조사로 인하여 획득에 어려움을 겪는다. 실질적 복지를 통한 자유로운 생존보장을 위해서는 자산조사가 필요 없는 기본소득을 통해 개인의 사회적 비용을 줄이는 것이 제도 실현의 첫걸음이 될 것이다.

CHAPTER 08

최저생활보장의 철학과 현대적 복원

CHAPTER 08

최저생활보장의 철학과 현대적 복원

사회복지의 정책이나 서비스 실천에 중요한 기준이 되는 개념이 최저생활보장이라 할 수 있다. 이는 영국에서 처음 사용된 내셔널미니멈(national minimum) 개념으로서 국민최저생활수준 또는 국민복지기본선 등 최저생활보장과 복지국가 수준에 대한 철학적 기반이라 할 수 있다. 특별한 언급이 없는 한 여기서의 최저생활보장은 공공부조의 수급기준만 가리키는 것은 아니며 보다 폭넓은 국민적 복지수준 개념으로서 상정한다. 최저생활보장 개념은 두 차례 세계대전과 맞물려 활용되었다. 이후 전후 복지국가 성립 후 거의 왜소화된 개념이라 생각되었지만 국제적으로 다시 주목받고 있다. 그 이유는 1990년대 후반 이후 홈리스, 빈곤가구, 근로빈곤 층 등 다양한 형태로 빈곤과 사회적 배제가 확대되었기 때문일 것이다. 하지만 최저생활보장을 실현하는 사회보장제도 자체에 대한 비판은 많지만 이념으로서 그 역사적 사명을 재검토하는 연구는 거의 이루어지지 않았다. 따라서 여기서는 최저생활보장의 계보를 비교검토하고 현대 사회복지의 과제를 탐색해보도록 하자.

1. 사상적 원류

최저생활보장으로서 최저생활보장 개념은 19세기 후반 영국의 웹(Webb) 부부에 의해 처음 사용되었다. 당시 영국은 열악한 노동조건에서 일하는 노동자가 끊이지 않았고 커다란 사회문제가 되고 있었다. 웹이 산업민주제론(1897)에서 최저생활보장에 대해 언급했을 때, 그것은 노동조합운동의 목적 하나로 공통규칙으로서 적용할 수 있도록 요구하려는 목적이 강했다. 그리하여 열악한 노동조건의 개선을 위하여 노동자의 임금이나 여가시간, 안전위생 등에 관한 공통규칙을 정하고 모든 산업에 강제하는 것을 요구하는 논의를 전개하였다. 이러한 공통규칙의 방법은 언제나 어떤 고용주도 이 기준 이하로 내려갈 수 없는 최저한을 강행하는 것이 최저생활보장으로 해석되고, 법에 의해 정해진 이하의 조건에서는 사업을 경영할 수 없도록 노동조합의 목적으로 정하는 것이었다. 애초 최저생활보장은 국민의 최저생활보장보다는 노동자의 사회적/경제적 조건의 향상을 위하여 고안된 개념이었다.

산업민주제론에서의 최저생활보장 개념을 그 대상 · 내용 · 수준 · 주체 순으로 살펴보면 명확히 알 수 있다. 당시 최저생활보장은 열악한 노동조건의 개선을 위하여 고안된 것이라는 점에서도 알 수 있듯이 국민 일반보다는 '노동자'였다. 따라서 그 내용은 주로 노동조건에 관한 규제였다. 또한 그 수준은 '체질 저하를 막기 위하여 생물학적으로 필요한 의식주 비용에 관한 실제적 연구에 의해 결정되는 것'이며, 그러한 '최저한은 낮은 것'이라 상정되었다. 따라서 최저생활보장 수준은 절대적 빈곤선에 가까운 것으로 생각할 수 있다.

최저생활보장 보장의 주체는 국가가 되어야 한다. 산업별 단체교섭으로는 규제의 효과성은 부문 내에 머물러 전 영역의 규제 달성은 기대할 수 없으므로 전국적으로 일률적인 공통 규칙에 근거한 규제의 책임은 정부가 맡아야 할 것으로 여겨졌다. 이는 과거 야경국가관을 벗어나 국가의 국민경제의 개입 내지 사회적 · 경제적 역할을 승인하는 중요한 흐름이었지만, 그 중심적 역할은 '규제'를 통해 이루어지므로 다소 소극적이라 할 수 있다.

웹이 '산업민주제론'에서 최저생활보장을 제창한 목적은 무엇인가? 여기에 대한 키워드는 '국민적 효율(national efficiency)'이라 할 수 있다. 공통규칙 제정에 의해 노동조건 개선을 주장한 것은 노동조합운동을 지지하는 이론을 제공하고 노동자의 사회적 · 경제적 지위 향상을 위한 것이었다. 하지만 오히려 그 이상으로 당시 영국 도시에 퍼져있던 열악한 노동환경으로 지탱되던 기생적 산업의 폐해에서 사회를 보호하기 위한 것이기도 하였다. 그는 기생적 산업이야말로 영국 사회와 산업발전에 나쁜 영향을 미치고 국민적 효율을 방해하는 것이라 생각하였다. 그러므로 그것을 도태시키기 위하여 최저생활보장 규제를 도입하려던 것이었다. 최저생활보장 규제에 의해 국민의 육체적 · 정신적 건강증진이 향상되고 산업의 적자생존과 생산수단의 개량이 이루어지고 '국내산업 최고의 효율성'이 확보될 것이며 그 결과 노사대립이 없어질 것이라 기대하였던 것이다.

이처럼 국민적 효율에 의한 생산성 향상을 노리는 최저생활보장 논리는 생산주의라고도 할 수 있는데, 거기에 포함되는 산업의 적자생존 지향성을 고려할 때 사회진화론 내지 사회다윈주의 영향도 느낄 수 있다. '산업민주제론'에서의 최저생활보장의 목적은 국민의 최저생활보장 또는 생존권 보장 그 자체만은 아니라고 할 수 있다. 오히려 국민적 효율 달성을 통한 생산성의 증대이며 산업 적자생존을 촉구하는 생산정책의 주요 수단으로 준비된 측면이 있다는 것이다.

2. 최저생활보장 개념의 확대와 제국주의

소수파 보고서(1909)를 기점으로 웹의 최저생활보장 2기가 시작된다. 이때부터 최저생활보장으로서의 최저생활보장 개념이 산업의 효율성 개념 중심에서 벗어나 생존권 보장의 논리를 띠게 되었다. 소수파 보고서의 대상은 '노동자'로부터 '국민' 일반으로 확대되었다. 따라서 그 내용도 노동조건 규제에 머물지 않고 공적연금이나 공중위생, 기타 아동돌봄이나 교육, 환경오염 등으로 확대되었다.

이와 같은 개념 확대의 목적은 단순한 생산력 향상을 위한 노동자의 사회적·경제적 조건 향상이 아니라 보다 적극적인 생존권 보장의 논리를 가지게 되었다는 해석이 주류이다. 하지만 그 대상과 내용의 확대가 '실질적으로' 생존권 보장에 기여했다고 해도, 그것이 '목적'의 변용까지 의미하는 것인지에 대해서는 보다 신중하게 생각해야 한다는 지적도 있다. 우리는 주체로서의 국가－국민생활보장을 담당하는 주체는 국가라는 점에 주목하면서 논의를 살펴보아야 할 것이다.

최저생활보장의 대상과 내용은 분명히 확대되었지만 그 목적은 국민의 권리로서 생존권 보장으로 변용된 것이 아니라 '국내적 효율달성' 그대로였다는 점을 지적할 수 있다. 최저생활보장의 '국민 일반'으로의 대상 확대, 그리고 단순한 노동조건 규제에서 국민연금이나 공중위생 등을 포함하는 범위로까지 내용이 확대된 것은 산업에서의 최저생활보장이 노동자에게 도움이 될 뿐만 아니라 산업의 효율도 높임과 동시에 국민의 이익, 나아가 국가 전체의 효율성을 높이는 것이라 생각하였다. 본격적으로 국가가 주체적으로 최저생활보장을 보장하려는 동기가 생겨나기 시작하였던 것이다.

소수파 보고서에는 빈곤자에 대하여 징벌적 구제를 제공하는 구빈법을 비판하고 그에 대항하여 갱생이나 치료를 통한 예방적 대응의 중요성을 강조하였다. 산업민주제론에서 주장하였던 단순히 규제만 하는 소극적 국가보다는 보다 적극적으로 국민생활에 개입하고, 그것을 보장하려는 국가관을 볼 수 있다. 서비스 제공자 또는 공정한 사회의 관리자로서 신뢰할만한 주체로서 국가를 보고 있는 것이다. 여기서 우리는 페이비언주의적 집합주의가 나타나고 있다고 생각된다.

그렇다면 최저생활보장 개념의 확대는 국민들에게 어떤 의미가 있는가? 최저생활보장의 국가 책임을 기대할 수 있다는 점에서 실질적으로는 국민 일반의 생존권 보장을 초래할 수 있는 것일 수도 있다. 동시에 국민 생활이나 국민경제에 대한 국가의 적극적 간섭을 승인하는 것이기도 하다. 즉, 국민 일반으로 대상을 확대하고 그에 수반하는 최저생활보장 내용을 풍요하게 하는 것이 국민 생존권의 보장을 가져왔지만 더 중요한 것이 국가의 통치기능의 개입 확대를 초래했다는 것이다.

최저생활보장의 주체가 국가라는 것은 이 개념이 탄생한 당시의 시대적 배경(전쟁)과 함께 이해해야 한다. 최저생활보장 개념의 특징에 대해서 제기되는 비판 중의 하나가 제국주의와의 관련성을 이해하는 것이다.

1899년부터 1902년에 남아프리카 식민지화와 관련하여 전개된 보어전쟁에서 웹 부부를 포함한 페이비언주의자 대부분은 전쟁을 지지하였다. 제국주의자가 압도적으로 승리한 1900년 10월, 제국의 힘은 민족의 힘이며, 그것은 최저생활보장 확보에 의한 국민적 효율 향상으로 확보되었다고 하며 진정한 제국주의자는 사회개량주의자여야 한다고 호소하였다. 이 주장에서 분명한 것은 웹이 한 국가 내의 생산력 확대에만 관심이 있었으며 침략지 약소민족의 자유까지는 관심을 두고 있지 않았다는 것이다. 이를 강조하면 최저생활보장은 대영제국 민족을 위한 국내 정책의 근거로서 기능했던 특성이 있다고 이해할 수 있을 것이다.

따라서 최저생활보장의 제국주의적 측면을 지적하고 웹을 사회제국주의라고 비판하는 목소리도 당연히 존재하는 것이다(Semmel, 1960). 최저생활보장의 국민 일반으로의 확장은 제국주의로 안내되거나 총력전 체제의 전쟁과 강력하게 연결되어 있는 것이다.

3. 최저생활보장에서의 인간상

국민적 효율을 추구하는 최저생활보장 개념이 어떤 인간상을 상정하고 있을까? 영국의 장애인자립생활운동 및 장애학 선구자인 마이클 올리버(Michael Oliver)는 최저생활보장의 목적인 '국민적 효율'이 요구하는 인간상이란 '새로운 기계를 조작하는 신체적 능력과, 공장이 요구하는 새로운 노동규율에 복종하는 정신력을 갖춘 건전한 신체(able-bodied)와 건전한 정신(able-minded)을 가진 개인에 불과하다'고 하였다. 그것은 국가의 생산성에 기여하는 건강하고 건전한 남성 노동자를 의미하는 것이었다.

인간의 삶이 전개되는 과정 속에 특정한 인간상으로부터 배제된 인간집단이 존재해 왔다. 건전한 신체와 건강한 정신이 없다고 간주되는 환자나 장애인이다. 그들은 고용 부적격자로서 예방이나 치료를 통하여 최소화 내지 회복되어야 할 존재이며 바람직하지 않은 인생으로 간주되어 왔다. 그 배경에는 최저생활보장을 고안한 처음부터 내재되어 있던 기생적 산업 확대에 대한 우려가 있다.

장애인과 같은 고용 부적격자가 임금노동자로서 자유롭게 산업조직 내에서 고용을 다투는 것을 인정하게 되면 기생적 산업의 확대에 박차가 걸리게 될 우려가 있다. 이 개념이 정당화된 것은 저임금이나 열악한 노동환경에 처해 있는 그들이 '노동시장을 더럽히는 것'을 염려했기 때문이기도 하였다.

좀 더 음모적으로 해석할 경우 장애인을 포함한 전 국민의 생존권이나 고용기회의 적극적 보장이기보다는 '국민적 효율'을 위하여 장애인이나 환자와 같은 '고용 부적격자'를 노동시장으로부터 배제하고 치료나 교정을 통해 최소화하려는 극단적인 생산주의 사고가 결집된 것이었다고 할 수 있다. 이런 속성에 초점을 둘 경우, 최저생활보장 개념은 우생학적 시각을 가지고 있다는 해석으로도 연결될 수 있다.

그리고 여성 내지 재생산노동의 담당자가 배제되어 있다. 노동력 재생산 과정 중 여가나 임금, 소비활동은 언급되지만 육아나 돌봄을 포함한 가사노동에 대해서는 외면하였다. 가사노동은 노동력 재생산에서 결정적으로 중요하다. 노동자인 남성의 노동력 재생산을 담당할 뿐만 아니라 육아를 통하여 미래 노동력을 양성하고 세대를 초월한 노동력 재생산을 담당하고 있다. 덕분에 자본이나 국가는 노동력 재생산 비용을 최소화할 수 있다.

내셔널미니멈론이 기대한 것과 같은 '국민적 효율'을 통한 생산력 증대에 공헌하는 것으로서 여성의 재생산 노동은 필수적인 것이다. 그러나 최저생활보장에서는 여성은 재생산 노동과 함께 사라져버리고 보이지 않는다. 최저생활보장은 개인의 생산력을 높임으로써 대영제국 전체의 생산효율을 향상시키려는 정책개념이었다고 할 수 있다. 그 수준은 효율을 해치지 않는 최소한의 것, 즉 절대적 빈곤선으로 상정될 수밖에 없었다. 그 대상은 최종적으로는 국민 일반에까지 확대되었지만, 기본적으로는 남성 주 소득자 모델이었다. 건전한 노동자를 요구하면서 노동력이 없는 장애인이나 환자를 주변화하고 노동력 재생산을 담당하는 무급 가사노동에 종사하는 여성의 존재를 인식하지 못했다. 양질의 남성 주 소득자 모델을 통하여 국가의 번영과 경제성장에 공헌하는 것이 최저생활보장 보장의 핵심이었다고 할 수 있다.

4. 현대적 계승

웹(Webb) 부부의 최저생활보장 개념은 1942년 베버리지 보고서에서 복원되어 보편적 복지의 청사진을 제시하는 것으로 계승되었다. 지방정부 차원에서는

1968년 일본 동경도의 '시민복지 기준선'의 발표가 최초라고 평가된다. 이후 영국의 런던이나 미국 뉴욕과 같은 대도시에서 시민의 생활수준을 향상시키고자 하는 플랜으로 계승되었다. 우리나라는 서울(2012), 부산(2016), 광주(2016), 대구(2016) 등 시민복지 기본선이 발표되었다.

런던플래닝은 2004년 2월 10일 리빙스턴(Livingstone) 시장에 의해 최초로 발표되었다. 이후 계속적으로 수정 발표된 새로운 버전이 공표되고 있다. 2013년의 경우 런던시는 런던플래닝 검토보고서에 대한 독립 검사자를 임명하여 개정작업을 착수하였다. 작업 결과 정리된 개정 보고서를 시장에 제출하고 법률이 정한 절차에 따라 같은 해 8월 개정된 런던플랜 보고서를 발표하였다. 이 과정에 1,000여 개의 정부기관, 민간기업, 단체, 개인들의 의견수렴을 거쳤으며, 특히 시민들의 참여와 의견제시를 폭넓게 수용하여 12주간 진행하여 심화개정 보고서(FLAP)를 발간하였다.

〈표 8-1〉 런던 플랜의 목표 변화과정

연 도	6대 목표 내용
2004년	1. 열린 공간을 침해함 없이 런던의 경계 내에서 그 성장을 도모함 2. 주민들이 살기 좋은 도시, 런던을 만듦 3. 사회적인 통합을 추진하고 박탈이나 차별을 해결함 4. 런던의 접근성을 증진함 5. 런던이 좀 더 매력적이고, 잘 계획되고 친환경적인 도시가 되도록 함
2008년	1. 열린 공간을 침해함 없이 런던의 경계 내에서 그 성장을 도모함 2. 주민들이 살기에 적당하고 좋은 도시, 런던을 만듦 3. 강하고 다양한 장기적인 경제성장을 통해 좀 더 풍요로운 도시를 만듦 4. 사회적인 통합을 촉진하고 박탈이나 차별을 해결함 5. 런던의 접근성을 증진함 6. 런던의 기후변화에 적응하는 모범적인 도시이면서 좀 더 매력적이고, 잘 계획되고 환경친화적인 도시가 되도록 함

2011년	1. 런던이 경제성장과 인구증가라는 도전과제를 타개하는 도시가 되도록 함 2. 런던이 국제적으로 경쟁력 있고 성공적인 도시가 되도록 함 3. 런던이 다양하고 강력하며 안전하고 접근 가능한 지역성을 갖는 도시가 되도록 함 4. 런던이 감각을 즐겁게 하는 도시가 되도록 함 5. 런던이 환경을 증진하는 데에 세계 모범이 되는 도시가 되도록 함 6. 런던이 모든 사람에게 직업과 기회, 각종 시설을 접근함에 있어 쉽고 안전하며 편리한 도시가 되도록 함

자료 : 이태수(2016). 런던플랜과 서울시민의 복지기준 비교연구. 국제사회복지학, 6(1), 17-37.

런던플랜의 복지 관련 핵심지표에 주택과 건강, 고용, 사회서비스 관련 핵심수행 지료가 포함되어 있다. 예를 들어, 일정 규모의 저렴한 주택 공급을 목표로 하고 있으며, 건강 불평등에 대해서도 박탈이 가장 심한 지역과 가장 덜한 지역의 주민 간의 기대수명 격차를 줄이려는 목표를 제시하고 있다. 그리고 소수인종과 백인인종 간의 고용률 격차를 줄이기 위한 고용기회 증가를 계획하고 있다. 사회적 인프라와 관련해서는 초등학교 평균 학급당 학생 수 감소를 통해 서비스 수준을 개선하려는 목표를 세우고 있었다.

이와 같은 최저생활보장의 현대적 계승이 성공적으로 뿌리내리기 위해서는 구체적이고 명확한 미래의 지향점이 제시되어야 할 것이다. 특히 선진 복지국가와 비교하여 상대적으로 낮은 한국의 복지상황을 고려할 때 복지권 확보 등 도시 전체의 기능개선뿐만 아니라 복지국가의 지향성까지 구체적으로 계획해야 하는 부담이 있다. 하지만 불평등과 사회적 위기에 기반을 두고 최저생활보장의 현대적 설정을 추진해야 하는 것은 포기할 수 없는 시대적 과제라 할 수 있다. 4차 산업혁명으로 삶의 양식이 획기적으로 전환될 것이라는 기대 속에서 앞으로 더욱더 삶의 질 변화에 대한 새로운 시각—복지욕구와 지역사회 구성 등 공간과 기후・교통・비임금 노동 등—까지 포함하는 최저생활보장의 확장노력이 필요하다.

CHAPTER 09

최저생활기준 비교

CHAPTER 09

최저생활기준 비교

1. 분석기준

불평등과 격차, 고용불안 등이 심각해지면서 최저생활보장을 위한 대응논의가 다시 뜨거워지고 있다. 최저임금이나 기초연금, 기본소득 도입 등에 대한 논의가 활발하며 현행 소득보장제도와 관련해서는 각 나라의 최저생활보장제도에 대한 비교도 주목받고 있다. 여기에서는 각국의 최저생활보장제도를 비교하는 데에 참고가 될만한 기준을 검토해 보자.

첫째, 최저생활보장 기준 그 자체이다. 기초생활보장 기준이 최저생활보장 기준 그 자체를 구현하는 것이라고도 할 수 있지만, 최저임금, 실업급여 등이 그 기준을 나타낸다고 보는 국가도 있다. 하지만 제도의 기준 자체가 최저생활을 구현하는 것이 아닌 경우도 있다. 또한 노동능력이 제약되어 있는지 여부에 따라 복수의 최저생활보장 기준을 설정하고 노동능력이 제약되어 있지 않은 경우에는 보다 낮은 정도의 최저생활보장 기준을 정하고 있는 국가도 있다.

둘째, 최저생활보장 기준의 적절성 판단의 근거이다. 소득분위에 의한 소비실태 등과 대비하여 최저생활 기준으로서의 타당성을 검증할 수도 있다. 또한 그 기준의 타당성 근거는 전물량 방식에서 수준균형 방식으로 발전하는 경우도 있을 수 있으며, 기준 가구 유형도 다양하게 변하는 경우도 있다. 그러나 전물량 방식을 사용하여 물가지수 등에 근거하여 금액을 수정할 뿐만 아니라 조사대상 항목 자체를 수정하는 개정도 이루어지고 있다. 또한 금액을 수정하기 위한 지표도 물가지수뿐만 아니라 임금 상승률도 고려하는 등 다양하게 변한다.

셋째, 최저생활보장 기준의 다른 제도에 대한 영향과 관련된 것이다. 우리나라는 기초생활보장 요건이 사회보험료 감면 기준 등 다른 제도의 기준을 정할 때 참조가 되어 영향을 준다. 하지만 최저임금이나 실업급여액의 일정 비율에 더하여 최저생활보장 기준을 설정하는 국가도 있다. 그런 경우는 오히려 다른 제도의 기준이 가이드라인으로 작용하여 최저임금이나 실업급여액과 일정 거리를 두고 낮은 위치에 있게 된다.

넷째, 기준이 대상으로 하는 인구집단이다. 우리나라는 최후의 안전망으로서 인구, 사회경제적 속성에 관계없이 수급권자를 보편적 인구집단으로 대상으로 하는 제도다. 그러나 특정 인구학적 대상을 중심으로 범주별 사회부조를 운용하는 국가들도 있다. 그 집단에서 누락되는 사람들이 보편적 사회부조제도에 해당되므로 특정 대상자는 한정된 집단이 될 수밖에 없다.

다섯째, 사회부조제도와 다른 제도의 연계이다. 예를 들어, 일반적인 집세지원의 목적인 사회보장제도가 오랫동안 존재하지 않았기 때문에 기초생활보장 수급이 되어야 주거급여가 가능한 경우에 이를 어떻게 평가해야 할까? 독립적으로 집세보조를 목적으로 하는 사회수당이나 아동수당이나 급여조건부 세액공제가 충실히 시행되고 있는 국가들도 있다. 공공부조에 이르기 전 단계에서 충실한 소득보장이 이루어져 안전망의 연계에 의한 다층성이 확보된 국가들도 존재하는 것이다. 가장 보편적 복지에 가깝다는 북유럽 국가의 예를 통해 최저생활 기준에 대한 결정방식을 비교 검토함으로써 시사점을 도출해 보자.

2. 네덜란드

네덜란드는 북유럽과 대륙유럽 사이에 위치하고 있다. 전후 소득정책으로서 최저임금제도가 도입되었고 베버리지 보고의 영향을 받아 1943년 반 레인(Van Rhijn) 위원회를 기원으로 '생존의 최저한'을 목표로 하는 사회보장제도가 형성되었다. 네덜란드 사회보장은 크게 나누어 두 가지로 구분할 수 있다. 보험료 납부를 전제로 하는 사회보험과 조세를 재원으로 제공되는 공공부조이다.

사회보험은 국민보험제도와 피용자 보험제도로 이원화되며 이를 보조하는 것이 공공부조제도며 우리나라의 국민기초생활보장제도에 해당된다. 국민보험을 구성하는 주요 제도는 일반 노령연금, 특별의료비 보험, 일반 아동수당이다. 그리고 피용자 보험을 구성하는 주요 제도는 노동과 소득, 건강보험, 실업보험제도이다. 위의 제도들을 보완하는 공공부조를 구성하는 제도는 노동 및 사회적 부조, 연소자를 위한 장애급여, 장애노인에 대한 소득보장, 보충급여이다. 여기에서는 최저임금제도, 사회보험급여, 공공부조를 설명하고, 각 제도가 연동되어 있는 부분을 살펴볼 것이다.

1) 최저임금제도

최저임금제도는 사회보장제도와 연계되어 있다. 소득정책을 중심으로 정부와 노사의 협조를 법적으로 제도화하여 생활비 통계를 기본으로 임금 결정 시스템을 만들었다. 1969년 국내 소득상황을 고려하여 사회적으로 용인되는 노동임금을 보증할 목적으로 하는 최저임금제도(WMM : Wet Minimumlooon en Minimum-vakantiebijslag)가 도입되었다. 예를 들어, 2013년 최저임금은 23세 이상 월액 1,469.40€(주당 339.10), 23세 미만은 연령에 따라 감액되는 방식이었다. 그 수준은 경제상황을 반영하여 매년 1월 1일과 7월 1일 2회에 걸쳐 개정된다. 민간 및 정부 기관에서 단체교섭으로 협약임금이 합의되고 중앙경제정책분석국(CPB : Central Plan Bureau)의 거시경제전망(MEV : Macro-Economomische Verkenning)으로 공표되는 임금 변동을 고려하여 정치적으로 결정된다.

최저 시급액은 주 노동시간이 다양하므로 표준적인 36, 38, 40시간을 축으로 산출되고 각 시간 9.42€, 8.92€, 8.48€이다. 최저임금은 전체 산업 평균시급액에 비하여 낮게 억제되고 있다. 노동시장의 임금상승률이 높고 그에 수반되는 최저임금 인상이 고용에 큰 영향을 끼친다고 예상되는 경우, 실업자나 장애인 등의 사회보장급여 수급자 증가가 뚜렷하여 조세나 사회보험료율의 대폭적인 인상이 필요한 경우에 정부가 동결할 수도 있다. 이 경우 취업자 대비 사회보장 수급자 수의 비율이 일정 수준(0.8)을 초과할 경우에 동결할 수 있다. 단, 노사정이 구성하는 제3자 기관의 사회경제평의회(SER : Social Economische Raad)에 설명할 책임이 있다.

〈표 9-1〉 네덜란드 최저임금과 평균임금의 추이(단위 : 지수)

구분 \ 연도	1990	1991	1992	1993	1994	1995	1996	1997	1998	1999
평균임금	2.9	3.6	4.2	3.1	1.5	1.2	1.6	2	2.8	2.7
최저임금	1.8	3.1	3.1	0.7	0	0	1.4	1.7	2.7	3
구분 \ 연도	2000	2001	2002	2003	2004	2005	2006	2007	2008	2009
평균임금	3.2	4.3	3.7	2.8	1.2	0.7	2.1	2	3.5	2.8
최저임금	2.8	6	4.4	3.1	0.6	0	1.1	2.4	2.8	3.3

출처 : 島村 玲雄(2014), p. 21 재인용.

<표 9－1>의 1993~1995년, 2004~2005년 부분의 짙은 색 부분 최저임금은 시장의 성장에 비하여 억제되었던 해를 나타내는 것이다. 최저임금 개정과 동시에 가구 유형마다 하루 액수에 해당하는 최저기준(배우자 2인 가구 67.56€, 한부모 63.70€, 23세 이상 단독 가구 51.21€)이 발표된다. 2인 가구를 100으로 볼 때 한부모는 94, 단독 가구는 75라는 비율이 된다. 예를 들어, 2011년 단독 가구에서 최저생활비가 주거비 360€, 수도광열비 87€, 식비 173€, 보험・의료비 57€, 교통비 13€와 인터넷요금 49€ 등 최저 필요비용 934€, 여기에 오락비 32€와 교제비 24€ 등 사회참가를 위한 비용 88€를 더하여 합계 1,022€가 최저임금 및 사회적 최저기준으로 네덜란드의 최저생활보장 수준이라 할 수 있다. 사회보장 및 공공부조 급여수준은 최저임금을 기본으로 21～65세 미만 2인 가구는 최저임금의 100%, 21～65세 미만 한부모는 70%, 21～65세 미만 독신자는 50%가 표준부조 기준이 되고 있다.

2) 사회보험제도

네덜란드 연금은 조세를 재원으로 하는 연금과 피용자 보험제도, 직역연금, 개인연금 3층으로 이루어지며, 1층을 구성하는 것이 일반노령연금(AOW : Algemene Ouderdomswet)과 일반유족연금(ANW)이다. AOW는 15~64세까지 소득비례 보험료를 납부하고 65세부터 급여를 받지만 납부하지 않은 연도가 있으면 1년마다 급여액의 2%가 감액된다. 표준급여액은 독신자 1,056.72€, 커플 722.21€, 한부모 1,338.07€이다.

실업급여(WW : Werklooscheidewer)는 피용자(기업의 피용자와 공무원)를 대상으로 한 제도이다. 급여는 실업상태로부터 거슬러 36주 동안 26주 이상 고용관계가 있어야 수급 가능하다. 급여는 최초 2개월은 실업 전 75%(일액 임금으로 194.85€

상한)에서, 그 후는 70%가 된다. AOW는 해외생활 등으로 급여액이 적어 급여액이 감액되는 경우, WW에서 실업급여가 사회적 최저기준을 밑도는 경우에는 부가급여를 받을 수 있다.

장애보험(WIA)은 노동능력법에 의한 노동과 소득을 본다. WIA는 피용자가 장애를 안고 있는 104주일 동안 취업이 불가능하고 직업상 장애도가 35% 이상인 경우에 급여대상이 된다. 장애 정도에 따라 지급액이 변하지만 급여기간은 최소 3개월, 최장 38개월, 급여액은 최초 2개월은 당일 임금의 75%, 그 후 당일 임금의 70%가 된다.

일반아동수당(AKW)은 아동의 연령에 따라 분기마다 급여액이 달라진다. 지급액은 0~5세는 191.65€, 6~11세 232.71€, 12~17세 273.78€가 되고 있다. 이는 아동이 있는 세대 모두가 대상이 되지만 공공부조 수급자의 경우 부조상한을 넘지 않는 범위에서 수급할 수 있다.

3) 공공부조제도

네덜란드의 사회보험은 납부상황에 따라 급여액이 최저생활 수준에 미치지 못하는 경우가 있다. 그래서 공공부조제도와 같은 조세를 재원으로 하는 보조급여에 따라 소득이 보장되게 된다. 장애인이 취업을 할 수 없는 경우에는 장애인을 위한 다른 사회부조로 최저생활을 보장하고 있다.

공공부조의 장애급여는 세 가지가 있다.

첫째, 연소자를 위한 장애급여(Wet Wajong)는 연소자가 취업 이전에 장애를 가진 경우에 소득보조를 목적으로 하는 제도이다. 급여액은 급여를 포함한 총소득이 최저임금의 75% 수준에 이르도록 설정되어 있다. 27세 이상으로 노동능력이 있는 경우나 항상 돌봄이 필요한 경우 100%까지 보장된다. 각 연령의 급여액은 당일 금액 67.56€(1개월 최저임금에서 휴일수당을 공제한 금액을 21.75로 나눈 액수)가 지급되고 23세 미만 수급자는 감액되지만 동시에 보충적 급여도 이루어진다.

둘째, 장애노인에 대해서는 고령 및 부분적 장애 실업자에 대한 소득보장(IOAW), 고령 및 부분적 장애 은퇴자영업자에 대한 소득보장(IOAZ) 두 가지로 부조가 이루어진다. IOAW 대상자는 적어도 실업했을 때 50세로, 3개월 이상 완전한 액수의 WW 급여를 받고 있는 자, 장애 정도의 재평가로 수급자격을 상실한 실업자 등이다. 급여액은 노동소득이나 연금, 실업수당 등 다른 급여를 포함한 저소득이 사회적 최저기준을 충족하지 않는 경우에 그 수준까지의 차액이 된다. 마찬가지로 자영업자를 대상으로 한 IOAZ 수급자격은 55세 이상으로 자영업 최저연소득 21,365€ 미만인 사람이며 계속적인 노동을 기대할 수 없는 자이다. IOAW와 IOAZ 급여액은 23세 이상의 독신자 월액 1,202.83€, 21세 이상 한부모 1,497.89€, 21세 이상 부모 1,567.40€가 되고 있다.

셋째, 보험급여나 장애급여로 총소득이 사회적 최저기준 생활수준에 도달하지 않는 경우에 이것을 보충하는 것이 보충급여제도(TW)이다. TW는 WW와 Wajong 등의 수급자와 파트너의 급여를 포함한 합산소득이 최저임금을 충족하지 못하는 경우, 18세 이하의 아동이 있는 한부모 가구 소득이 최저임금의 90%에 이르지 못하는 경우, 그 부족분을 보충하는 급여이다. 본인과 파트너의 소득과 각 급여를 합산한 소득에 표준 총액까지의 차액을 TW로 보충한다. 소득 산정에는 주택이나 저축 등의 자산은 고려되지 않고, 더욱이 2년 이내라면 노동소득 일부(최대 최저임금의 15%)는 보충급여 수급요건의 소득으로 산정하지 않는다. 표준적 급여액은 당일 액수의 사회적 최저기준 액수까지 되고 있다. 단, 21세 이하로 자기 집이 있는 경우, 40세 미만으로 배우자와 결혼하여 12세 이하 자녀가 없는 경우, 소득이 최저임금의 70% 미만의 단독가구 등은 보충급여 적용 제외 대상이다.

노동 및 사회적 부조(WWB)는 네덜란드에 거주하는 모든 사람을 대상으로 생활에 필요한 생계비를 충당할 수 없을 때에 최저소득을 보장하는 제도이다. 소득보장의 최후 안전망이라는 의미에서 노동시장으로 회복하기까지의 일시적 지원으로 정책방향이 전환되었던 1996년 급여액은 삭감되었다. 급여에는 신청자가 자활을 위하여 구직하도록 요건이 주어져 있으며 신청자는 일자리를 소개받으면 수용해야 한다. 만일 스스로 일자리를 찾을 수 없을 경우에는 고용보험국의 구직부서나 재활회사의 구직 및 직업훈련 지원이 이루어질 필요가 있다. 급여는 노동소득이나 다른 급여를 받고 있는 경우에 사회적 최저기준을 상한으로 산정되고 일정액 이상의 자산도 산정된다. 최종 급여액은 거주하는 지방자치단체에 재량이 있으며 부가급여 결정에 재량권이 인정되고 있다(島村 玲雄, 2013).

〈표 9-2〉 WWB의 급여 금액(단위 : €)

가족형태(21~65세)	급여액(월액)	휴일수당	총 액
2인	1,255.86	66.10	1,321.96
한부모	879.10	46.27	925.37
독신자	627.93	33.05	660.98
한부모와 독신자의 부가급여 상한	251.17	13.22	264.39

출처 : 島村 玲雄(2013), p. 23 재인용.

〈표 9-3〉 최저임금과 사회급여액(단위 : €)

구 분	2인	한부모	독 신
사회적 최저한	1,469.4(100%)	1,385.47(94%)	1,113.81(76%)
최저임금액	1,469.444		
AOW	1,444.42(100%)	1,338.07(92%)	1,056.72(73%)
WWB	1,255.86(100%)	879.10(70%)	627.93(50%)

출처 : 島村 玲雄(2013), p. 23 재인용.

3. 덴마크

덴마크는 선진국 중 가장 빈곤율이 낮은 국가로 알려져 있는데, 실제로 OECD 가맹국의 재분배 후 빈곤율 비교에서 OECD 평균은 10.6%, 덴마크는 5.3%로 가맹국 중에서 가장 낮은 수준을 보여주고 있다. 더욱이 덴마크의 빈곤율은 재분배 전후로 18% 가까이 개선되고 있으므로 저소득층 대책이 효과적인 복지제도가 구축되어 있다고 할 수 있다. 국제적으로 낮은 빈곤율을 자랑하는 덴마크 사회보장제도는 헌법 제75조에서 생존보장 및 부조에 있어서 보충원칙을 제시하고 있다(菅沼隆, 2011).

덴마크에서 최저생활보장을 구현하는 제도는 공공부조, 실업보험, 노령 최저소득보장, 협약임금이다. 여기서 공공부조, 실업보험, 노령 최저소득보장 수준과 평균 노동자 임금(AW=100%)을 OECD에 근거하여 그 수준을 살펴보자. 단독 가구의 급여수준 관계를 비교해 보면 실업급여의 최저액이 가장 높고(2010년 전후 AW 대비 43%), 다음으로 노령 최저소득보장(2010년 전후 AW 대비 34%), 공공부조(2010년 전후 AW 대비 31%)가 되고 있다. 공공부조 수준이 매우 낮은 것처럼 보이지만 OECD 국가 중에서는 네덜란드, 아일랜드에 이어서 3번째로 높은 수준이다.

덴마크에서는 공공부조 급여액이 실업보험 상한액의 일정 비율에 상당하는 수준이며, 보충적인 주택수당과의 합계액에 대하여 일정한 상한이 설정되어 있는 등 최저생활보장 수준에 관해서 공공부조뿐만 아니라 다른 제도와의 관련이 중요하다.

1) 실업보험과 공공부조 개요

덴마크는 실업부조에 해당하는 제도가 없으므로 실업자의 생활보장은 실업보험제도와 공공부조로 이루어진다. 덴마크 실업보험제도는 노동조합이 실업기금을 관리하는 방식이며 임의가입에도 불구하고 높은 가입률을 보이고 있다. 실업보험에 가입하고 있던 실업자는 실업급여를 받을 수 있지만, 일정 기간(2010년의 경우 1년간)을 경과하면 수급자격을 상실하고 공공부조로 이동된다. 실업급여 수준은 실업 전 소득의 90%가 지급되는데, 급여 상한액이 세 개의 가입형태(풀타임 피보험자, 파트타임 피보험자, 신규 졸업자 및 직업훈련 수료 피보험자)에 따라 설정되므로 그것을 초월한 고소득자의 급여수준은 소득에 따라 소득대체율이 낮아지게 된다. 또한 급여액은 상한액의 82%가 최저급여액으로 설정된다(菅沼隆, 2011).

공공부조는 일반부조 방식이다. 수급요건은 단순한 저소득뿐만 아니라 실업이나 질병, 임신, 이혼, 별거, 배우자 사망 등의 사회적 상황 발생이 조건이다. 실제 노동시장 참가능력을 기준으로 다섯 가지 적합구분에 따라 구직활동 의무화나 노동시간 조건이 달라진다.

「적극적 사회정책에 관한 법률(Lov om aktiv socialpolitik)」에 근거하여 현금지원도 가능하다. 구체적으로는 ① 생계부조, ② 활성화서비스, ③ 재활급여, ④ 유연한 노동과 관련된 급여, ⑤ 특별부조 등을 들 수 있다(Statistics Denmark, 2012). 여기에서 우리나라 생계급여와 유사한 생계부조의 경우 연령(25세), 부양아동 유무, 부모와의 동거 유무에 따라 변한다. 또한 1994년 실업보험제도 개혁 이후 단독 가구 및 부양아동이 있는 가구의 급여액은 각각 풀타임 피보험자의 실업급여 상한액의 약 60%와 80%의 수준에 해당한다(OECD, 2011).

이처럼 실업급여 상한액과의 관계는 통상 풀타임 노동자의 소득수준이 실업급여에 있어서 상한액 80%를 밑돌지 않도록 설정하는 것이다. 수급 시작 후 6개월이 지난 후부터 공공부조와 일반주택수당 급여총액이 가구원 수, 부모와의 동거 여부, 부양아동의 유무에 근거하여 결정되는 상한액을 초과하는 경우, 그 상한액까지만 지급된다. 더욱이 집세 총액에서 일반주택 수당을 제외한 금액이 일정액을 초과하는 경우는 일반주택 수당과는 별개로 특별주택 급여가 지급된다.

특별주택급여 지급액은 급여기간에 따라 상한액이 설정되며 최초 3개월 동안은 총소득액이 과세 후의 종전 소득의 90%를 초과해서는 안 되며 3개월 이후에는 총소득액이 과세 후의 실업보험 상한액을 초과할 수 없도록 조정된다. 또한 2012년 1월에 폐지되었지만, 초기지원 및 300시간 규칙이라는 특정 요건을 충족하지 않는 수급자의 수급액이 감액되었다.

초기지원이란 국내의 8년 중 최장 7년간 거주해야 하는 요건이 충족되지 않으면 현금지원이 약 절반으로 감액되는 제도이다. 300시간 규칙이란 부부 어느 한쪽이 과거 2년 동안 최저 300시간 노동시간이 필요한 조건이며, 만일 이러한 요건이 충족되지 않는 경우 부부 1명에 대한 지급액은 취소되는 방식이었다.

2) 공공부조 급여수준 결정방식

현금지원 급여수준의 계상방식은 주로 소비자 조사에 근거한 전물량 방식이다. 개정방식은 1년 주기로 연간 임금 상승률에 근거하여 개정되는 방식이지만, 이는 현금지원에 한정되지 않고 실업급여나 연금급여 등 소득이전에도 적용된다. 개정은 연간 임금상승률 2.0%를 초과한 경우에 억제되지만 그 범위는 최대 0.3%이다. 현금지원 급여수준, 평균임금 수준, 협약임금 수준 상승률 추이를 살펴보면, 2000년대 이후 연간 임금상승률은 현금지원 급여수준

상승률을 항상 2.0% 이상 수준으로 초과하고 있으므로 억제기능이 작동하여 실질적으로 급여수준이 인하되었다고 할 수 있다. 기준 결정 자체는 전국에서 통일적으로 정해지고 지방 정부에서 조정은 하지 않는다. 단지 서비스 주체인 지방자치단체는 수급자의 장래와 관련된 심각한 이유가 인정되면 지원하는 것이 허용된다(OECD, 2011).

최저생활보장을 보완하는 제도로서 협약임금, 연금제도, 주택수당, 아동수당 등이 있다. 덴마크는 법정 최저임금제도는 없지만 노사협약에 의해 최저임금이 정해진다. 이어서 공적연금제도와 최저생활보장 관계는 전 국민을 대상으로 하는 국민연금제도와 저소득층을 대상으로 하는 보완적 연금급여 제도가 그에 해당한다. 단지 공공부조 수급자에 노인세대가 적게 반영되는데, 이는 공적연금이 노인의 최저생활보장을 보완하고 있다는 것을 반영하고 있다(Ministry of Foreign Affairs of Denmark, 2003).

주택수당과 아동수당은 현금지원 수급자도 지급대상이 되므로 최저생활보장의 보완적 역할을 하고 있다. 우선 주택수당은 일반 주택수당과 연금수급자와 장애인을 위한 주택보조 두 가지로 준비되어 있다. 특히 저소득층 대책으로서 일반 주택수당은 현금을 지원하는 보완적 역할을 하고 있으며 금액은 가구 수입이나 인원수, 집세, 주거면적을 기본으로 산정된다. 아동수당은 18세 미만 모든 아동에게 지급되는데 지급액은 연령계층이 낮을수록 높다. 매년 소비자 물가지수의 동향을 반영한 방식으로 지급되고 있다.

3) 최저생활보장 수준

덴마크의 최저생활보장제도에 대하여 살펴보았지만, 실제로는 덴마크에서 공식적인 빈곤기준 또는 최저생활 수준은 존재하지 않는다. 그렇지만 2001년부터 2007년 사이에 OECD 정의의 상대적 빈곤율이 1.6% 상승한 것을 배경으로 빈곤기준 설정에 관한 논의가 전개되었다.

정부위원회는 앞으로 검토되어야 할 빈곤기준으로 OECD나 EU가 정하고 있는 상대적 빈곤율에 준한 소득방식, 재산과 서비스의 전물량 방식에 근거한 생활비 방식, 국민의 평가를 반영한 빈곤방식 세 가지를 조합할 것을 제안하였다. 생활비 방식에 의해 소비자청이 1993년과 2001년에 표준생활비를, 사회분석센터가 2004년에 최저생활비를 발표하고 있다.

표준생활비는 일반세대의 재정계획이나 지침기준을 제공하는 것이 목적이며 적극적 사회참가를 전제로 하는 일반적인 지출비용을 통해 공공부조 수급자를 대상으로 하는 것이다. 최저생활비 산정에는 식료품비, 신문과 도서, 여가활동, 전화 등 통신수단, 라디오, TV, 자전거, 대중교통 수단 비용 등이 포함되는데, 주택비용, 노동조합비, 의약품 비용 등은 포함되지 않는다. 또한 비용 산정에는 4개의 가구모델(39~40세 단독여성, 39~49세 단독여성과 3~6세 아동 1명, 30~49세 부부, 39~40세 양부모와 3~6세 및 11~14세 아동 2인)이 상정되고 있으며, 각자 생활비는 표준생활비 46~56% 수준에 해당한다.

실업급여, 현금지원액은 모두 가구 모델에 있어서 최저생활비를 웃돌고 있다(倉地眞太郎, 2013 : 27). 그런데 사회적 약자를 위한 평의회는 현금지원 수급자를 대상으로 하는 인터뷰 조사를 근거로 현금지원에 있어서 급여총액 상한액, 6개월 후 급여 상한액, 300시간 규칙이 적용되는 현금지원 수급자 25%가 최저한으로 필요한 지출액 하루 43크로네를 밑도는 급여수준, 의료서비스 접근이나 가족 등의 교류가 저해되는 문제 등을 들어 초기 지원 및 300시간 규칙이라는 감액기준 폐지를 제안하였다. 그 결과 2012년 1월에 초기지원 및 300시간 규칙이 폐지되고 급여수준은 부분적으로 개선되었다.

4. 스웨덴

1) 성 격

스웨덴은 생활주기에 따른 다양한 소득상실에 대응하도록 각종 사회보장 제도가 설계되어 있으며, 취업자에 대해서 실업보험이나 부모보험이, 노령기에는 소득비례 노령연금이나 최저보장연금 등 사회보험이 대응하고 있다. 모든 제도는 전국적으로 통일된 기준이 마련되어 있으며 중앙정부가 관리 운영하고 있다. 이러한 사회보장제도와는 별개로 거기에서 누락되고 있는 저소득 계층에 대해서는 일반적으로 공공부조(socialbidrag)가 준비되어 있다. 최저보장연금 등의 정비가 진행되면서 공공부조는 노인 이외의 최저생활보장을 제공하는 제도로 생각할 수 있다.

우리나라의 기초생활보장제도와 마찬가지로 자산조사를 부과하며 소극적 보충성 원리가 적용되는 선별적 제도이며 경제적 지원과 복지서비스 활동이 동시에 제공된다. 국적 조건이 없다는 것, 부모 등 부양의무가 수급조건에 없다는 것, 근로소득에 대한 공제를 인정하지 않는다는 것 등은 우리와 다른 점이다.

공공부조 급여액은 ① 전국 표준, ② 전국 표준범위 외의 합리적 비용, ③ 기타 생활에 필요한 지원 세 가지를 들 수 있다. ②와 ③은 기초자치단체인 코뮨(Kommun)의 재량으로 급여기준을 결정하며 ①은 사회청(Socialstyrelsen)이 전국 표준을 설정하므로 코뮨은 원칙적으로 이 금액을 밑도는 금액을 설정한다.

①에 포함되는 전국 표준은 개인단위의 부조액과 가구단위 부조액으로 분류되며 개인단위 부조비는 식비, 의류, 신발, 여가비, 보건의료비 등이 포함된다. 가구단위 부조비는 일상 소모품비, 신문 구독비, 전화요금, TV 등록비 등

이 포함된다. 또한 전국 표준범위에는 포함되지 않지만 합리적인 비용으로 급여대상이 되는 것은 주거비, 전기요금, 통근비용, 노동조합비, 실업보험 등이 있으며 각각에 대하여 타당한 수준을 코뮨이 결정한다. 또한 기타 생활에 필요한 지원(③)은 임시적인 비용 등을 포함하는데 보육비용, 장례비용, 이사비용, 안경 및 렌즈 등 일시적 수요를 포함한다. 또한 다리를 다쳤을 때 신발을 추가적으로 구입해야 하는 경우 필요한 비용 등 비일상적 수요에도 대응하고 있다.

급여의 기초금액은 개인단위, 가구단위 부조비를 각각 합하여 계산하는 것으로 산출한다. 2012년의 경우 독신자는 독신자 개인단위 부조비 2,950크로네에 더하여 가구 인원별로 곱해지는 부조비의 1명 몫에 해당하는 930크로네를 합산한 3,880크로네가 전국 표준 급여의 기초가 된다.

2) 급여기준의 재량권과 급여수준

공공부조 전국 표준액은 소비자청이 매년 발표하고 있는 합리적 생활비에 근거하여 사회청이 결정한다. 합리적 생활비란 1978년에 최초의 조사결과가 발표된 이후, 3년마다 조사에 근거하여 산정하고 있으며 그 결과는 매년 발표되고 있다.

조사가 직접 실시되지 않는 해는 가장 최근의 산정결과에 소비자 물가지수 등을 조정하여 개정하고 있다. 합리적 생활비는 사회부조의 전국 표준을 결정하기 위해서만 실시되는 조사가 아니며 그 용도는 코뮨에서의 장애인과 노인 등에 대한 수당 등 기타 사회복지급여 검토나 민간금융기관의 여신조사, 학교에서의 가계교육, 매스컴 등에 활용된다. 합리적 생활비는 소위 전물량방식을 채택하고 있으며 생활을 영위하기에 필요한 합리적 비용을 조사에 의해 계산하고 있다.

스웨덴에서는 대부분의 소득보장제도가 중앙 차원에서 실시되고 있지만, 공공부조는 재원 · 운영 · 기준 설정도 포함하여 코뮨이 담당하고 있다. 따라서 급여기준액 결정에는 코뮨의 재정상황이 반영되지만 재원 확보를 목적으로 하는 중앙정부로부터의 재정지원은 이루어지고 있지 않으므로 재정이 악화된 지역에서는 급여기준액이 낮아지는 문제가 발생한다.

실제 1960년대 불황기에 사회청이 제시하는 가이드라인을 밑도는 급여기준액을 설정하는 코뮨이 등장했고, 1994년에는 최고 행정법원이 이러한 코뮨의 움직임을 추인하는 판단을 제시하는 등 지역 사이의 격차가 인정되고 있었다. 1998년에 사회서비스법이 일부 개정되어 공공부조 비용 항목은 전국 표준액을 보여주는 부분과 코뮨의 재량에 맡겨지는 부분으로 정리되었다. 이후 전국 표준액은 거의 코뮨에서 준수되고 있다. 또한 전국 표준이 보여주고 있지 않은 수요에 대해서는 각 코뮨의 판단에 맡겨지고 있으므로 이들 급여에 대해서는 지역마다 재정상황이 반영되기 쉬워 지역 격차의 원인이 되고 있다.

스웨덴에서는 물가기준액이 매년 발표되고 있으며 다양한 사회보장급여 수준을 상대적으로 지표화하는 경우 널리 사용되고 있다. 물가기준액은 소비자 물가지수(KPI)에 의해 좌우되는 지표이며 각 급여액은 물가기준액에 일정한 변수를 곱한 액수로 제시되는 경우가 많다. 즉, 사회보장급여가 물가의 영향을 받아 실질적으로 가격이 하락하는 것을 회피하기 위하여 사용되는 지표이다. 1998년 물가기준액 36,396크로네에 대하여 직전 년도의 6월과 매년 6월의 소비자 물가지수의 비율을 곱한 액수로 산출하고 있다. 공공부조 전국 표준과 물가기준액의 관계성을 보면 양자는 대략 연동되고 있으며, 특히 1997년 이후에는 물가기준액에 대한 독신자의 부조비 비중은 1.00~1.05 사이에서 안정적으로 관리되고 있다.

3) 노인과 이민자를 위한 부조

노년기 소득 보장은 사회보장 방식에 의한 소득비례 노령연금제도 및 조세 방식에 의한 최저보장연금에 의해 보장되고 있다. 최저보장연금은 연금액이 노년기 생활수준을 유지하기에 부족한 부분에 대해 급여되므로 최저생계보장 성격이 있지만, 제도 분류는 연금제도의 일부로 다루어진다. 스웨덴 국내에 16세부터 64세 사이에 최저 3년 이상 거주하는 것이 요건이 있으며 완전한 금액을 수령하기 위해서는 40년간 거주가 요구된다.

최저보장연금의 만기 수급액은 독신자는 물가기준액 2.13배, 부부 또는 커플 1.90배로 설정되어 있다. 소득비례 노령연금 수급액이 증가함에 따라 최저보장연금 수급액은 감소하고, 소득비례 노령연금 수급액이 독신자는 물가기준액의 3.07배, 부부 또는 커플 2.72배로 되는 단계에서 최저보장연금의 급여는 정지된다.

이와 같은 최저보장연금은 노령기 소득 보장을 실현하고 있지만, 스웨덴은 역사적으로도 적극적으로 이민을 수용하였으므로 중년층이 되어서 스웨덴으로 이주한 사람들은 스웨덴 국내에서의 거주기간이 짧아 충분한 최저보장연금을 받을 수 없는 경우가 생긴다.

이 때문에 최저보장연금을 보완하는 노인생계부조가 마련되었다. 공공부조는 행정이 정기적으로 수급자의 소득이나 취업상황에 대하여 확인할 필요가 있는데, 노인은 일반적으로 소득 변화가 적어 이러한 절차의 필요성은 낮다. 또한 사회부조는 일시적인 소득 결핍에 대하여 소득보장을 실시하는 것을 목적으로 하는 제도라고 명시되어 있으며, 노인의 소득문제는 임금에 의한 소득 회복을 기대할 수 없으므로 장기 수급이 될 경향이 강하며 공공부조제도의 취지에도 맞지 않는다는 점이 지적되어 왔다.

급여기준은 독신자의 경우 물가기준액의 1.3546배로, 부부 또는 커플에 대해서는 1.1446배로 설정되어 있으며 공공부조 전국 표준보다는 약간 높은 액수로 설정되어 있다. 또한 사회보험제도로 분류되지만 수급을 위해서는 자산조사가 필요하다.

단지 보유자산 중 10만 크로네까지는 공제대상으로 하고 이를 초과하는 자산의 15%가 소득으로 인정된다. 이 점은 근로공제나 예금보유를 원칙적으로 인정하지 않는 다른 부조와는 다른 점이다.

〈표 9-4〉 공공부조비의 기본 구조 : 사회청이 기준을 제시하고 코뮨이 최종 결정

전국 표준	개인단위 부조비 : 식비, 의류, 여가비, 보건의료비, 아동보험료
	가구단위 부조비 : 일상 소모품, 신문 구독비, 전화, TV 등록비 등
전국 기준 범위 외의 합리적 비용	주거비, 전기요금, 주택보험, 통근비, 노동조합비, 실업보험 금고, 보험료 등
기타 생활에 필요한 지원	보육비용, 장례비용, 이사비용, 안경, 콘택트렌즈, 가재도구 등

출처 : www.eskilstuna.se

〈표 9-5〉 공공부조 전국표준액(2012)(단위 : 크로네)

• 개인단위 부조(어른)

독신자	부부
2,950	5,320

• 가구 인원별 부조비

1인	2인	3인	4인	5인	6인	7인
930	1,040	1,310	1,490	1,710	1,950	2,120

• 개인단위 부조(아동)

	0세	1~2세	3세	4~6세	7~10세	11~14세	15~18세	19~20세
점심 급식 무	1,740	1,980	1,730	1,980	2,410	2,840	3,250	3,280
점심 급식 유	1,610	1,800	1,550	1,730				

출처 : Socialstylesen(2012), 岩名由佳(2013), p. 31 재인용.

CHAPTER 10

공공전달체계 사회복지사의 역할 비교 : 일본과 미국

CHAPTER 10

공공전달체계 사회복지사의 역할 비교 : 일본과 미국

1. 일본의 복지사무소와 사회복지사

우리나라는 복지사무 전담조직의 설치근거는 법제화되어 있으며 행정 전달체계 속에 사회복지직 공무원이 일선 공공복지 전달인력으로 역할을 하고 있다.

일본의 경우 복지사무소가 설치되어 있으며 거기에서 일하는 인력을 케이스워커라 한다(木下武德, 2013 : 70). 일본의 복지사무소는 2차 세계대전 패전 후 사회정책을 실시하고 일본 헌법 제25조의 생존권을 보장해 온 매우 중요한 기관이다. 그러나 2000년 중반에 기타큐슈 지역에서 아사사건이 발생하고, 2012년 1월에는 삿포로시에서 자매가 사망하는 사건이 발생하는 등 생활이 어려운 사람들이 복지사무소에 찾아가도 일본의 생활보호를 이용하지 못하고 사망하는 사건이 잇달아 발생하면서 한계를 보이기 시작하였다.

일본 생활보호의 포착률은 20~30% 정도로 알려져 있는데 다수 사람이 생활보호 기준 이하의 생활곤란에 처해 있으면서도 제도에서 배제되어 있다는 의미이다. 따라서 지원의 방향은 생활이 어려운 사람들이 제도를 쉽게 이용할 수 있게 하여 포착률을 끌어올리는 것이며, 그것을 위해 복지사무소 상담지원 기능을 강화하는 것이다.

그러나 2012년 4월에 개최된 일본 후생노동성 사회보장심의회가 마련한 생활곤란자 지원체계의 핵심을 살펴보면 생활보호를 받지 않고 자립할 수 있도록 취업지원과 생활지원을 실시하는 것이 목적이며 어떻게 지원을 실시할 것인가에 대해서는 공적 기관의 지원뿐만 아니라 민간비영리 조직과 사회복지법인의 협동에 의해 취업과 생활지원을 전개해 나가는 것을 강조하고 있다.

한편 복지사무소는 지방자치단체 케이스워크 업무 외부위탁 촉진이 제기되었다. 즉, 생활이 어려운 사람이 생활보호를 이용하지 않도록 대응하며 생활지원은 민간에 맡기고 복지사무소는 생활지원, 즉 케이스워크 업무 역할을 축소하는 것이라 할 수 있다.

후생노동성은 케이스워크 업무 등 복지사무소 상담 지원 기능의 민간위탁을 가능하게 하기 위한 구체적 대책으로 종합상담 지원창구 또는 새로운 상담지원사업을 시작하는 것을 원하였다. 2013년 1월 생활곤란자 지원체계 최종 보고서는 새로운 상담지원사업의 내용을 생활곤란자 파악과 사정, 지원계획 수립, 필요한 지원과 연결, 지역사회 만들기와 사회자원 개발 등 전문적 지원을 담당하는 것이라 정리하였다. 그리고 복지사무소는 생활보호 이용자의 지원에 책임을 지며 새로운 상담지원사업의 지원에도 관여한다.

복지사무소에서는 사회복지사 등의 전문직을 배치하는 정비조건이 지금까지 없었지만 민간위탁에 의해 그런 경향은 더욱 커질 것이라 예상할 수 있다. 그렇다면 생활보호 이용자의 케이스워크 업무는 전문성이 요구되는 새로운 상담지원사업이 담당해야 할 몫으로 보인다.

물론 이런 재편 움직임에 비판의 목소리가 제기되는 것도 사실이다. 사실상 복지사무소 케이스워커로부터 케이스워크 기능을 제거하고 민간위탁에 맡기면 복지사무소는 사실상 민간화 또는 해체의 길로 갈 수도 있다는 것이다. 그 결과 행정의 빈곤문제에 대한 책임이 약화된다는 것이다.

이러한 비슷한 동향을 보였던 것이 미국의 복지사무소에 관한 연구와 논쟁이다. 미국은 1960년대부터 자격심사 및 현금급여 기능과 케이스워크 기능의 분리에 관한 논의가 활발하였다. 여기서는 복지사무소를 전면적으로 민간화한 위스콘신주 밀워키 지역의 개혁동향(木下武德, 2013 : 72)을 참고로 비교하면 공공과 민간의 복지전달체계 역할과 협력에 대한 올바른 방향키를 설정하는 데 아이디어를 얻을 수 있을 것이다. 먼저 일본의 복지사무소 기능의 분리와 통합을 둘러싼 민영화 동향을 살펴보자.

1) 복지사무소 기능의 민영화 동향과 논의

일본의 복지사무소 동향을 살펴보면 그 역할 수행에서 노인복지 상담지원 창구가 되는 재택개호지원센터 설립이 중요하다. 1994년 노인복지에서 정해져 복지사무소에 의해 직영으로 운영되었지만 1998년에 민간위탁이 인정되었다. 이 때문에 복지사무소로부터 노인의 상담지원 기능이 민영화되었다.

그 후 장애인복지와 아동복지도 포함하여 외부에 민간 상담지원기관을 만들어 복지사무소는 그 역할이 축소되었다. 2006년에는 노인학대 상담지원 등 지금까지 민간위탁이 어렵고 복지사무소에서 최종적으로 대응했던 부분에 대해서도 지역포괄지원센터가 설치되어 민간위탁이 가능해졌다. 1997년 개호보험법을 계기로 사회복지 기초개혁에 이르는 2000년의 사회복지법에 의해 지금까지 행정의무인 조치제도를 해체하여 이용자가 민간 복지서비스를 자유롭게 구입, 계약하는 것을 지원하는 이용계약 방식으로 바꾸었다.

개호보험제도나 장애인복지의 2003년 지원비 제도, 2006년 자립지원법에 의해 복지사무소는 노인이나 장애인 분야에서는 직접적인 서비스 제공책임을 갖지 않게 되었다. 그래서 복지사무소는 노인 및 장애인 분야 등에서는 자격결정과 자금제공, 규칙이나 계획수립 등 관리업무에 집중하게 되었다. 한편 복지사무소로에는 이용자의 최저생활보장 기능을 하는 최후의 제도로서 생활보호제도만 남겨졌고, 생활지원 공무원으로서 생활보호 케이스워커만 존재하게 되었다. 앞으로 이 부분도 민간에게 위탁하고자 하는 것이다.

이처럼 생활보호 케이스워크 기능의 민영화가 정책논의의 초점이 되는 이유가 무엇일까? 무엇보다 일본 생활보호 이용자의 증가를 들 수 있다. 2002년 3월 110만 명이었던 생활보호자 수는 2012년 11월 214만 명으로 2배 이상 늘어났다. 이에 대응하기 위하여 복지사무소 케이스워커도 늘어나야 한다.

생활보호에서는 군 지역에서는 이용자 65명 대비 1명, 시 지역에서는 80명 대비 1명의 케이스워커를 두게 되어 있다. 그러나 공무원 억제정책으로 인하여 케이스워커를 늘리기가 매우 어렵다.

후생노동성의 현황조사(2009)에 의하면, 생활보호 케이스워커의 충족률은 89.2%(13,881/15,560명)로 상당히 부족하다. 또한 사회복지 전문자격으로서 사회복지사가 있지만, 그 자격을 취득하고 있는 사람은 4.9%에 불과하다. 물론 전문성이 없어도 케이스워크 경험을 쌓아 그것을 보충할 수 있을지도 모르지만, 케이스워커의 경력은 1년 미만이 25.4%, 1~3년이 37.9%, 3~5년이 20.8%, 5년 이상이 15.9%, 경력 5년 미만이 84.1%, 3년 미만 63.3%를 차지하고 있었다.

일본은 외국과 달리 케이스워커는 복지전문직 채용이 아니라 행정사무직으로 채용되며 케이스워커로서 전문성을 높이거나 경험을 쌓는 것이 어렵다. 이리하여 전문성이나 경험성도 낮은 케이스워커가 지원하는 것은 복잡한 급여기준과 다양한 생활문제를 다루기에는 큰 부담이 된다.

케이스워커를 더 많이 배치하는 것도 해결방법이라 할 수 있는데, 단순히 부정수급 대책에 대한 증원일 경우 생활 지원 기능은 해체될 것이다. 중요한 것은 복지사무소에서 일하는 케이스워커의 업무를 크게 나누어 자격심사·현금급여 기능과 케이스워크 기능 두 가지로 구분하는 것이다. 케이스워크 기능을 민간에 위탁하기 위한 전제는 자격심사 및 현금급여 기능과 케이스워크 기능을 분리하는 것이 가능한가에 대한 논쟁으로 연결될 수 있다.

2) 케이스워크 기능의 분리와 통합

사나다(眞田是) 교수의 『전후 일본사회복지논쟁(2005)』에서 소개되는 것 중의 하나가 1956~1963년에 걸쳐 진행된 일본복지대학 키시(岸勇) 교수와 일본사회사업대학 나까무라(仲村優一) 교수의 케이스워크 형태에 대한 논쟁이었다.

당시부터 케이스워커는 창구에서 생활이 어려운 사람들을 쫓아 보내고 생활보호 이용을 억제하는 역할을 담당한다는 비판이 있었다. 이 점에 대해서는 양자 모두 의견은 일치했다. 그러나 대응하는 방향에 대해서 의견이 달랐다. 키시(岸勇)는 케이스워크는 생활곤란자의 지배장치이며 자격심사 및 현금급여 기능과 케이스워크 기능은 분리되어야 한다고 주장하였다.

나까무라(仲村優一)는 생활보호 절차과정을 생활문제를 안고 있던 이용자에 의해 주체적으로 민주화하기 위해서는 전문가가 필요하며 케이스워커는 자격심사 및 현금급여 기능뿐만 아니라 케이스워크 기능이 필수적이라고 주장하였다. 이 논쟁은 학술적인 성격에 그쳤고 실제 케이스워커의 역할을 변화시키는 계기는 되지 못하였다.

그러나 현재는 노인복지나 장애인복지 분야를 중심으로 복지사무소 외부에 상담지원센터가 설치되어 생활보호를 이용하는 노인가구나 장애인가구 등에 대해서는 실질적으로 복지사무소의 케이스워커의 역할은 자격심사・현금급여 기능으로 한정되고 있다. 후생성 사회보장심의회에 생활보호제도 형태에 관한 전문위원회가 설치되고 이러한 논쟁에 다시 불이 붙었다. 예를 들어, 2003년부터 2005년에 걸쳐 일본 공적부조연구회의 학술지에서 이 논쟁이 전개되었다. 특히 명치학원대학 기요미즈(清水浩一) 교수 등이 케이스워커는 사회복지 전문가는 아니며 이용자의 생활을 좌우하는 현금급여 권한을 가지고 있는 이상, 이용자 중심의 지원은 불가능하므로 분리해야 한다고 주장하였다.

이에 대하여 화원대학 요시나가(吉永純) 교수 등이 케이스워크 기능을 분리하면 복지사무소는 생활곤란자의 생활문제를 볼 수 없게 되므로 통합해야 한다고 주장하였다. 그러나 이러한 논의도 어느 때부터인가 수습되었다. 전문가회의에서 제안된 자립지원 프로그램이 실시되는 가운데 생활보호 이용자의 지원을 고용지원사업이나 NPO 등에서 담당하게 되어 케이스워커의 책임이나 역할을 어떻게 해야 할 것인가에 대한 검토가 깊이 논의되기 전에 실질적으로 분리가 진행되고 말았다.

2. 미국 사회복지사무소 기능의 분리와 통합

1) 논쟁과 교훈

미국도 케이스워크 기능을 어떤 위치에 둬야 하는가와 관련하여 지금까지 논의가 반복되어 왔다. 여기서 1960~1970년대 자격심사 및 현금급여 기능과 케이스워크 기능의 분리논쟁을 살펴보고 위스콘신주 밀워키 지방정부의 복지사무소 민영화 추진에서 발생한 문제를 검토해 보자.

먼저 1960~1970년대 케이스워크 분리 논쟁이다. 이 논쟁의 배경은 자격심사 및 현금급여 기능과 케이스워크 기능의 분리와 통합에 대한 것이다. 역사적으로 미국의 빈곤 대책은 케이스워크에 초점이 있었다. 왜냐하면 빈곤층은 나태해서 도덕적으로 병들어 있어 생활지도가 필요하다고 여겨졌기 때문이다. 또한 빈곤문제 원인은 실업이나 저임금, 질병과 협소한 주택 등 폭넓은 사회문제에 연관되므로 그에 대응하기 위한 지원이 필요하였기 때문이다.

그러나 1950년대에 이것이 과도하게 운용되어 공공부조(AFDC)를 받고 있는 한부모 세대에 대하여 케이스워커가 한밤중에 가정을 기습적으로 방문하거나 부양할 수 있는 남자가 없는지를 탐지하는 등 인권침해 문제가 발생하였다.

1960년대 복지의존을 해소하고 재활을 지원하기 위하여 케이스워커가 증원되었는데, 이 케이스워커는 전문가는 아니었으므로 재활로 연결되지 않고 이용자는 증가하였다. 또한 현금급여가 권리라고 인식되기 시작하였다.

때문에 모든 공공부조 이용자에게 케이스워크는 필요한 것이 아니며 일반인도 생활문제 해결을 위하여 전문성이 높은 케이스워크를 제공할 필요가 있다는 생각이 확대되었다. 그 결과 공공부조 자격심사 및 현금급여 기능과 케이스워크 기능을 분리하려는 경향이 강화되었다.

1969년 연방정부의 현금급여사업에 관한 대통령 위원회에서 분리를 지지하였고 1972년에 연방정부로부터 분리명령이 통지되었다. 1974년 사회보장법 「사회서비스를 위한 보조금」에 의해 연방정부는 빈곤층뿐만 아니라 일반인에게도 복지서비스를 제공하게 되었다.

이에 따라 케이스워크를 포함한 복지서비스가 일반에게 확대되는 한편 공공부조 케이스워커는 자격심사 및 현금급여 기능에만 전념하게 되었다. 그리하여 연방정부는 케이스워커의 역할을 어떻게 분리할 것인지 조사하기 시작하였다. 그 결과 자격심사 및 현금급여 기능 중심의 '현금급여 복지사(worker)'와 케이스워크 기능 중심의 '사회복지사(social worker)'로 분리방식을 정리하였다.

현금급여 복지사는 자격결정, 현금급여, 정보제공, 공공부조에 관한 타 기관이나 서비스를 연결하는 기능을 수행한다. 반면 사회복지사는 상담, 다른 전문적 서비스를 연결하는 역할로 구분하였다.

그렇지만 이런 분리에 대한 비판의 목소리도 높았다. 먼저 미네소타주에서 실시된 실험조사에서는 분리형 케이스워크보다 통합형에 대한 평가가 높다는 결과가 제출되었다(Piliavin & Gross, 1977). 이는 통합형이 이용자와 케이스워커와의 소통빈도가 높아서 빈곤가구의 문제를 전체적으로 이해하고 대응할 수 있다는 지적이었다. 또한 자격심사 및 현금급여 기능에도 실제로는 케이스워크 기능이 필요하다는 비판도 제기되었다.

복잡한 생활문제를 안고 있는 사람들에 대하여 적절한 지원을 연결하기 위한 욕구파악, 사정, 면접기술, 지역 자원 및 정보 제공, 감정적 지원, 긴급대응 등이 필요하다. 이들 케이스워크 기능 없이 적절한 자격심사 및 현금급여 기능의 면접대응은 불가능하다. 아울러 분리에 의해 빈곤은 현금급여 문제이며 사회복지는 빈곤보다는 욕구에 개입해야 한다는 잘못된 신호를 주게 되어 존재의의를 상실하게 될 수도 있다. 1976년 12월 연방정부의 분리규정은 폐지되고 어떻게 대응할지는 지방정부의 판단에 따라 결정하게 되었다.

〈표 10-1〉 기능분리의 업무내용

일반 케이스워커	
현금급여 복지사 현금급여 부문	사회복지사 서비스 부문
• 자격과 서비스 정보 제공 • 신청서 관리 • 신청의 평가 및 수속, 재결정 • 근로소득 및 비근로소득의 증거 확인 • 급여액 결정 • 지원 인가 • 신청자나 클라이언트에 대한 통보 • 의료급여 자격 결정 • 식품권 발행 및 식료구입 인가 • 근로지원사업(WIN)으로 이관 • 아동부양강제(IV-D)로 이관 • 질 관리 권고와 대응 • 사례관리 활동 실시 • 상실 및 도난 당한 급여(checks) 조사	• 이관받은 사례관리 • 필요한 서비스를 위한 신청서 확인 • 클라이언트 가족과 개인면접/ 상담 • 다음과 같은 이관을 위한 연락 유지 – 예방적 서비스 – 직업재활 – 알코올과 약물 의존 재활 – 양부모 – 법적 지원 – 주택의료 – 기타 의료서비스 – 기타 사회서비스 • 가족관계 상담 실시 • 재정계획 지원 • 심리학적 지원 제공

출처 : US DHEW(1973). Design for public Assistance Agencies as Illustrated by Eligibility Determination, p. 13; MAXIMUS(1981). Income maintance worker study : a two-way taxonomy and analysis U. S. Department of Health and Human Service. Social Security Adminiatration, p. 6, 木下武德(2013), p. 75 재인용.

여기에서 주목해야 할 것은 자격심사 및 현금급여 기능을 실시하는 데에도 실제로는 케이스워크 기능이 필요하다는 것이다. 공공부조는 단순히 수입이 없다는 것만으로는 판단할 수 없다.

소득증명만으로 공공부조 수급 여부가 결정되어서는 안 된다. 그 사람이 안고 있는 문제가 실업이나 정신질환, 알코올이나 약물, 질병이나 장애, 등교 거부나 저학력, 언어문제 등 복합하게 얽혀 있는 경우 현금급여만으로 해결되지 않기 때문이다. 그러나 최초의 문지기로서 자격심사를 하는 복지사가 그러한 문제들을 적절히 사정할 수 없다면 대응할 수 없게 될 것이다.

또한 케이스워크 기능을 없앤 자격심사 및 현금급여 복지사는 담당사례도 늘어나게 되고 점차 기준과 매뉴얼에 의존하게 되어 공공부조 이용자의 생활문제를 보지 못하여 공공부조의 시작과 폐지를 기계적으로 감별하는 로봇처럼 될 수 있다. 수급자는 그 자격을 상실하면 돌봄이나 취업지원 등 관련된 다양한 서비스도 잃고 만다. 이는 생활의 어려움을 더욱 심화시켜 극단적인 상황까지 불러올 수 있다.

2) 밀워키의 복지사무소 민영화

1996년 미국 연방정부는 「개인책임 및 취업기회 조정법(Personal Responsibility and Work Opportunity Reconciliation Act)」을 제정하여 아동이 있는 빈곤가구에 대한 부양이 필요한 아동가족에 대한 부조(AFDC)제도를 빈곤가족 일시부조(TANF)로 변경하고 의무적으로 취업활동을 하도록 유도하는 워크페어 개혁을 추진하였다.

TANF의 방향은 첫째, 수급권 자격을 폐지하고 권리성을 제거한다. 둘째, 기간제한이 도입되어 현금급여는 일생 동안 5년(60개월)으로 종결된다. 셋째,

노동요건을 도입하여 이용조건으로 구직활동이나 취업체험, 직업교육훈련 등을 의무적으로 요구한다. 넷째, 제재조치가 도입되어 적절한 이유 없이 노동요건을 충족하지 않는 경우, 현금급여 폐지나 감액 등이 실시되는 것이었다.

이처럼 다양한 현금급여 조건이 추가되고 복지사무소 복지사(worker)는 일정한 규칙이 있다고는 하지만, 어떠한 노동요건을 부과할 것인지, 노동요건을 충족하지 않는 경우에 어떤 적절한 이유를 제재감면으로 인정할 것인지, 아동돌봄이나 교통비 지원서비스를 인정할 것인지 등에 대하여 큰 재량을 가질 수 있게 되었다.

위스콘신주에서는 TANF를 사회복지가 아닌 취업대책으로 규정하고 TANF 사업(W-2)의 관할을 사회복지부에서 노동력개발부로 이관하고 복지사무소도 직업센터로 변경하였다. 또한 W-2에서는 자격심사 및 현금급여 기능과 케이스워크 기능은 통합형으로 실시되었다. 위스콘신주에서 가장 규모가 큰 밀워키 카운티는 6개 지구로 분할되어 모든 복지사무소가 경쟁입찰에 의해 NPO와 영리기업에 민간위탁되었다. 또한 계약을 통해 W-2 이용자를 감소시키면 수익이 커지는 성과연봉제를 설정하였다. 그 결과 이용자가 대폭적으로 감소하고 영리기업과 NPO는 큰 수익을 얻었다.

그러나 이후 다양한 문제가 드러났다.

첫째, 복지서비스 정보 제공을 막아 복지의존을 자극하지 않는 정책이 연방법에서 정해진 식품권(Food Stamp) 등 정보 제공 의무에 반하는 것으로 큰 문제가 되었다.

둘째, W-2 수탁기관으로서 흑인을 위한 최대 NPO 단체가 주의원에 대한 뇌물 제공으로 해산・폐지되었다. 이때 어떻게 수급자들을 별도의 단체로 이관할 것인지가 큰 문제가 되었다. 때문에 2006년부터 위탁계약에서는 자격심사 및 현금급여와 케이스워크 기능을 분리하여 위탁계약이 이루어졌다.

셋째, 정치난민 이용자들은 영어로 의사소통이 불가능하므로 효과적으로 수속절차가 어려워 제재비율이 높아지게 되는 문제가 있었다. 특히 수탁단체에 따라 방침이 다르거나 제재비율이 달라서 공평한 절차가 보장되지 않는 것이 문제가 되었다. 그 결과 2010년에 밀워키 자격심사 및 현금급여 기능에 대해서는 지방정부 관련 단체가 일괄적으로 수탁하였다. 이리하여 민간단체에 의한 운용상의 차이를 축소하려고 하였다. W-2 시작 이래 취업이 가능한 사람들은 복지혜택에서 밀려나 복합적 문제를 안고 있는 취업곤란 계층으로 사각지대가 크게 늘어나게 되었다. 그 결과 2008년에는 W-2의 관할이 노동력개발부에서 사회복지부로 다시 돌아갔다. 이리하여 직업상황 등을 바탕으로 적절한 문제 파악을 거친 후에 지원해 나갈 필요성이 높아졌던 것이다.

TANF에 의해 취업지원을 강화했다고 하지만, 실제로 케이스워커는 점차 관료주의적인 일상화된 작업에 매몰되었다고 볼 수 있다. 왜냐하면 면접은 컴퓨터 입력화면에 의해 통제되고 입력내용에 관계없는 개별문제는 무시되었기 때문이다. 그 결과 업무 대부분이 자격심사를 위한 정보수집과 입력작업이 되었다. 따라서 이용자의 욕구 파악이나 사정이 제대로 이루어지기 어려웠다.

왜 복지사무소는 취업지원을 중요하게 다루지 못했을까? 그 이유는 컴퓨터 입력 거부 등 에러비율 감소가 일차적 목표였으며, 담당하는 사례도 많아 업무가 표준화되었기 때문이다. 사회복지사는 자립지원에 대한 전문훈련을 받을 필요가 없었고 훈련연수도 자격심사를 위한 교육뿐이었다(木下武德, 2013 : 76).

여기에서 얻을 수 있는 교훈은 무엇일까? 우선 케이스워크 기능을 민영화해도 행정의 기준이 자유도가 높은 수준이 되지 못하면 단순히 관료문제를 민간단체로 넘긴 결과만 초래하여 효과적인 운영이 어렵다는 것이다. 오히려 민간기관이 관료화에 길들여지는 결과를 가져올 수 있다. 또한 민영화에 의해 이용자나 일반시민이 행정활동을 직접 볼 수 없기 때문에 행정무용론이 증대하고 공무원 비판이 강해지고 복지비와 행정비용 삭감 요구는 더 높아질 것이다.

그 결과 위탁계약비 삭감에 대한 요구도 높아지고 민간단체는 점차 적은 자금과 자원으로 많은 일을 하도록 압력에 시달릴 것이다. 나아가 행정에 복지전문가도 부족하므로 민간전문가의 지원활동을 이해하지 못하거나 감사능력의 부족을 규제나 통제와 같은 민간기관 자율성을 제한하는 쪽으로 강화할 수 있다.

3. 협력방안

그렇다면 공공과 민간 복지의 바람직한 협력방안이 무엇인가? 몇 가지를 정리해 보자.

첫째, 공공 사회복지 전담기관 직원의 전문성 향상이다. 민간단체와의 협동을 위해서는 공통적인 언어기반이 필요하다. 그러나 민간단체는 사회복지의 높은 전문성을 요구하면서, 그 전문성에 대해서 이해하지 못하는 전담기관 직원은 그 민간단체의 행동을 이해할 수 없다. 이해할 수 없는 행동을 통제하기 위하여 규칙이나 매뉴얼을 늘리거나 민간단체의 자율을 약화시킨다. 공공 복지전담기관에 전문성이 없는데, 민간단체 복지사(worker)에게 재량을 허용할 리가 없다.

또한 공공 복지기관 직원의 전문성 없이는 파악하기 쉽지 않은 민간단체의 복지서비스의 질이나 효과에 대하여 정당한 평가를 내리기는 어렵다. 그 때문에 눈에 보이기 쉬운 이용자 수 삭감이나 비용절약에 성과지표가 집중하여 복지서비스 질이나 효과가 낮아져 버린다. 이러한 민간 복지서비스 질이나 효과를 파악하기 위해서도 공공 복지전담 기관에는 높은 전문성이 요구된다. 그것이 공공부조의 바람직한 공공과 민간의 협동을 위한 기반이 될 것이다.

둘째, 공공 사회복지 전담기관과 민간단체의 다양한 네트워크 구축이다. 민간단체의 행동을 항상 공공 복지전담기관의 직원이 감시할 수는 없다. 그 때문에 사전에 규칙이나 매뉴얼로 민간단체의 행동을 규제하기 쉽다. 그것은 민간단체의 자율성을 해치고 민영화의 의미를 상실하게 한다. 한편 민간단체는 사회복지 전문가를 고용하고 또한 이용자도 존재한다. 비영리 조직이라면 지역의 자원봉사단체나 마을회 등의 주민조직 등과도 관계를 가질 수 있다.

민간단체 업무는 행정뿐만 아니라 다양한 네트워크로 이루어진다. 여기에서 전문가 단체, 제3자 평가, 이용자의 조직화, 마을잔치 등 이벤트를 통한 지역주민 조직과의 관계 형성을 통하여 복지서비스나 지원내용 실태를 다양한 관계자에게 공개함으로써 부정을 막고 보다 질 높은 복지서비스나 지원을 제공할 수 있게 된다. 민간위탁에는 이러한 규정을 설치하여 공개된 조직운영과 서비스 제공이 가능하도록 하는 것이 중요하다.

셋째, 협동적 생산에 대한 명확한 접근이 필요하다. 협동생산이란 서비스 제공에서 시민이나 이용자의 직접 참가를 말한다. 복지서비스 제공에 이용자가 직접 관계하는 방법으로서 협동생산에 주목해야 한다. 즉, 이용자가 복지서비스 운영이나 서비스 제공 장면에 적극적으로 관계함으로써 복지서비스 제공에 이용자의 의견을 반영하고 복지서비스의 질과 효과를 높이는 것이다.

실제 취업지원은 전형적인 협동생산물이다. 일을 얻기 위해서는 이용자가 확실한 동기를 갖지 않으면 달성하기 어렵다. 전문성이 없는 복지사(worker)는 지원폐지로 위협하여 이용자를 움직이게 하기 쉽다. 그러나 문제사정이 어렵기 때문에, 또한 문제 극복을 위하여 이용 가능한 지원을 제공할 수 없으므로 무리하게 자신에게 맞지 않는 저임금을 제공해도 일을 계속해서 할 수 없게 되어 성과는 올라가지 않는다.

일하는 데 어떤 문제가 있는지, 어떤 지원이 필요한지 등 이용자와 함께 생각하고 판단하고, 어떻게 그것을 해결할 것인가 논의와 합의를 통해 목표를 세우고 계획적으로 대응하는 것이 실질적인 성과를 올리는 가장 좋은 방법이다. 또한 협동생산을 추진하기 위하여 당사자와 이용자의 조직화를 통하여 효과적 지원이 가능하려면 이용자의 희망을 바탕으로 제도를 개선할 필요가 있다. 특히 공공부조 분야에서는 이용자의 주체성은 매우 한정되기 쉬우므로 이를 극복하고 주체적인 참가와 협동을 진행할 수 있느냐 여부가 성과를 좌우하는 조건이 될 것이다.

CHAPTER 11

돌봄 윤리와 복지정책

CHAPTER 11

돌봄 윤리와 복지정책

1. 돌봄 윤리의 문제와 진화

돌봄(care)은 매우 폭넓은 논점을 안고 있다. 돌봄에 대한 경제적 평가와 관련된 제도 측면과 인간에게 돌봄의 의미에 대한 원리적이며 사상적 차원까지 폭넓은 관점이 펼쳐져 있다. 돌봄이라는 개념은 가장 좁게 보면 의료나 복지 영역에 특화된 의미로 사용되지만, 중간적 의미로는 돌봐준다는 의미, 가장 넓은 뜻으로는 배려와 같은 의미가 있다. 최근에는 더 넓은 개념으로 사람과 사람, 또는 자연과의 관계성과 거의 겹치는 의미로 사용되는 경우도 있다(廣井, 2005). 돌봄의 어원이라 할 수 있는 라틴어의 cura는 원래 걱정과 근심 등 부정적인 분위기의 용어였다. 그런데 보장을 의미하는 security라는 영어는 라틴어 secura(영어로는 without care), 즉 걱정이 없다는 취지에서 유래한다는 점이 흥미롭다. 우리는 가급적 돌봄을 다양한 의미로 받아들여서 처음부터 좁은 의미로만 생각하지 말고 가능한 의미의 넓이를 중요하게 생각하면서 논의를 전개해야 할 것이다.

돌봄 윤리를 깊이 있게 고려해야 할 시대상황과 관련하여 우리는 고독과 자살 등 사회적 고립문제에 대해 생각해 볼 필요가 있다. 미시간 대학에서 실시된 세계가치관조사(World Values Survey) 중 '사회적 고립 정도의 국제비교'에 관한 자료는 흥미롭다.

여기에서 강조하는 사회적 고립이란 '가족 이외의 타인과 어느 정도 교류가 있는지'에 대한 것으로 결과를 살펴보면 선진국들 가운데 일본이 가장 사회적 고립도가 높게 나타나고 있다. 주관적인 영역에 대한 국제비교는 그 자체가 매우 미묘한 성격이므로 이 결과를 그대로 받아들이는 데는 조금 더 신중해야 할 것이다. 이 자료만 근거로 할 때 일본은 아시아 국가라고 하지만 전통적 농경사회의 공동체적 관심은 상실한 것 같다. 특히 이 조사에서 의미 있는 것은 열거된 국가들 중에서 개인주의적 경향이 강한 국가들이 대체적으로 사회적 고립도가 낮고 가족주의적 경향이 강한 국가들은 사회적 고립도가 높다는 결과이다. 전자의 경우는 네덜란드, 미국, 덴마크 등이며 후자의 경우는 멕시코, 포르투갈, 이탈리아 등이 대표적이다.

〈표 11-1〉 선진국의 사회적 고립 상황

국 가	가끔 만난다	전혀 만나지 않는다
네덜란드	2.0	0.3
아일랜드	2.9	1.9
미국	3.1	0.6
덴마크	3.3	0.4
독일	3.5	0.5
그리스	3.7	0.2
영국	5.0	1.2
벨기에	5.1	1.7
아이슬란드	5.5	0.2
캐나다	5.8	0.8
OECD 평균	6.7	1.2
스페인	6.8	1.5
핀란드	7.4	0.5
한국	7.5	1.3
오스트리아	7.6	1.0

이탈리아	7.7	1.6
프랑스	8.1	1.5
포르투갈	9.6	1.4
체코	10.0	1.2
멕시코	14.1	4.7
일본	15.3	1.7

*친구나 동료, 지인 등과 가끔 만난다, 전혀 만난지 않는다에 대한 응답 비율
출처 : OECD(2005).「世界の社會政策動向」, 明石書店을 근거로 廣井良井(2016), p. 24 재구성.

매우 역설적이지만 당연한 결과라고도 할 수 있다. 가족주의적 경향이 강한 국가 내지 사회는 가족 또는 집단의 경계가 매우 강력해서 가족이나 집단을 초월한 연결이 희박하게 될 수 있기 때문이다. 역으로 개인주의적 경향이 강한 국가 내지 사회는 오히려 고립된 개인과 개인이 집단을 초월하여 자연스럽게 연결될 수 있어서 그것이 사회적 고립을 낮게 하는 결과를 낳고 있는 것이다. 한국의 경우 '우리'와 '타인'에 대한 격차는 매우 클 수 있다. 우리나라 인간관계의 특징으로서 동일 집단에 속하는 사람들 사이에서는 지나칠 정도의 배려나 동조가 지배하지만, 집단 외부에 속하는 사람에 대해서는 무시되거나 적대적인 관계가 될 수 있는 것이다. 이 부분은 사회적 돌봄에 있어서 극복되어야 할 과제라 생각된다.

위에서 언급한 과제와 관련하여 지역사회의 성격과 관련하여 파악하는 것도 가능하다(廣井, 2009). 즉, 농촌형·도시형 지역사회의 원리에 따라 구분하는 것이다. 농촌형이란 개인이 정서적 차원에서 연결될 수 있는 관계성이며 도시형은 집단으로부터 어느 정도 고립된 개인이 규범적 공공의식을 토대로 연결되는 관계성이라 할 수 있다(廣井, 2016 : 25-26). 농촌형과 도시형 지역사회는 장점과 단점을 모두 가지고 있다. 양쪽 모두의 균형이 중요하다. 우리나라의 경우 농촌형에 가까운 관계성이라 생각한다. 그것이 우리와 우리 외부의

격차나 사회적 고립 정도를 심각하게 하는 원인이라고 생각한다. 하지만 사람과 사람의 관계성이나 행동패턴은 고정적인 국민성이 있는 것이 아니라 사회의 환경적 조건이나 역사적 상황에 적응하여 진화하는 것이다. 그런 과정에서 양성된 사람들의 행동양식이 급속히 도시화된 사회구조의 변화를 따라가기 어려워 생기는 적응의 문제일 뿐이라 생각된다. 산업화 과정에서 농촌에서 도시로의 인구 대이동 과정에서 핵가족과 같은 도시 속의 농촌형 지역사회가 형성되어 경제성장과 한 몸이 되어 일정한 선순환을 낳아왔다. 그러나 경제의 성숙화와 가족의 변동 속에서 기능이 균형적으로 작동하지 않고 사회적 고립과 같은 현상을 만들어 냈다고 생각한다. 이는 돌봄과 관련된 중요한 시대적 과도기라고 할 수 있으며 다수 사람들이 과거의 관계성으로는 어렵다는 것을 느끼게 해주었다. 그리하여 NPO 등과 관련된 활동을 포함하여 새로운 관계 형성을 향한 행동이 일어나기 시작했던 시기라 할 수 있다. 이처럼 현재 한국은 농촌형과 도시형 관계성이 중첩되고 확대되는 시기라 할 수 있다. 앞으로 어떤 방향과 모습으로 전개될 것인가의 문제가 돌봄 윤리를 포함한 관계성의 중요 논점이 될 것이다.

2. 돌봄 윤리의 이해

돌봄 윤리에 대해 널리 알려진 것은 미국 심리학자 길리건(Gilligan)의 돌봄 윤리와 공정 윤리의 대비에 대한 논의다. 그는 근대 유럽의 윤리와 관련하여 공정의 윤리(ethics of justice)라 할 수 있는 윤리관이 기조를 이루며, 거기에는 정의, 공정, 원리와 원칙, 보편성과 같은 기본적인 가치가 있지만, 실제로는 인간사회에서는 동시에 돌봄의 윤리라 할 수 있는 윤리가 본질적 의미를 가지며 오히려 개별적 장면에서는 타인에 대한 상황의존적인 배려나 베풀기, 공감과 같은 또 다른 윤리를 주목하는 것이 중요하다는 논의를 전개하였다(Gilligan, 1982). 이때 돌봄의 윤리는 농촌형 지역사회에서의 관계성과 친화성에 어울리는 것이라 할 수 있다. 반면 공정의 윤리는 도시형 지역사회에 어울릴 것이다. 그리고 개별 장면에서의 타인에 대한 배려나 베풀기와 같은 형태는 한국적인 관계성에서는 매우 익숙한 것이다. 그렇지만 돌봄 윤리를 단순히 공정과 대립적으로 받아들이거나 농촌형 지역사회에만 대응하는 것으로 좁게 이해할 필요는 없을 것이다. 돌봄 윤리에는 농촌형뿐만 아니라 도시형 지역사회로 연결되는 측면도 있으며 오히려 공정의 윤리를 포함하는 성격도 가지고 있다고 생각할 수 있다. 이런 측면을 자유주의적 돌봄관과 공동체적인 돌봄관의 대비로서 정리한 연구결과를 살펴보면 <표 11－2>와 같다.

그런데 돌봄 윤리는 공정 윤리와 단순히 대립하기보다는 자유주의나 개인의 자유, 도시형 지역사회나 공공성 등과 같은 이념을 포함하는 보다 포괄적 개념으로 받아들이는 것이 중요하다고 생각된다. 왜냐하면 공동체적인 돌봄관만으로는 돌봄이 미치는 영역은 가족 내지 특정 집단의 내부에만 머무르게 되어 현재와 같은 도시화된 사회에서는 개별 가족이나 집단의 고립을 초래하게 될 뿐이기 때문이다. 또한 장기요양보험 등 사회적 제도로서의 돌봄에 대해서는 권리로서의 돌봄이 중요하다. 아울러 요양과 의료 등 개별 돌봄 장면에 따라 보더라도 공동체적인 돌봄 이해만으로는 상하 권력관계가 지배하기 쉬운 억압적이고 폐쇄적인 관계성으로 연결될 우려가 있기 때문이다.

〈표 11-2〉 돌봄의 이해 : 자유주의와 공동체주의 돌봄관

구 분	공동체주의적 돌봄관	자유주의적 돌봄관
기본적 출발점	지역사회	개인
중요한 가치	관계성과 이타성	개인의 자유
돌봄의 성격	선(good)으로서의 돌봄	권리(right)로서의 돌봄
시대성과의 관련	전통적 가치도 중시(전통적 가족, 세대 간 계승성 포함)	근대적 가치
길리건의 돌봄 논의와의 관계	돌봄의 윤리 (ethics of care)	공정의 윤리 (ethics of justice)
지역사회의 성격	농촌형 지역사회	도시형 지역사회
공동성/ 공공성	공동성	공공성

출처 : 廣井良井(2016), p. 28.

돌봄의 양 측면 모두 인간의 생활에서는 중요하다. 동물사회에서 암컷이 새끼를 돌보는 관계는 일반적인 관계로 성립하지만, 더 나아가 수컷이 자녀 양육에 관계하게 되는 관계에서 비로소 가족이라는 사회적 단위가 성립하며 그것이 인간의 본질이라는 주장도 존재한다(河合, 1990). 또한 인간의 특징은 가족의 위계구조를 만들어 다층사회를 구성한다. 개인이 직접적으로 집단 전체로 연결되지 않고 그 사이에 다른 중간적인 집단을 만든다. 즉, 인간사회는 처음부터 개인이 사회 전체 집단과 연결되지 않고 중간적 집단을 거치므로 개체 입장에서 보면 중간집단 내부관계와 외부사회와의 관계로 이루어지는 두 가지 서로 다른 관계성을 가진다. 개인과 사회 사이에 존재하는 중간집단은 원초적으로는 가족이라 할 수 있지만, 보다 일반적으로는 지역사회와 중복될 것이다. 이러한 관계는 인간에게 돌봄의 이중성을 보여주는 것이라고도 바꿔 말할 수 있다. 일반적으로 돌봄 이미지에 가까운 것은 엄마와 자식의 관계를 원형으로 하는 지역사회 내부관계일 것이다. 그렇지만 최종적으로는 돌봄의 윤리를 공정의 윤리와 대립하는 것으로 좁게 이해하는 데에 의문을 제

기할 수 있는 것처럼 인간에게 돌봄은 그러한 관계성에 머무르는 것이 아니라 지역사회의 외부관계와 연결되는 관계성도 또한 인간에게 있어서 고유한 돌봄의 형태라 할 수 있다(廣井良井, 2016 : 30). 인간에게 이러한 두 가지 이질적인 관계성은 농촌형과 도시형 지역사회, 공동체적 돌봄 이해와 자유주의적 돌봄 이해의 상호보완성의 근거가 될 것이라 생각된다.

과학혁명을 계기로 발전한 근대 과학의 기본적 관점에서는 개인을 독립적 존재로 해석한다. 개인이 서로 교섭하거나 관계를 가질 때에도 일차적으로 존재하는 것은 독립적 개체라는 전제에 있다. 그렇지만 인간의 질병과 건강 등이 인체 내부의 물리화학적 인과관계에 의한 질병 메커니즘으로만 설명할 수는 없다. 건강의 사회적 결정요인에는 타인과 지역사회와의 관계, 경제격차 같은 요인이 영향을 주고 있다는 사회역학(social epidemiology)이 발전하고 있다(廣井良井, 2016 : 30). 그렇다면 이러한 동향은 근대 과학적 인간관에 대한 수정의 필요성을 의미하며 개인과의 관계성이나 돌봄관계가 인간의 본질적 요소라는 점을 알 수 있게 한다. 따라서 우리는 개인중심에서 출발한 근대 과학이 관계성 중심으로 확장되면서 양자택일적 또는 대립적 성격을 넘어서 서로 연속적으로 관계성을 맺고 있는 자유주의와 공동체주의의 경계를 이해해야 할 것이다.

3. 돌봄과 복지정책

돌봄에 관한 일 대부분은 다른 분야에 비하여 임금이 낮고 열악하여 이직률이 상대적으로 높다. 시장이 충분히 기능하기 위해서는 일정한 조건이 필요하며 그런 조건을 충족할 수 없는 경우에는 시장은 효율성을 실현할 수 없어 실패하게 될 것이다. 시장은 정보의 완전성이 요구되지만 실제로 그 조건은 충족되지 않는 경우가 많아 시장실패가 생기고 있다고 볼 수도 있다. 특히 시장은 매우 단기적인 시간축을 기준으로 모든 것을 평가하므로 보다 긴 시간 개념으로 평가해야 할 재화나 서비스의 경우 낮은 평가를 받아 소진될 수밖에 없다. 돌봄서비스에 대한 가치도 여기에 해당할 것이다. 개인이나 시장경제의 토대를 이루는 공동체나 지역사회 차원에서는 세대의 계승 등 시간적 거리는 매우 길어지고 자연적 차원에서는 더욱 길어질 것이다. 돌봄에 대해서도 부모를 돌보는 자녀가 있고, 그 자녀가 나이 들어 또 자신을 돌보는 자녀가 필요한 것처럼 세대 간의 계승 속에서 지역사회에서 상호부조로 운영되어 왔다. 그러나 이것이 시장에서 돌봄서비스라는 상품이 되면 개별 행위를 짧은 시간단위 속에서 단편적인 형태로 평가하게 되고 서비스 가격은 낮게 평가된다. 따라서 이런 영역에서는 오히려 장기요양보험 등과 같은 사회복지정책을 통해 시장보다 높게 공적 가격을 설정하여 시장실패를 보정해야 할 필요가 있다고 생각된다.

고도성장기와 같은 경제의 확대기에는 노동력이 부족하고 자연자원은 풍부하므로 가능한 적은 노동력으로 많은 생산을 올리는 노동생산성 개념이 중요하다. 하지만 노동력이 부족하고 자연자원이 부족한 시대에는 오히려 사람을 대규모로 활용하고 역으로 자연자원을 절약해야 할 필요가 있다. 즉, 생산성 개념은 노동생산성에서 자원생산성으로 전환하여 사람은 적극적으로 활용하면서 가능한 적은 자연자원과 환경부담으로 생산을 할 필요가 있을 것이다. 그렇다면 지금까지 생산성이 낮게 평가 절하되었던 돌봄과 복지 등 분야에 새로운 의의를 부여할 수 있을 것이다. 돌봄과 같이 노동집약적인 사회서비스 분야로 자원을 배분하는 것은 고용창출이나 실업률 개선에도 플러스 요인이 되어 복지정책과 경제정책의 선순환을 돕게 될 것이다.

4. 영국과 일본의 사회적 돌봄의 시장화

1) 시장화의 개념

시장화는 공공부문에서 행정의 직접적 통제를 통해 관리된 영역에 경쟁이 도입되는 것을 의미한다. 넓은 의미의 시장화는 계획경제에서 시장을 기반으로 하는 체제로, 경제 전체를 재편하는 과정을 말한다. 규제완화나 시장에 의한 자원배분 시스템을 개방하는 것이 포함될 것이다. 좁은 의미의 시장화는 공공기관이나 공적인 규제를 받는 기관에 시장 메커니즘과 인센티브가 도입되는 것이다. 돌봄의 시장화의 경우 주로 좁은 의미의 시장화, 즉 경쟁원리가 작동하지 않는 의료나 복지서비스 영역에서 효율을 높이기 위하여 시장 메커니즘을 도입하기 위한 조정에 관한 논의가 대부분이지만 사업참여나 규제완화와 같은 넓은 의미도 관계된다. 의료에서의 시장화(marketisation)와 민영화(privatisation)와의 차이는 가격에 기반한 경쟁을 도입하고 강화하여 거래에 변화를 주는 것이 시장화라면, 자산의 이전 또는 외부 위탁하는 업무를 확대하여 소유를 이전하는 것은 민영화라 할 수 있다(長澤紀美子, 2017 : 88).

영국의 사회적 돌봄에 있어서 공급주체의 다원화는 1990년대 초반 커뮤니티케어 개혁기의 준시장 도입으로 시작된 것이 아니라 제2차 세계대전 이후부터 민간부문이 공급의 주류였다(Means at al., 2002). 1950년대 영국에서는 민간 비영리부문이 재가 돌봄에서의 중심적 역할을 하였다. 그 후 1980년대에는 복지급여를 이용하여 시설입소를 하는 노인들이 늘어나면서 민간 비영리부문이 주요 공급주체가 되었다. 즉, 돌봄의 공급주체는 처음부터 민간부문에 의존하고 있었으며 혼합경제는 전쟁이 끝나고 일찍부터 시작되었다(Means at al., 2002). 그 후 혼합경제의 성격이 크게 변하여 보수당 정권에 의한 커뮤니티케어 개혁에 의해 준시장의 형태로 지방자치단체에게는 직접 공급자에서 구입자로서의 역할이 요구되었고 민간사업자로부터의 구입이 권장되었다. 특히 민간영리부문의 비중이 확대되었다. 더욱이 블레어 노동당 정부의 제3의 길의 이론적 지주였던 기든스(Giddens)는 공공부문과 민간부문을 결합시켜 효율과 공정의 양립을 목표로 하는 복지개혁을 새로운 혼합경제라 불렀다(植村, 2010).

2) 돌봄 시장화의 과제

돌봄 시장화를 논의할 때에 돌봄이라는 재화의 특성과 시장화에 대한 과제를 고려해야 한다. 사회적 돌봄의 시장화를 어렵게 하는 돌봄의 본질적 특성을 몇 가지 살펴보자. ① 산출 측정이 어려우며 과정이나 산출의 목표 달성에 시간이 걸린다. ② 돌봄은 경험재적 특성이 있다. ③ 정보의 비대칭성이 있다. ④ 의사결정에 이용자를 참가시키기 어려운 부분이 있다. ⑤ 의무적 성질을 가진 서비스라 인식되는 서비스가 있다. ⑥ 사회의 가장 약하고 어려운 사람들을 지원하기 위하여 시장을 통하여 많은 공적 비용이 투입되고 설명책임이 있으며 성과체크를 피할 수 없다. 이러한 특성들은 사회적 돌봄에 특수한 요소는 아니지만, 이러한 특성이 조합되어 있는 것이 특징이며 그로 인하여 시장화가 어려워진다. 한편 이러한 특성으로 인하여 과거 전통적인 관료적 시스템에 의한 공급에서도 돌봄의 성과나 질에 대한 모니터링은 계속 무시되어 왔다. 따라서 시장과 유사한 조정이 필요한 이유가 된다. 이러한 준시장은 단순히 경쟁을 도입하여 공급 효율성을 높이고 소비자의 선택을 확대하는 소비자주의 관점에서만 이해되는 것은 아니다. 정보 비대칭성 문제를 개선하고 이용자의 의사결정에의 참가를 촉구하거나 거래에서 구입자와 공급자 사이에서 서비스의 내용을 명확히 할 필요가 있으므로 돌봄과정을 표준화하고 성과를 측정하여 제시하는 것 등 이용자를 납세자로 받아들여 전통적인 공급시스템으로는 실현할 수 없었던 민주화를 추진하는 정치적 측면도 가지고 있다(長澤紀美子, 2017 : 89). 그러므로 돌봄 시장화를 평가할 경우, 복수의 사업자 가운데 스스로 선호에 따라 선택할 수 있는 소비자주의 관점이 아니라 정보의 비대칭성 문제가 개선되고 이용자의 목소리가 반영되는 구조를 통하여 민주화를 실현할 수 있을 것인가도 계속 지켜볼 필요가 있다.

3) 준시장의 이론과 유형

돌봄의 시장화는 준시장화를 의미하므로 여기에서 준시장의 이론과 유형을 살펴보자.

준시장은 공급자 사이에 시장과 같이 고객을 두고 경쟁이 존재한다. 하지만 몇 가지 다른 점도 존재한다. ① 경쟁하는 공급자 사이에는 이익의 최대화를 목적으로 하지 않는 공공부문 및 민간 비영리부문도 포함된다. ② 소비자의 구매력은 현금으로 제시되지 않고 바우처나 그 목적에만 사용할 수 있는 예산을 통하거나 단일한 공공구입기관으로 집중된다. ③ 이용자가 구입에 관한 결정을 하기가 어려우므로 대리인에게 구입의 의사결정을 위임한다(Le Grrand & Bartlett, 1993).

즉, 준시장은 전통적인 관료적인 공급보다 효율성이나 이용자 선택을 향상시키기 위하여 계획되고 관리되는 시장이며, 더욱이 이용자의 부담능력에 관계없이 서비스를 구입할 수 있는 점에 있어서 효율뿐만 아니라 공정도 실현하려는 목적이 있었다.

돌봄의 준시장 성립에 대해 일본과 영국을 비교해 보면 다음과 같다.

영국은 1993년 커뮤니티케어 개혁을 계기로, 일본은 공적 개호보험제도 시행에 의해 채택되었다는 견해가 일반적이다(平岡, 2000). 준시장을 서비스 구입형과 이용자 보조형으로 구분할 경우, 영국에서의 커뮤니티케어 개혁 이후의 준시장은 정부가 사업자와 계약하고 그 속에서 이용자가 사업자를 선택하는 서비스 구입형이라 할 수 있다. 한편 일본의 개호보험제도는 이용자가 욕구에 맞게 서비스를 이용할 수 있고 그 비용에 대해서 정부나 보험자 등의 공적 비용으로 보조받을 수 있으므로 이용자 보조형이라 할 수 있다.

이처럼 준시장의 유형은 구매력을 발휘하는 주체가 누구이며 예산확보나 사업자의 경쟁환경 등 구매력을 발휘하기 위한 조건이 정비되어 있는지, 이용자의 선택을 지원하는 대리인의 중립성 등 준시장의 구조에 따라 달라질 것이다.

일본 개호보험의 준시장에는 개호보수라는 전국 공통으로 공정가격이 설정되어 가격에 의한 경쟁이 발생하기 어렵다. 또한 산간지역 등에서는 경쟁적 시장이 성립하기 어렵다. 시설의 참가규제나 표준량과 같은 공급규제도 존재한다. 서비스 가격이나 공급주체에 관한 집권적인 규제가 작동하고 있는 것이다. 반면 영국은 일본 개호보험제도와 같은 전국 공통의 서비스 종류나 서비스 공정가격이 없고 서비스 제공책임을 지닌 지방자치단체의 사회서비스 부서가 조세 재원으로 자산조사와 욕구사정을 기반으로 요건을 충족하는 이용자에게 공공부담의 돌봄을 제공한다. 당연히 지역에 따라 서비스 가격의 차이가 발생한다. 따라서 영국의 준시장은 가격에 근거하는 경쟁이라는 면이 강하고 지역 차이는 있지만 전국적으로 경쟁적 시장이 성립하며 참가규제나 공급총량 규제는 없지만, 엄격한 예산 제약에 의해 수요에 맞는 공급이 제한되고 경영상의 어려움으로 시장에서 퇴출되는 사업자가 발생한다(Allan & Forder, 2012).

시장화의 중심 개념은 가격에 근거한 경쟁이므로 영국의 사회적 돌봄의 준시장은 일본의 개호보험제도를 기반으로 하는 준시장에 비하여 시장화의 정도가 조금 더 높다고 할 수 있다. 또한 소득과 자산 등의 요건을 충족하는 돌봄이 필요한 사람들 일부만이 비용수급 대상이 되지만, 그 외는 자신의 비용부담이 필요하므로 개인 구매력에 공적 비용이 영향을 미치는 비중이 낮다는 점에서 시장규모는 일본 이상으로 크다고 할 수 있다.

4) 지방자치단체의 역할

영국과 같은 서비스 구입형 사회적 돌봄시장의 경우, 자치단체가 구입자로서 사업자와 가격교섭에서 강한 권한을 가지고 있으며 제한된 예산을 배분해야 하므로 이용자 선택보다는 할당에 가까운 자원배분이 이루어진다. 또한 사업자와의 계약을 통해 개별 욕구에 맞는 서비스를 제공하기는 어려우며 정보의 비대칭성 문제도 개선되기 어렵다. 따라서 서비스 구입형 준시장에서는 이용자와 사업자의 계약이 아니라 행정과 사업자의 계약이 이루어지므로 경쟁적 시장에 있어서도 예산 제약으로 인하여 질보다는 가격을 중요하게 여기는 지방자치단체가 사업자를 결정하게 된다. 더욱이 사업자의 합병이나 통합 등에 의해 돌봄시장이 재편되기 시작하면 특히 지방은 위탁할 수 있는 사업자 숫자가 줄어들어 경쟁적 환경도 축소되는 경향이 있다. 이러한 상황에서 이용자의 직접 선택이 가능하기 위해서는 서비스 공급처를 비공식 돌봄까지 확대하여 다원화하는 이용자 보조형 정책이 필요하였다.

그리고 서비스 구입형과 이용자 보조형의 대리인이라 할 수 있는 케어매니저의 소속에 따라 영향이 달라진다. 영국 커뮤니티케어의 서비스 구입형, 일본 개호보험제도의 이용자 보조형 준시장 구조를 비교하면 케어매니저의 소속과 동기가 서로 다르다. 엄격한 재정적 제약 속에서 영국 지방자치단체 사회서비스에 속해 있는 케어매니저는 수요를 억제하는 기능이 강조된다. 반대로 일본 개호보험제도의 케어매니저는 공급자인 사업자에게 속해 있으며 수요를 창출하는 기능을 가진다고 할 수 있다. 즉, 케어매니저가 사업자의 의도에 따라 서비스를 특정 사업소에 집중하는 경향이 있으며 이용자와 그 가족이 희망하지 않는 서비스를 조합하여 제공한다는 비판이 제기된다(佐橋, 2006).

한편 서비스 구입형에서 자치단체는 준시장 도입과 함께 정부에 대한 서비스 구입역할을 통하여 시장화를 촉진해 왔다고 할 수 있다. 즉, 일정 지역의 주민 욕구를 사정하여 적절한 서비스를 계획하고 보장하는 기능을 하지만, 시장을 개방하고 공공서비스 민영화를 확장하는 정책수단으로서의 역할도 하였다. 이처럼 지방자치단체의 역할은 사회적 돌봄서비스의 외부화와 경쟁화, 비용 삭감을 위한 수단으로 2010년 보수 정권 이후 더욱 가속화되어 왔다(Rees et al., 2017).

일본 개호보험의 보험자 기능처럼 지방자치단체는 공급자인 시장을 전략적으로 관리하는 기능이나 자치단체 평가로서 표적 집단에 대하여 성과달성을 요구할 수도 있다. 지방자치단체의 서비스 구입 역할은 보다 저렴하고 다양한 서비스를 효과적으로 화보할 수 있는 장점이 있는 반면에, 시장화를 초래하고 서비스의 민주적 통제를 떨어뜨린다는 비판도 있다(Davis, 2008). 정리하자면 자치단체의 서비스 구입 기능은 정책이념으로서는 경쟁적인 시장하에서 다양한 공급자로부터 비용 대비 효과가 높은 서비스를 구입하여 비용을 저렴하게 만드는 목적을 가지고 있지만, 실제 운용에서는 사업자에 대하여 적대적이 아니며 장기적인 신뢰관계에 기반한 교섭이 전개되는 경우도 있으며 자치단체에 따라 정도에 차이가 있지만 시장을 관리하는 역할이라 할 수 있다.

개인예산제도하에서는 개인에게 현금을 제공하여 직접 구매할 수 있게 하는 것이 바람직하지만, 어려울 경우에는 자치단체 직원이 예산을 관리하는 관리형 개인예산(Managed Personal Budget) 제도가 적용될 수도 있다. 관리형 개인예산을 이용할 경우에는 이용자에게 배분된 예산 관리나 돌봄지원 등 서비스 및 복지용구 구입절차를 행정이 담당하게 되어 실질적으로는 서비스 구입형에 가까워지므로 실제로 운용되는 개인예산제도는 서비스 구입형과 이용자 보조형의 특성을 절충한 중간적 형태라 할 수 있다. 그런데 개인예산제도는 개별적으로 욕구를 사정하여 그 욕구별 예산을 제공하지 않고 사회적 돌봄욕구를 수량화하여 일정 금액으로 변환된 것이므로 사회보장급여에 가깝다. 따라서 권리에 기반을 둔 사회보장 이용권이라 할 수 있다.

CHAPTER 12

가족정책과 아동복지

CHAPTER 12

가족정책과 아동복지

가족정책에 대한 생각이나 가족과 국가의 상호작용 관계에 따라 정의가 달라질 수 있으므로 한마디로 단언하기 어려우며 그 영역도 분명하지 않다. 또한 각 나라의 이데올로기나 도덕적 감정에 의해서도 목적과 내용이 달라질 수 있다. 유럽의 가족정책이 중요한 분야로 발전한 것은 1970년대부터였지만 그 배경은 여성노동의 증가, 가족구조와 형태의 변화, 아동의 권리와 건강한 발달환경 보장을 강조하는 정책적 시각의 변화가 있다.

스웨덴을 비롯한 북유럽 국가에서 1960년대부터 증가하기 시작한 여성취업 증가는 맞벌이 가족의 일반화와 가족생활의 형태를 변화시켜 가족정책에 남녀평등이라는 새로운 과제를 불러왔다. 또한 가족형태 변화는 출생률 저하와 함께 무자녀 가구를 증대시키는 경향을 낳았다.

한부모가족, 입양가족 등을 가진 자녀가 증가한 것은 가족의 정의뿐만 아니라 아동의 생활환경이나 체험도 변화시켰다는 것을 의미한다. 또한 아동의 생활환경 변화는 유자녀 가구에 대한 가족정책의 과제를 다양하게 부각시켰다. 1989년에 채택된 아동의 권리조약에 의해 아동은 독자적 권리를 가진 개인으로서 인정되었고 아동의 최선에서 출발하는 서비스 원칙이 선진국에 침투하였다. 가족정책은 사회정책의 다른 어떤 분야보다도 사회 변용에 의해 만들어지는 다양한 과제에 대응해야 하는 분야이다.

가족정책 발전은 가족의 유대를 약화시키고 아동빈곤을 늘어나게 했다는 비판은 지속적으로 제기되어 왔다. 그러나 최근 실증연구 결과를 보면, 여성

취업률이 높은 국가일수록 출산률이 높다는 것, 탈가족화가 진행된 국가일수록 아동의 빈곤율이 낮고 복지(well-being)가 높다는 것이 분명해지고 있다(Bradshow & Finch, 2012; Esping-Andersen, 2009).

또한 아동학대나 양육포기로부터 아동을 보호하고자 하는 아동보호제도는 아동보호 모델(child protection)과 가족서비스 중심 모델(family service orientation) 두 가지 전통을 가지고 있지만, 이러한 모델 사용은 복지레짐 유형과 중복된다(Gilbert, Parton, & Skivenes, 2011). 또한 아동권리조약 영향이나 사회투자국가와 같은 새로운 정치 패러다임의 영향을 받아 아동의 최선을 강조하는 제3의 아동보호 모델(child-focused orientation)도 등장하였다.

아동 빈곤화나 한부모가족 세대 증가에 의한 가족의 양육자원이나 문화자본의 약화를 보완하고 지식사회에서 필요한 인간자본에 대한 투자를 가능하게 하며, 아동의 발달조건을 평등하게 하기 위하여 모든 아동을 포괄하는 취학 전 사업이 중요하게 부각되고 있다.

1. 가족정책의 다양한 의미

아동복지와 마찬가지로 가족정책의 정의도 단순하게 정의하기 어렵고 국가와 가족의 관계도 복잡하다. 현대 가족의 개념정의를 시도한 것은 1940~1950년대이며 가족은 공동주거, 경제공동체, 재생산, 사회적으로 승인된 성관계와 같은 네 가지 기능을 가진 것으로 정의되고 있다(Hantrais, 2004).

또한 가족을 사회의 하부시스템으로 파악하고 공동거주, 결혼에 의한 유대, 자녀의 탄생에 의한 시스템 계승과 강화, 남성 단일소득자, 성인 파트너 사이의 소득배분 등을 기초적인 구성요소로 하는 견해도 있다. 그러나 이러한 전통적 가족 정의는 사회변용과 함께 확장을 거듭하였다. 양부모가족, 한부모가족, 무자녀가족, 10대의 유자녀가족, 복합가족, 재구성가족 등을 포함하는 다양한 가족이 등장하였다.

가족정책은 하나의 정책영역으로서 또한 하나의 가족 관점으로 다루어질 수 있다. 그러나 어떤 목적이나 프로그램을 가족정책 영역으로 하며 다른 정책영역과 경계선을 어떻게 설정할 것인가 문제에 대한 명확한 답은 없다.

가족 역할에 영향을 미치는 모든 정책 또는 가족에 대하여 이루어지는 모든 정부활동, 예를 들어 보육서비스, 아동복지, 가족상담, 가족계획, 조세정책, 가족급여, 주택정책 등을 가리키지만 가족을 대상으로 하고 가족에 관련된 정책영역은 노동시장정책, 소득보장, 인구정책, 교육정책, 남녀평등정책 등 실제 범위가 넓다(訓覇法子 外, 2014 : 141). 따라서 가족정책을 사회정책의 하위 범주로서 간주할 수도 있으며, 동시에 포괄적인 사회정책이라 볼 수도 있다.

정의를 어렵게 만드는 주된 이유는 가족정책에 대한 사고나 가족과 국가의 상호관계가 국가에 따라 다르기 때문에 정의내용이 단편적 또는 실용적 성격을 가지며 복잡한 양상을 띠고 있기 때문이다.

선진국에서는 아동의 부양책임은 가족 내부, 가족과 국가를 중심으로 하는 공공부문 사이에서 분담되는 것이 보통이지만, 가족정책 논의에서 지속적으로 등장하는 것이 국가와 가족의 역할분담 형태이다. 예를 들어, 스웨덴 등 북유럽 국가는 취업생활과 가족생활의 양립을 지향하는 남녀평등정책이 가족정책의 중요한 목적으로 자리해 왔지만, 다른 국가에서는 반드시 여성의 취업이 장려되는 것은 아니며 여성을 가정에 머물게 해 출생률을 높이는 대책이 강조되어 왔다. 그런 국가에서는 세액공제나 부양수당에 의한 부양책임자의 부담 감소 대책이 가족정책의 중심이다.

또한 가족정책은 다른 사회정책 분야보다도 국민의 가족형성에 대한 생각이나 생활양식 선택에 큰 영향을 미친다. 출생률 상승은 선진 산업국가에서는 환영받는 현상이지만, 빈민이나 미혼모 출생의 증가는 사회문제로 간주되며 사회적 지위가 안정되고 양육책임을 충실히 할 수 있는 부모에 의한 가족형성이 전통적으로 이상적으로 여겨져 왔다. 가족의 위치와 가족 구성원의 권리와 의무, 가족에 대한 국가 개입 등에 대해서는 각 국가의 이데올로기 및 도덕적 견해가 다르므로 가족정책의 목적이나 내용은 다양하다. 예를 들어, 미국에서는 가족정책은 이혼이나 가족해체를 증가시키고 그 결과 아동의 빈곤을 증대시킨다고 비판받아 왔다.

따라서 명확한 목적을 가지고 독립된 정책분야로서 가족의 다양한 욕구에 답하기 위한 명시적 가족정책을 선택하는 국가도 있는 반면, 가족의 욕구는 고려하지만 독립적인 정책으로서 인정되지 않고 선별주의적 가족정책에 머무는 국가도 있다(訓覇法子 外, 2014 : 142).

이상과 현실의 가족정책을 명확히 구별하는 것도 중요하다. 예를 들어, 1980~1990년대 영국 보수 정권에서는 정서적인 가족이라는 미사여구가 등장하고 정치효과를 노리고 사용되었지만 구체적으로 가족을 지원하는 대책은 아무것도 수행되지 않았다(Durham, 1991). 1991년 아동지원법 제정도 가족의 유대를 위해서가 아니라 재정상의 의도에서 이루어진 것이었다.

대처 정권에서도 목적이 분명한 가족정책은 실시되지 않았고 사적인 영역인 가족에 대한 개입은 하지 않는다는 자유주의적 사고가 강조되었다. 가족이라는 것은 매력적이지만 목적과 가치를 분명히 하는 가족정책은 위험하다는 영국 사고방식은 미국과도 닮아 있는 것 같다.

영국과 미국의 가족정책 모델과 대조적인 모델은 명시적이고 포괄적인 가족정책을 대표하는 스웨덴, 노르웨이, 프랑스, 헝가리 등이다(Harding, 1996 : 205). 예를 들어, 스웨덴 가족정책 목적은 인구에서 연령구조의 균형을 유지하고 모자세대의 빈곤을 예방하며 노동력 재생산과 건전한 양육환경, 교육보장, 부모의 취업생활과 가족생활의 양립을 지향하는 남녀평등 촉진에 있다.

이는 사회정책의 중요한 기둥으로서 자리 잡고 있다. 가족정책이 다양한 정책을 보충하는 정책으로 기능하는 국가는 호주, 독일, 핀란드, 덴마크 등이다. 아동은 미래사회를 담당하는 중요한 인적자본인 것도 맞다. 또 사회의 재산이라 할 수 있다. 가족은 사회의 기반을 이루며 중요한 존재라는 것은 변하지 않는 진실이라 생각된다. 하지만 모든 아동의 의미 있는 생활 실현이 가능하기 위해서는 다양하고 복잡한 현대 가족에 대한 종합적인 지원이 국가의 책임으로 수행되어야 할 것이다.

2. 빈곤정책의 관련성

부모의 죽음, 재해, 유기나 양육포기, 생활곤란 등의 이유로 부모 등으로부터 부양을 받을 수 없게 된 아동에 대하여 자선사업이나 구빈사업 등으로 보호한 것은 오래전부터이다. 가족 사이의 부양의무는 대부분 국가에서 구빈법이 폐지되기까지 존속되었다.

산업혁명 후 1800년대 말부터 1900년대 초에 걸쳐 근대사회 정책의 대두와 함께 아동기를 성인기와 구별하여 사회적 보호가 필요한 존재로 보고 아동보호 대책이 본격적으로 전개되었다. 1800년대에 의무교육이 도입되면서 학교교육을 받기 원조가 필요해졌다. 아동학대에 대한 구제활동도 이미 시작되었으며 미국에서는 1874년에 민간의 뉴욕 아동학대방지협회(New York Society for the Prevention of Cruelty to Children)가 설립되고 아동학대방지운동은 영국 등으로 확대되었다(訓覇法子 外, 2014 : 143).

유럽에서도 1900년대는 박애주의자 등에 의해 아동에 대한 지원 개선, 양육시설의 통제, 일탈 및 문제 행동이 있는 아동·청소년에 대한 인도주의적 돌봄 등이 시작되고 있다. 예를 들어, 스웨덴에서는 1924년 최초의 아동복지법이 제정되었다. 아동의 부양 및 양육 문제 대책이 본격적으로 전개된 것도 1900년대부터였다.

1900년대 초는 미혼여성에 의한 혼외출생이 비교적 많았으므로 아동의 부양문제와 빈곤이 사회문제로 되었다. 다른 국가들과 다르게 빈곤대책으로서 스웨덴 등 북유럽 국가들이 선택한 것은 미혼모의 혼외자녀 부양책임 의무를 아버지에게 두는 것이었다. 스웨덴에서는 모든 미혼모에게 아동복지사를 배치하여 아버지로부터 양육비를 받을 수 있도록 지원하였다.

양육비를 청구하기 위해서는 아버지가 아이가 있다는 것을 인지하는 것이 필요하였다. 하지만 당시 의학수준에서는 친부 증명이 어려웠으므로 어머니의 증언이 중요하게 여겨져 지적당한 남성이 아버지가 아니라는 것을 역으로 증명하도록 했다. 아동의 법적 권리를 대등하게 보장하는 점에서 혼인에 의한 출생자를 적자로 하고 혼인 외 출생자를 비적자로 분류하지 않는 것이 다른 유럽국가들과 다른 점이다. 따라서 일찍부터 모든 아동이 인지된 아버지가 있고 유언 상속권도 가지게 되었다(訓覇法子 外, 2014 : 143).

1900년대 초 대부분 유럽국가에서 출생률이 급격히 낮아지기 시작하였다. 이때부터 특히 인구문제 대책이 중요한 정치과제가 되었다. 스웨덴에서도 1926년 이후 출생률이 계속 낮아져 인구감소 대책을 목적으로 인구문제위원회가 설치되었다. 위원회는 국민의 생활실태를 조사하고 유자녀 세대, 특히 다자녀 세대의 경제수준이나 생활조건이 다른 집단과 비교하여 매우 열악하다는 것을 지적하였다.

유자녀 세대의 생활수준 향상을 가족형성이나 자녀출산의 유인수단으로 주목하였다. 또한 유자녀 세대에 대한 경제지원 대책으로서 아동수당이 도입된 것은 1948년이었다. 다른 유럽국가와 다르게 출생률 향상만을 중요시하는 가족정책을 스웨덴은 받아들이지 않았다. 초기 가족 및 아동복지정책에서 중요하게 생각하였던 것은 빈곤예방과 감소였던 것이다.

3. 여성취업과 탈가족화

최근 사회경제적·인구학적 변화에 의해 선진 국가들의 사회정책은 새로운 과제에 직면하였다. 가장 중요한 경제적 변화는 탈산업사회로의 이행으로 산업구조가 변한 것이다. 공업부문 축소는 저임금 불안정 고용을 만들어 내고 완전고용정책을 유지하기가 어려워졌다. 동시에 서비스 부문을 확대하고 어머니를 포함한 여성취업을 증가시켜 맞벌이 가족이 일반화되고 있다. 덴마크, 스웨덴, 네덜란드, 포르투갈 등 국가에는 이미 나이가 어린아이를 가진 어머니의 70%가 취업하고 있었다(Forssen & Ritakalio, 2006).

북유럽 국가의 여성 취업률은 남성 취업률과 거의 차이가 없지만 남부유럽 국가들이나 보수주의 국가의 여성 취업률은 여전히 낮다. 스웨덴에서는 어린 자녀가 있는 어머니의 취업률은 1960년대 초기에는 38%였지만, 1970년대는 54%, 1980년대는 82%로 높아졌다(訓覇法子 外, 2014 : 145).

취업형태는 1990년대까지는 시간제 노동 위주였지만 이후 10여 년이 지나면서 정규직 노동이 일생에 걸친 노동형태로 되고 있다. 북유럽 국가들은 전업주부 존재가 거의 완전히 소멸되고 있으며, 덴마크 등은 시간제 노동은 육아휴업과 통상근로 복귀를 위한 과도기 취업형태로 이용되고 있다. 경제적 관점에서 보면 북유럽 국가들의 여성은 완전히 상품화되었다고 할 수 있을 것 같다.

영국의 기혼여성 노동의 증가는 완만하며 60% 정도에 머물러 있다. 또한 영국, 독일, 네덜란드는 여전히 시간제 노동이 어머니 취업의 기본 형태라 할 수 있다. 최근 미국 여성의 취업양상도 북유럽 여성과 유사해졌다고 볼 수 있다(Esping-Andersen, 2009 : 21).

여성취업 증가는 빈곤 감소와 예방에 기여했다고 할 수 있다. 맞벌이가구 증가에 의해 평균적인 가구소득은 높아졌지만 한부모가구의 빈곤 위험은 높아졌다고 할 수 있다. 여성취업 증가는 가족형태에도 변화를 초래하였다. 북유럽이나 프랑스는 과거 혼인에 의한 가족형성보다도 혼인을 하지 않거나 사실혼에 의한 가족형성이 일반화되었고 가구 전체의 1/3을 차지하게 되었다(Esping-Andersen, 2009).

또한 이혼이나 가족해체율도 북유럽 국가들은 1960년대부터, 다른 선진 국가들은 그보다 10~20년 뒤늦게 높아지기 시작하였다. 여성의 경제적 자립이나 사회진출에 의해 젠더역할에 대한 여성의 생각도 변화하여 스웨덴 사회에서는 전통적 젠더규범은 소멸되었다고 할 수 있다. 이에 대하여 스페인, 미국 여성 1/4는 남성 주 소득자에 의한 전통적 가족이 바람직하다고 보는 경향이 아직도 높게 남아있다.

〈표 12-1〉 젠더 역할에 대한 여성의 시각

국 가	남성 주 소득자에 의한 전통적 가족(%)	취학 전 아동이 있는 어머니는 가정에 있는 것이 최선이다(%)
독일	23	56
핀란드	19	36
네덜란드	12	40
스페인	25	52
스웨덴	8	24
영국	20	39
미국	24	38

출처 : Esping-Andersen(2009), p. 51.

맞벌이가족의 증가에 따라 가족정책은 부모의 취업과 양육의 양립, 아동에 대한 부모의 투자능력의 불균형, 어머니 취업이 아이 발달에 끼치는 영향, 취학 전 사업이나 보육서비스 등의 새로운 과제에 직면하게 되었다.

부양, 양육, 돌봄이라는 복지의 생산과 공급은 기본적으로 가족 · 시장 · 국가라는 3대 시스템으로 분담되고 있지만, 지금까지 가장 큰 부담을 해왔던 것이 가족이었다. 가족은 사회 기초를 이루는 일차집단이며 아동의 안전을 좌우한다. 그러나 여성취업 증가는 가족의 복지 생산기능 약화를 초래하고 3대 시스템 사이의 생산과 공급책임을 재편성해야 할 필요를 느끼게 하고 있다.

출생률 저하 현상은 혼인에 의한 가족형성의 감소, 만혼, 사실혼 증가, 이혼 및 가족해체, 복합가족이나 재구성가족의 증가 등 가족형성이나 가족형태의 변화에 관련 있다. 아이를 낳기보다 자기실현을 우선하는 가치관을 이유로 들 수도 있지만, 현실적으로 사람들이 이상적으로 생각하는 아동의 숫자는 유럽 전체로 볼 때 2인이다(Esping-Andersen, 2009).

출생률 상승이 필요한 것은 고령화가 진행되는 사회의 발전을 뒷받침하기 위한 노동력 재생산을 유지하기 위해서이다. 아이를 낳을지 결정은 남성 주 소득자의 소득능력에 좌우되며 주 소득자의 생애임금에 비추어 육아를 위한 지출이 크면 출산을 꺼리게 되는 것이 전통적인 결정방법이었다. 오늘날 여성취업 증가가 출생률 저하를 초래한다고 우려했지만 실제로는 출생률은 여성 취업률이 낮은 국가보다 높은 국가들이 더 높다고 한다(OECD, 2007). 덴마크, 핀란드, 스웨덴, 벨기에 등 고학력 여성들이 다자녀를 출산하고 있다(訓覇法子 外, 2014 : 147).

다른 많은 국가들은 저학력 여성의 출생률은 낮고 대졸 고학력 여성의 출생률이 가장 높다. 출생률을 좌우하는 것이 여성의 경제적 자립, 생활 안정감, 시장에서의 소비력 증대 등의 요인이라는 것은 분명하다(訓覇法子 外,

2014 : 147).

출산에 의한 불이익, 경제적 손실은 직업경력 확보를 위한 첫 자녀 출산의 연기, 취업복귀 전후의 노동조건, 육아휴직조건이나 보육서비스 이용 가능성에 따라 다르다. 출산 후 취업 중단기간이 길어서 경제적 손실이 가장 높은 것이 독일 여성이며 직장복귀가 보장되고 관대한 육아휴직제도나 급여수준으로 인하여 북유럽 여성의 경제손실이 가장 낮다(Esping-Andersen, 2009). 아동이 1명 늘어날 때마다 가구 소비는 약 20% 늘어난다고 한다. 따라서 아동수당 등의 소득 보전이나 강화가 중요한 의미가 있는데, 국가에 따라 급여원칙이나 관대함은 다르다. 북유럽 국가와 프랑스는 충실한 아동수당제도를 가지며, 북유럽 국가들은 모든 아동에 대하여 같은 액수의 아동수당을 제공하지만, 프랑스는 다자녀 출산을 장려하기 위하여 첫째 자녀보다 셋째 자녀에 액수를 더 보장하는 급여방법을 활용한다(訓覇法子 外, 2014 : 147).

어머니에게 우호적인 정책기준은 중립적 개별과세, 직장복귀를 보장하는 육아휴직제도, 국고지원에 의한 질 높은 보육서비스에 있다. 예를 들어, 스웨덴은 480일[1] 동안 육아휴직이 보장되며 둘째 자녀를 24개월 내에 출산하면 첫째 자녀 때와 동일한 액수의 육아수당이 지급되므로 2명을 이어서 출산하는 여성이 상대적으로 많다. 또한 보육서비스 이용 가능성은 출생률을 높인다. 노르웨이의 사례에 의하면 보육서비스를 보편화함으로써 출생률을 1.5%에서 1.8% 높일 수 있다고 한다. 또한 보육서비스 요금 부담수준을 낮게 함으로써 어머니 취업을 14% 상승시키는 효과가 있으며 모자세대에 대한 영향은 더욱 높다고 할 수 있을 것이다. 스웨덴에서는 가구 소득에 관련된 취학 전 학교 이용요금의 상한제도가 설정되어 있다.

아동양육이나 어머니의 돌봄에 대한 공공책임이 강화되어도 부모-자식 사

1) 유럽 평균 120일 동안 보장, 임금상실 보장은 350일 동안

이에 제공되는 양육과 돌봄 지원은 여전히 중요하다. 유럽에서는 조부모의 약 절반 가까이가 손자녀를 돌보고 있는 데 할애하는 시간의 경우 덴마크와 프랑스는 가족주의가 강한 남부유럽의 이탈리아나 스페인의 절반이다. 또한 자녀에 의한 부모돌봄에 대해서도 덴마크는 자녀의 약 20%가 돌봄에 관여하고 있지만 할애하는 시간은 매우 적다고 한다.

그러나 가족주의에 의존하는 남부유럽 국가라고 해도 부모-자녀 사이의 상호 돌봄 참가는 여성 취업의 증가와 함께 줄어들고 있으며 점차 소멸될 것이라 예측되고 있다(Esping-Andersen, 2009). 그렇다면 중요한 것은 과거 가족기능의 약화를 지원하는 가족 외부의 보육 등 돌봄서비스의 확대라 할 수 있다.

〈표 12-2〉 가족에 의한 양육과 돌봄

구 분	비율(%)	빈도(시간/ 주)
자녀에 의한 부모 돌봄		
덴마크	20	2.6
프랑스	12	9.3
이탈리아	12	28.8
스페인	12	16.0
조부모에 의한 손자 돌봄		
덴마크	60	7.3
프랑스	50	14.3
이탈리아	44	27.8
스페인	40	25.7

출처 : Esping-Andersen(2009), p. 92.

현대사회에서 가족의 안녕을 도모하기 위한 가족정책은 역설적으로 탈가족화가 진행된 국가이다. 탈가족화 개념은 복지레짐 유형화의 시도에 대한 페미니즘 연구자들에 의해 발전되어 왔다.

탈가족화는 가족관계에 의존하지 않고 취업이나 소득보장급여에 의해 사회적으로 용인된 평균적 생활조건이 가능한 성인의 비율을 가리켜 정의되어 왔다. 따라서 복지국가에 의한 가족지원서비스를 나타내는 요인에 초점이 맞춰졌다. 탈가족화를 지표로 한 복지레짐 유형에는 과거 복지레짐에 가족주의가 강한 남부유럽 국가들이 더해졌지만, 탈가족화의 정도가 가장 높은 것은 사회민주주의, 다음으로 높은 것이 보수주의, 그 다음이 자유주의며 가장 낮은 것이 남부유럽 복지레짐이다.

1980년부터 2000년에 걸친 20년 동안의 GDP에 대한 복지서비스 지출을 보면 사회민주주의 복지레짐은 높은 지출을 유지하고 있지만, 1990년 이후 레짐 사이의 상호접근을 볼 수 있다. 수렴경향을 보이는 주요 이유는 인구구조의 변화, 서비스의 시장화, 급여대상의 축소, 여성취업 장려, 개인책임 강조 등을 생각할 수 있는데, 보육서비스 등 사회정책에서 유럽연합의 초국가적 통합정책에 의한 유럽 접근 수렴 현상도 배경적 요인으로 지적할 수 있다.

2005년의 경우 모든 복지레짐에서 가족서비스 지출은 다소 상승하고 있지만 격차는 크게 변하지 않았다(Gilbert, Parton, & Skivenes, 2011). 그러나 여성이 어느 정도 가족에 대한 경제적 의존과 양육 · 돌봄의무 없이 자율적으로 사회참여를 할 수 있는지에 대한 탈가족화 정도를 측정할 수 없다는 것이 비판받아 왔다(Bambra, 2007).

여성 · 국가 · 가족과의 관계를 측정하기 위하여 노동시장의 상대적 여성참가율, 육아휴직수당에 의한 소득상실 보장, 육아휴직 보상기간과 여성 평균임금으로 구성되는 지표를 사용한 군집분석에 의하면, 다섯 개의 집단으로 구분된다(Bambra, 2007).

<표 12－3>과 같이 자유주의 ①, 보수주의 ②, 사회민주주의 ⑤에 더하여 일본과 같은 유형 ③과 영국의 유형 ④가 제시되고 있다. 일본과 이탈리아를

동일하게 분류하는 등 명칭을 분명하게 구분하지 못한 사례가 제시되는 등 기존 레짐의 범주를 크게 벗어나지 못한 한계는 있다.

〈표 12-3〉 탈가족화의 정도를 보여주는 군집

① 자유주의	② 보수주의	③	④	⑤ 사회민주주의	불명확한 사례
호주 미국	오스트리아 벨기에 프랑스 독일 네덜란드 뉴질랜드 포르투갈 스위스	이탈리아 일본	캐나다 핀란드 영국	노르웨이 스웨덴	덴마크 아일랜드 그리스 스페인

출처 : Bambra(2007), p. 335.

일반적으로 탈가족화 정도가 가장 높은 지역이 여성노동을 가장 빨리 경험한 북유럽 국가들, 즉 사회민주주의가 발달되어 있는 곳이다. 막대한 가족급여 지출, 국가의 주도적 역할, 남녀평등, 아동의 안녕을 중요시하는 군집이다. 이에 대하여 보수주의는 가족지출도 상대적으로 작고 전통적인 가족의 역할을 중요시하며 여성의 취업 참가를 장려하지 않기 때문에 일정한 탈가족화를 특징으로 한다. 자유주의는 가족급여 지출은 가장 낮고 그 때문에 탈가족화 수준도 가장 낮다.

탈가족화는 가족생활의 질이나 가족연대를 붕괴해 왔지만 일련의 실증연구에 의하면 결과는 전혀 반대이다(Esping-Andersen, 2009). 가족에 의한 돌봄의무가 가족에 의해 관리 가능하다면 세대 간의 유대나 부모의 육아참가도 증가할 것이다.

돌봄서비스 수급을 시민권으로 할 것인지는 국가에 따라 크게 달라진다.

여성취업이 빨랐던 북유럽의 경우 맞벌이가구의 취업과 자녀양육 양립을 위하여 종일 보육서비스 보장이 사회정책의 당연한 목적으로 진행되어 왔다. 그러나 그것과 대조적으로 영국에서는 공적인 보육서비스는 빈곤가구 또는 빈곤 리스크가 있는 가구의 아동에 대한 서비스로 제공되었으며, 미국에서는 공공지원은 크게 제한되고 사적 책임이 중요시되었다(Guo & Gilbert, 2007).

현재 북유럽 국가는 어머니가 육아휴직을 끝낸 후 3세 이하의 아동에 대한 보육 및 취학 전 학교 서비스는 거의 모두에게 제공되고 있지만, 벨기에, 네덜란드, 미국에서는 30%, 오스트리아 또는 독일, 남부유럽 국가들은 10%로 낮다. 보육서비스 이용을 좌우하는 요인 중 하나가 부모가 부담하는 서비스 요금이다.

미국에서 시장에 의한 서비스는 높은 가격이며 저소득층 이용이 배제되고, 저렴한 가격일 경우 서비스 질은 낮고 최저한 기준을 충족한 서비스를 보기가 어렵다. 반면 스웨덴은 총 비용의 85%, 덴마크는 65% 이상을 국가가 조성하고 있다. 조성금은 어머니 취업에 따라 지불되는 세금에 의해 환원되므로 부모의 취업 지원, 아동들의 취학 준비나 심신발달에 중요한 의미를 가진 영유아 교육 및 보육 서비스에 드는 국가의 지출은 절대적인 지출액의 크기가 아니라 장기적인 효과를 볼 필요가 있다.

가족에 대한 서비스 제공이나 재정운영에 관하여 자주 등장하는 것이 민간부문에 운영을 맡길 것인가 아니면 혼합방식을 따를 것인가에 대한 논의이다. 한마디로 민영화라고 해도 순수한 민간사업, 공공부문에 의한 준시장 원칙을 도입, 비영리 조직에 의한 운영 등 다양한 형태가 있다.

거시경제학의 관점에서 본다면 시장과 국가를 어떻게 혼합시키려 해도 실제로 소요된 총비용은 변하지 않는다. 그것보다도 중요한 문제는 서비스 이용이나 질에 어떠한 영향을 끼칠 것인가에 대한 것이다. 영리기업에 의한 사회서비스는 사적인 의료보험과 마찬가지로 중간소득 이하의 세대 대부분을 시장으로부터 배제시킨다. 시장에 의한 서비스는 선택의 자유를 강조하지만 선택능력이 있는 시민은 고학력자나 고소득자에 한정된다. 시장에서의 배제에 의해 저소득층은 질 낮은 보육서비스를 받을 수밖에 없지만 어머니가 일을 그만두고 돌볼 경우 세대 소득능력의 저하와 아동 빈곤을 초래하게 될 것이다.

4. 아동보호와 발달

여성의 취업 증가와 역할변화, 지식사회로의 이행은 경제적 부와 사회적 혁신을 초래하였지만, 동시에 새로운 사회적 리스크와 불평등을 낳았다. 소득불평등의 확대와 함께 지적되는 것이 부유층과 빈곤층의 양극화 문제이다. 1960년대는 남성 주 소득자의 임금격차가 대폭 축소되었지만, 과거 10년 동안 OECD 국가 대부분이 소득 불평등이 증가하였다. 이런 경향은 특히 영국이나 미국에서 뚜렷하다. 그 주된 이유로 들 수 있는 것이 노동시장에서 고급 노동능력에 대한 수요가 늘어나고 노동조합이 약화되었으며 고용규제가 완화되거나 실업이 늘어나고 장기화된 것이었다.

유럽 전체를 통하여 지적되는 것이 특히 낮은 학력의 청년들이 노동시장 진출이 어려워져 저임금 노동자의 대표적 존재로 되었다. 남녀 임금격차는 전체적으로 축소되었지만 맞벌이가구와 남성 또는 여성만의 단독 근로가구와의 소득격차는 크게 확대되었다. 이런 상황에서 아동의 건강한 발달이나 장래 부정적 영향을 끼치는 빈곤을 축소하기 위하여 중요한 역할을 하는 것이 여성 취업이다.

선진국에서 심각해지고 있는 아동빈곤은 북유럽 국가에서는 줄어들고 있는데, 최근 선행연구에 의하면 한부모가구의 비율은 남부유럽은 여전히 낮지만, 영국 등은 아동의 1/4이 한부모가구에서 양육되고 있다(Bradshaw & Finch, 2012).

한부모가구의 빈곤 리스크가 높은 이유 중 하나가 저임금 노동이 많은 홀어머니 가구 때문이며, 유럽국가들의 홀어머니 가구 규모는 전체 한부모가구의 90%가 넘지만 스웨덴은 예외(70%)이다. 소득재분배 전후의 상대적 빈곤율을 살펴보면 북유럽 국가들의 재분배 후 빈곤율은 남부 및 동부 유럽 국가보다도 매우 낮고 빈곤 축소를 위한 가족정책의 효과가 높다. 2006년 OECD 자료에 의하면, 미국은 GDP의 0.4%, EU 국가는 평균 2%(덴마크 3.7%, 프랑스 2.8%, 네덜란드 1.1%, 포르투갈 0.8% 등)가 유자녀가구에 대한 가족급여로 사용되고 있었다(Bradshaw & Finch, 2012; Esping-Andersen, 2009).

OECD 국가들은 가족현금급여, 현물급여, 세제상의 우대조치에 GDP의 평균 2.3%(프랑스 3.8%, 터키 0.02%)가 사용되고 있었다. 이러한 대책의 배분구조는 국가마다 좀 다르지만 세제상의 우대조치는 대부분 국가에서 중요한 역할을 하고 있다. 예를 들어, 스웨덴의 주요 가족급여는 보편적 급여와 선별적 급여로 구분되며 사회보험 중심의 현금급여에 의해 가구소득을 균등하게 하는 것이 목적이다.

지방자치단체는 자녀를 둔 가족이 필요로 하는 보건의료, 학교교육 등 다양한 서비스를 현물급여로 제공할 책임이 있다. 또한 아동과 노인에 대한 공공지출의 크기(1980~2003)를 비교하면, 멕시코를 제외하고 모든 국가에서 아동보다 노인을 위한 지출이 높지만 그 비율은 국가에 따라 큰 차이가 있다. 아동을 위한 급여는 부모의 소득수준에 비례하여 지급하는 경우가 많고 저소득가구를 우대한다. 뉴질랜드는 일정한 소득수준 이상 가구에게는 아동을 위한 급여를 하지 않는다. 또한 아동 숫자나 연령에 따라 급여내용도 다르다. 가족정책의 GDP 대비 지출과 아동의 복지(well-being) 상관관계를 보면 상대적으로 네덜란드나 북유럽 국가(노르웨이, 스웨덴, 아이슬란드, 덴마크, 핀란드 등)에서 정책 효과가 있다는 점이 지적되고 있다. 즉, 가족정책은 아동의 빈곤을 줄이고 완화하여 복지를 좌우하는 중요한 수단이 된다고 할 수 있다(Bradshaw & Finch, 2012 : 477).

아동보호(protection)와 아동복지(welfare)의 개념이 분명하다고는 볼 수 없다. 주요 흐름은 빈곤과 학대 등으로부터 아동을 보호하려는 생각에서 아동의 건강한 발달환경과 웰빙을 향상시키려는 복지적 사고로 이행했다고 볼 수 있다.

아동의 복지를 높이는 것은 민주주의 국가의 중요한 정치적 · 사회적 과제이다. 아동을 독자적인 권리를 가진 독립적인 존재로 인정하는 아동권리조약의 선택에 따라 아동을 학대나 방임, 기타 위험으로부터 보호하고 아동의 안녕을 보장하는 최선의 방법이 요구되고 있다. 그러나 아동의 건강한 발달과 교육에 대하여 국가의 책임이 어느 정도인지는 서로 다르다. 제한적인 책임만 인정하는 국가는 아동에게 심신의 위해를 제공하는 위험으로부터 아동을 보호하는 데에 중점을 두며 기본적인 안전보장에 머물고 있다.

광범위한 책임을 인정하는 국가는 사회적 지위나 양육의 결과로 만들어지는 불평등한 생활조건의 리스크로부터 아이를 보호하는 것이 목적이다. 국가의 관여방식이나 정도는 아동복지제도가 가족과 국가의 책임분담을 어떻게 정의하는가에 따라 다르며 아동과 가족에 관한 문화적 차이에 따라서도 다르다.

1980년대부터 1990년대 초에 걸쳐 세계적으로 아동의 학대 보고가 급증하였다. 처우방법을 좌우하는 것이 아동보호 모델과 가족서비스 모델이라는 것은 전통적으로 서로 다른 아동학대 보고제도이다(Gilbert, 1997).

아동보호 모델에서는 학대에 관하여 퇴행적 부모나 근친자가 제공하는 심신의 위해로부터 아동을 보호해야 한다고 생각했다. 가족서비스 모델은 학대는 사회적 · 심리적 어려움에서 생기는 가족 내의 분쟁과 기능 이상을 원인으로 일어나므로 가족이 책임을 다할 수 있도록 지원해야 하는 문제로 이해하였다. 따라서 대응방식도 달라서 아동보호 모델은 합법적인 방법으로 학대라는 일탈행위를 조사하는 절차를 강조하며, 가족서비스 모델은 가족의 욕구조사도 포함하는 임상적인 대응을 강조한다. 그 결과 아동복지 전문직의 관여방식도 달라서 전자는 부모를 가해로 보는 적대적 관계를 기반으로 처우가 이루어지며, 후자는 부모와의 연계를 중요시하는 파트너십을 기반으로 처우가 이루어졌다.

두 개의 서로 다른 대응 관점에서 국제비교를 하면 자유주의 복지레짐 국가는 아동보호 모델을 대표하고, 보수주의 및 사회민주주의 복지레짐은 기본적으로 가족서비스를 중요하게 생각하는 모델을 대표한다. 가족정책 지출의 크기는 탈가족화 정도를 측정하는 중요한 요인이었는데, 유형 사이에 가족정책 지출의 접근경향이 나타나며 가족정책 지출과 아동의 안녕과 복지(건강한 출생, 12~23개월 아동의 면역수준, 19세까지의 사고나 부상에 의한 사망 등 유니세프 건강과 안전 지수 사용)의 관계(UNICEF, 2007) 자료를 보면 사회민주주의 복지레짐 국가들이 아동의 안녕지수가 높게 나타난다.

GDP 대비 가족정책 지출과 건강 · 안전과 관련된 아동의 복지지수 순위에서 지출수준과 복지지수가 모두 높은 상위권에는 북유럽 국가들이 집중적으로 분포되어 있다(Gilbert, Parton, & Skivenes, 2011 : 10).

아동학대에 의한 사망은 사회의 학대수준이나 아동보호제도의 효율을 반영하지만, 가족정책 지출과 아동학대로 인한 사망 사이에는 명백한 상관관계는 나타나지 않는다고 한다(Gilbert, Parton, & Skivenes, 2011 : 11). 학대로 인한 사망과 학대가 중복되어 발생한 결과가 아니라 심각한 정신장애를 가진 부모 등에 의해 특이한 조건하에서 돌발적으로 일어나는 비극적 경우가 대부분이라고 한다. 국가의 가족정책 지출이라는 가시적인 조건에 의존하여 아동복지제도는 존재한다고 할 수 있지만, 국가 지출이나 탈가족화의 발전 정도가 반드시 사회에서 아동의 지위나 권리를 옹호하기 위하여 가족에 개입하는 국가의 의사를 모두 반영한다고 보기는 어렵다.

1990년대 중반 이후 사회는 세계화의 영향으로 크게 변하는데 국제비교 연구에 의하면, 다수 국가에서 아동복지제도 확충이 진행되었다. 공통적인 발전동향은 아동의 복지 향상이나 학대예방 등을 목적으로 하는 지역·재가를 기반으로 하는 공개적 돌봄이 증가하였는데, 양부모 돌봄 등의 가족 외 돌봄도 줄어들지 않고 증가하는 경향을 보였다(訓覇法子 外, 2014 : 159).

가족서비스 모델을 대표하는 국가들이 아동보호 모델보다도 가정 외부 돌봄의 이용빈도가 높다. 핀란드의 이용 건수는 영국의 2배에 가깝다. 그 이유는 사법제도에 의해 보호처분을 받는 청소년 범죄자를 위한 돌봄도 포함하는 데에 있다. 또한 적용되는 아동의 연령도 국가에 따라 달라서 미국, 영국, 캐나다는 나이 어린 아동의 이용이 많지만, 북유럽 국가들은 나이 든 아동의 이용이 상대적으로 많다(訓覇法子 外, 2014 : 160).

최근 새로운 경향으로 주목받는 것이 제3의 모델, 즉 아동중심 모델이다. 이 모델은 아동을 국가와 가족에 대하여 자립적인 개인으로 수용한다. 많은 국가에서 복지국가를 발전시키는 노력으로서 단순히 위험에서 아동을 보호하는 것뿐만 아니라 아동에게 최선이 무엇인가라는 관점으로 아동의 욕구, 능력, 성숙도를 고려하여 아동의 복지를 증진시키는 프로그램이 실천되어 왔다. 예를 들어, 핀란드, 노르웨이의 아동에 우호적인 사회 형성을 촉진하는 정책이나 미국, 영국, 독일 등에서 시도되어 왔던 포괄적인 아동중심 프로그램과 같은 노력이 전개되고 있다.

새로운 모델의 배경을 이루는 것이 첫째는 OECD나 EU에 의해 장려된 전통적 복지국가에 대한 선택지로서의 사회투자 국가(social investment state), 생산적 사회정책이다(Morel, Palier, & Palme, 2012).

사회민주주의의 제3의 길로 알려진 것이 국가는 시장의 실패에 따라 개인이 처한 생활 어려움을 금전적으로 보상하는 역할에서 개인과 사회의 부를 최대한으로 창출하고 개인을 시장에 통합하기 위하여 인적자본에 대한 투자를 늘리는 역할을 해야 한다는 생각이다(Giddens, 1998).

이런 사고방식에 의하면 모든 아동이 발달기회와 교육 가능성을 최대한으로 활용할 수 있도록 지원하는 것이 국가의 책임과 의무이며, 사회경제정책의 중요한 목적은 건강과 복지 향상이다. 모델의 배경을 이루는 사고는 개별화(individualization)의 강조이다. 그러나 아동의 최선을 중요시하는 모델의 실천은 국가에 따라 다양하게 나타날 수 있다.

아동의 권리조약이 출발점으로 하는 아동도 사회적 · 정치적 · 법적 권리를 독자적으로 가진 존재이며 장래의 노동자 또는 가족의 일원으로서 오히려 현재의 시민으로 받아들어야 한다는 견해가 많은 국가에 확립되었고 실천되고 있다. 아동의 권리조약에 따라 각 국내에서의 벌률 개정도 진행되고 있으며, 북유럽 국가를 비롯하여 아동의 처우 결정에 관해서는 아동의 참가와 의견 반영을 의무화하는 국가가 증가하였다.

또한 아동중심 모델은 아동의 권리를 부모의 권리보다 높게 두고 양육자로서 최선의 이익 실현을 위해 노력해야 할 부모의 책무를 강조한다. 덴마크나 독일은 국가가 설치한 양육표준을 충족하지 않는 경우에는 부모가 경제적 지원을 잃는 경우가 있다.

국가 · 아동 · 가족 사이의 전통적 관계는 아동의 최선을 가장 중요시하는 관점이 도입됨으로써 새롭게 구축될 수밖에 없었다. 그러나 실제로는 권리와 책임의 균형, 아동, 가족, 국가 관계의 형태의 차이에 따라 그 관계는 다양해질 수밖에 없다. 단일한 모델에 의존하는 국가보다도 각 모델들이 조합하여 균형화를 시도하는 국가가 훨씬 많다. 또한 국가의 개입 관점이나 비전은 시대의 위기에 따라 변하므로 정책이나 실천이 불확실해지는 것도 사실이다.

〈표 12-4〉 아동학대에 있어서 아동과 가족에 대한 국가의 역할

구 분	아동중심 모델	가족서비스 모델	아동보호 모델
개입을 위한 관점	현재와 미래 관점에서 아동의 개별욕구, 건강에 기여할 수 있는 시민 양성을 위한 사회적 욕구에 초점	가족 전체의 욕구에 주목하고 지원함	아동에 대하여 양육태만 등으로 학대를 가하는 부모로부터 보호
국가 역할	선의에 기반한 배려 : 탈가족화 국가가 부모의 역할을 대신하는데, 양육대리시설, 친족돌봄, 양자에 의한 가족 재형성	부모 지원 : 국가는 가족관계의 강화에 노력함	제재 : 아동이 안전을 확실히 하는 파수꾼으로서의 국가
문제배경	아동의 발달과 아동이 얻는 불평등한 결과	사회심리학적 시스템, 빈곤, 인종차별 등	개별적, 도덕적
개입방법	조기 개입과 조정, 욕구 사정	욕구사정	사법적 조사
개입목적	사회투자 또는 평등한 기회 보장에 의한 안녕, 웰빙의 촉진	예방과 사회적 결합	보호와 손상 경감
국가와 부모 관계	대리적 · 협력적 관계	협력관계	적대적
권리균형	아동의 권리와 부모의 책임	사회복지 전문직에 의해 매개되는 가족생활에 대한 부모의 권리	법적 수단에 의한 강제적인 아동과 부모의 권리

출처 : Gilbert, Parton & Skivenes(2011), p. 255.

현대사회를 유지하고 발전시키기 위해서는 건강하고 충분한 교육을 받은 시민이 필요하며, 또한 개인이 급격한 사회변화에 적응하기 위한 생활안전이 필요하다. 경제의 세계화나 기술혁신은 고용불안을 늘려왔는데, 이것은 강한 복지국가보다 개별적인 적응이 가능한 사회복지의 재편을 요구하는 것 같다. 전통적인 복지국가의 선택은 생활곤란자를 구제하는 보상적이고 온정주의적 국가복지였다. 하지만 인간관계에 대한 투자를 중요시하는 적극적 사회투자 구상처럼 복지국가의 미래에 대해서는 반성과 논의가 계속되고 있다. 우리는 기회평등과 결과평등을 동시에 요구하고 있는 것이다.

제2차 세계대전 후 본격적으로 시동을 건 케인즈 복지국가는 소득재분배 정책에 의해 평등주의 이상을 실현하며 모든 사람의 기회평등을 추구하였다. 또한 기회평등은 경제적 효율을 추진하는 데 매우 중요하였다.

생산성을 높이고 사회경제적 배경에 의해 자기실현이 방해되지 않고 제약되지 않도록 모든 인간의 기초를 형성하는 교육개혁이 추진되었다. 그러나 오늘날 보편적 무상교육에 대한 노력은 인생의 기회를 균등하게 한다는 사명을 다하지 못했다는 비판을 받고 있다. 국제비교 연구에 의하면, 아동의 사회경제적 배경과 자기실현 기회의 부정적 상관성은 이전보다도 강화된 것이 분명하다. 즉, 아무리 평등하게 구축된 교육제도라 해도 학교환경이 상층과 중간층 아동들에게 우위로 작용하여 낮은 계층의 아동들을 불리한 입장으로 내몰게 되는 메커니즘을 안고 있으므로 교육제도가 평등을 실현하는 데 실패했다는 것이다. 또한 중요한 것은 최근 발달심리학 연구결과에 의하면, 학습을 위한 인지적 · 행동적 기초는 영유아기 연령에 형성된다는 사실이다(Esping-Andersen, 2009). 따라서 취학 전 교육에의 접근 여부가 아동의 미래를 결정적으로 좌우하므로 영유아 아동들의 가정환경이 문제가 될 수 있다.

태어난 직후의 가정 외부 양육은 아동 발달에 바람직하지 않은 영향을 미칠 수 있다는 우려가 있을 수 있지만, 생후 1년 어머니의 노동이 안정적이며 스트레스가 없는 상태라면 질 높은 영유아 보육 · 교육은 아동발달에 나쁘지 않다는 것이 많은 선행연구에서 실증되고 있다. 또한 많은 국가의 경험에 의하면 어머니의 취업은 부정적이 아니라 긍정적 영향과 결과를 초래한다(訓覇法子 外, 2014 : 163).

아동에 대한 투자에서 그 양과 질을 모두 좌우하는 것이 가정에서의 학습 문화 자본, 즉 부모의 지식이나 교육수준 등의 문화자본이다. 고학력 부모는 저학력 부모에 비하여 아동의 발달에 필요한 시간을 20% 더 많이 사용한다. 그러므로 가정의 불충분한 학습문화 자본을 보충하는 수단으로 저학력 부모가 많은 저소득가구와 한부모가구 아동의 보육 · 교육서비스에 대한 접근을 높이는 것이 중요한 국가 과제이다.

모든 아동을 포섭하는 영유아 학교와 보육서비스에 의해 모든 아이들이 부모의 사회경제적 배경에 의존하지 않고 동일한 발달한 환경을 얻을 수 있다. 모든 아동들이 학습환경을 공유함으로써 가장 불리한 지위에 처한 아동들에게 긍정적인 발달효과가 초래한다는 것은 명확하다. 보편적 아동복지서비스는 모든 시민으로부터 재정운영에 대한 지지를 얻는 데에도 중요한 의미를 가진다.

스웨덴의 영유아보육사업은 양과 질 모두 스웨덴에서 가장 성공적 정책의 하나이며 국제적으로 높은 평가를 받고 있다. 그 발전을 재촉한 요인은 두 가지이다. 첫째, 1930년대 시작된 아동 · 청소년 발달조건의 불평등을 축소하는 사회 · 교육정책이었다. 둘째, 1950년대 고도 성장기에 수요가 높았던 여성 노동력 확보를 위한 노동시장정책이었다.

보육시설 확대는 남녀평등정책을 자극하였고 모든 성인의 노동권리 · 완전고용정책을 달성하는 데에 중요한 수단이었다. 1972년 취학 전 학교법은 영유아 발달조건의 불평등을 축소하기 위하여 6세 아동의 연간 최저 525시간 무상 취학 전 교육의 권리를 보장하였다. 장애 등 특별욕구를 가진 아동의 우선 입소도 보장하였다.

국제적으로 볼 때 보육서비스와 유아교육의 조직화는 다양하며 스웨덴 등의 북유럽 국가들은 다른 유럽국가들과 다른 점이 많다. 1960년대부터 중요한 정치과제로 추진되었던 보육시설의 양적 확장을 거의 이룩한 스웨덴은 1998년 선진국 중 앞서 취학 전 학교, 기초학교(9년간 의무교육)와 학령기 아동보육사업을 통합하여 수행하였다. 취학 전의 아동뿐만 아니라 저학년 아동도 개혁의 대상으로 한 이유는 저학년 아동에게도 학습뿐만 아니라 보육과 돌봄이 필요하다는 생각 때문이다. 개혁으로 인하여 취학 전 사업은 사회부로부터 교육부로 옮겨져 교육계획이 도입되었다. 개혁 10년 후 개혁은 성공하였다고 평가하였다. OECD 국가들과 유럽국가들도 교육과 돌봄을 통합한 스웨덴의 EDUCARE 모델을 높이 평가하고 있다. 서비스 접근성・포괄성・보편성・평등성, 공공책임에 의한 안정적 재정운영・높은 서비스 질의 확보 등 선진국 가운데 그 결과가 가장 우수하다(訓覇法子 外, 2014 : 164).

CHAPTER 13

비교사회복지의 방향과 과제

CHAPTER 13

비교사회복지의 방향과 과제

1980년대 이후 사회복지서비스의 동향은 OECD의 복지국가 위기에 대한 보고를 비롯하여 지금까지 복지국가의 비효율성과 복잡한 관료주의, 경직된 복지행정서비스에 대한 비판, 각종 권리운동의 성과 등의 영향으로 다른 영역과의 공조와 융합이 강조되었다. 특히 시장화, 작은 정부, 정보화가 강조되면서 그러한 동향들이 경영친화적 성과주의를 위한 효과적인 수단으로 반영되고 있다. 또한 팽창한 관료주의의 교정을 위한 관리주의적 기법도 강조되고 있다.

서구사회에서는 1970년대 중반부터 아동학대 발생의 증가에 따라 학대방지나 돌봄 개입의 효과적인 정책전략으로 전문기관의 연계가 중요한 방법으로 인식되고 공식적 행정 가이드 매뉴얼에 의해 철저히 준수되었다. 또한 1980년대는 영국을 중심으로 장애아와 노인의 장기요양에 대해 지역사회 욕구충족을 위한 돌봄 패키지 등과 같은 용어를 부각하는 커뮤니티케어정책이 도입되었다.

공동활동을 강조하는 것은 사회복지 영역에서 새로운 측면을 부각시켰다. 역사적으로는 길 수도 있는데 장기요양 문제, 아동학대 문제 등은 사회복지 문제로서 중요 개입대상으로 되어 왔지만, 오늘날은 사회복지사를 대신하여 때로는 법률가와 의사, 심리전문가 등이 의제를 주도하는 리더로서 역할을 하는 경우도 많다. 이러한 상황 속에서 공동활동은 폐쇄적 행정이나 자기완결적 전문성을 다시 돌아보는 계기가 되어 이용자 중심의 욕구 충족에 매우 유용한 방향이라 할 수 있는 반면, 전통적 사회복지 전문직의 정체성을 약화시키는 방향이 될 가능성도 있다.

이러한 동향은 사회복지 영역 그 자체가 안고 있는 현대사회에서의 상대적으로 낮은 입지를 반영하는 것이라 볼 수 있다. 이러한 상황은 사회복지 이론과 실천 그 자체가 안고 있는 전문적 기술과 이론 수준을 더 높여할 근거로 이해해야 할 것이다. 그것은 우리가 독자적으로 안고 있는 문제일 뿐만 아니라 국제적으로 안고 있는 사회복지 역할과 방향에 대한 정체성 위기 문제와도 관련될 것이다.

아시아 국가의 사회복지 발전에 힘써야 할 한국의 역할과 위치뿐만 아니라 국제사회 일원으로서 그 의미에 대하여 앞으로 적극적인 인식과 노력을 다할 필요가 있다. 국제비교의 관심은 군사적・경제적 측면에만 머물러서는 안 된다. 복지의 기본 패러다임의 변화가 요구되는 사회경제적 상황 속에서 한국의 유교주의적 가치와 서구의 개인주의, 기독교, 자본주의 가치와의 융합을 바탕으로 한 한국적 사회복지의 이론과 역할은 어떻게 정립되어야 할 것인지 고민해야 할 때다. 국제사회의 일원으로서 난민과 이민, 다문화 등 국경을 초월한 복지문제에 대응할 수 있는 명확한 지식체계와 대응방법을 국제사회와 함께 공조해 나가기 위해서도 비교사회복지의 연구가 더욱 활성화되어야 할 것이다.

국제인구위원회(United Nations, Department of Economic and Social Affairs)의 세계인구장래추계(World Population Prospects 2010 revision)에 의하면, 선진 국가들의 고령화는 더욱 빨라지며 아울러 개발도상국의 고령화도 선진국 이상으로 빠른 속도로 진행될 것이라고 한다. 선진국 가운데는 이민 수용이 많아 합계 특수출생률(TFR)이 1.5를 웃도는 국가와 1.5 미만인 한국, 독일, 이탈리아 등 고령화가 매우 빠르게 진행될 것이라 예상되는 국가들이 있다. 저출산 고령화의 속도는 선진국가들 사이에서 차이를 볼 수 있지만, 세계적인 고령화 추세는 2008년 세계금융 위기 이후 어떤 선진국도 경기변동에 수반되는 실업자 대책과 재정적자를 강하게 통제하려는 상황에서 지금까지 쌓아 올렸던 사회보장제도의 재검토와 개혁을 서두를 수밖에 없게 하였다.

더욱이 2011년 유럽 금융위기를 기점으로 시작된 선진 국가들의 경제성장 저하나 재정상황 악화는 이들 국가들의 정치상황에도 영향을 끼쳐 일부 국가에서 정권교체가 일어나고 사회보장제도 개혁에도 경제상황의 영향뿐만 아니라 정치상황의 영향도 나타나는 복잡한 상황에 직면하였다. 이러한 상황 속에서 사회복지 국제비교에 대한 관심은 매우 높아질 수밖에 없다. 지금까지 축적된 복지국가론이 인구·사회·경제·정치 변화에 대응하여 발전했을 뿐만 아니라 신흥국가도 경제발전과 함께 사회보장제도를 도입하고 이들 국가에서도 선진국의 사회보장 연구를 적용할 수 있는지에 대한 문제의식에 기반을 둔 연구가 확대되었다. 또한 복지국가라 할 수 있는 선진 국가들 중에서도 다른 국가의 사회보장 상황이나 개혁 대응을 비교 시각으로 보는 것은 정책기획과 입안을 위해서도 매우 중요하다.

사회복지 국제비교 연구에서는 이미 정치경제학이나 정치사회학에 근거한 복지국가 연구나 복지레짐에 근가한 복지국가 연구의 전개와 진화 등과 같은 연구 실적들이 축적되어 있다. OECD 국가들의 사회복지 지출 통계 등을 활용하여 매우 진화된 연구가 진행되고 있다. 특히 정보화 현상은 사회학이나 경제학, 정치학, 사회정책론 등 사회보장의 국제비교 연구에 관련되는 학문 분야 각각에서 미시적 자료의 축적과 분석방법의 진화를 초래하였다. 그렇지만 고령화와 글로벌화, 4차 산업혁명과 같이 사람들이 예상을 훨씬 뛰어넘은 영향력으로 사회복지제도에 영향을 끼쳐 각 나라의 복지제도의 새로운 도전을 초래하는 시대적 흐름에 부응하기 위해서는 비교연구의 분석 틀과 방법은 더욱 발전되어야 할 것이다.

한국과 일본 등은 고령화와 관련하여 지속적으로 돌봄서비스의 양적 확대를 추구하면서 동시에 그 서비스의 시장화도 추진해 왔다. 이들 국가에서 그러한 시장화 정책은 공공사업을 민영화하여 지출을 삭감하기보다 공공지출 팽창을 억누르면서 급속한 서비스의 양적 확대를 노리는 목적도 컸다. 이 국가들은 복지레짐과 비교하면 가족주의적 성격이 강하였지만 현실의 가족 형태의 변화와 인구 고령화가 진행되는 과정에서 가족주의의 속박에 의해 생긴 돌봄서비스의 정비가 늦어지게 되는 상황이 되었으므로 공통적으로 시장화를 통한 서비스의 양적 확대를 전략적으로 추진해 왔다. 네트워크나 지역사회와 같은 거버넌스 형태를 시장화 개혁과 관련된 비교연구의 틀 속에서 어떻게 설정해야 할지는 우리나라 제도 개혁에도 중요한 과제라 할 수 있다.

마지막으로 제4차 산업혁명과 사회복지 과제를 검토해 보자. 2016년 1월에 열린 다보스회의 의제는 제4차 산업혁명이 중심이었다. 인공지능으로 무장한 고도정보 사회는 인터넷, 멀티미디어, CATV, 돌봄로봇, 인공지능 등의 AI와 IT 혁명의 진행이 눈부시게 진행되며 세계 경제로부터 개인의 일상생활에 이르기까지 모든 활동에 거대한 변혁이 초래되고 있다. 1980년대 컴퓨터에 의한 제3차 산업혁명 이후 세계적으로 임금 격차는 확대되었다. 그렇다면 로봇혁명을 추진하는 한편, 평등한 사회를 보장하는 것이 정부의 우선적인 과제가 될 것이다. 특히 필요한 것은 노동자가 로봇이나 인공지능으로 대체될 가능성이 낮은 직업으로 전환할 수 있도록 재교육에 힘을 쏟는 것이 중요하다. 창조성이나 커뮤니케이션 능력이 요구되는 사회적 기술이 필요한 직업이 거기에 해당할 것이다. 사회복지는 사람에 대한 커뮤니케이션 능력이 중요한 노동으로 인간관계의 자율과 창의성이 중요시되는 직업이다. 따라서 인공지능이 대체할 수 없는 복지노동의 정체성이 존재하는 것이다. 사회복지 비교를 통해 인공지능에 의해 지배당하기보다는 함께 일할 수 있는 고도의 전문성이 요구되는 복지개혁을 어떻게 마련할 것인지도 중요한 과제라 할 수 있다.

참고문헌

박병현(2005). 복지국가의 비교. 경기 : 공동체.

안봉근(2010). 공공부조법에서의 보충성 원리 적용에 관한 연구. 청주대학교 대학원 박사학위논문.

이명현(2014). 복지국가와 기본소득. 대구 : 경북대학교출판부.

Allan, S., & Forder, J.(2012). Care markets in England. Lessons from research, PSSRRU Discussion Paper, 2815, University of Kent.

Arts, W., & Gelissen, J.(2002). Three Words of Welfare Capitalism or More? A State-of-the-Art Report. *Journal of European Social Policy, 12*(2), 137-158.

Bahle, T., Pfeifer, M., & Wendt, C.(2012). Social Assistance. In Castles, F. G., Leibfried, S., Lewis, J., Obinger, H., & Pierson, C.(Eds.), *The Oxford Handbook of the Welfare State.* Oxford : Oxford University Press.

Bambra, C.(2004). The worlds of welfare : Illusory and gender-blind?. *Social Policy and Society, 3*, 201-212.

_________(2007). Defamilisation and welfare state regimes : a cluster amalysis. *International Social Welfare*, 16, 326-338.

Becker, H.(1963). *Outsiders, Studies in the Sociology of Deviance*. New York : Free Press.

Beveridge, W.(1942). *Social Insurance and Allied Service.* London : HMSO.

Bonoli, G.(1997). Classifying welfare states : a two-dimension approach. *Journal of Social Policy,* 26, 351-372.

Bradshaw, J. & Finch, N.(2012). Family benefits and services. In Castles, F. G., Leibfried, S., Lewis, J., Obinger, H. & Pierson, C.(Eds.), *The Oxford Handbook of the Welfare State.* Oxford : Oxford University Press.

Cambell, J. C., & N. Ikegami(1998). *The Art of Balance in Health Care Policy : Maintaining Japan's Law Cost Egalitarian System.* Cambridge University Press.

Castle, Francis G., & Mitchell, Deborah(1993). World of welfare and families of nations. In Families of Nations : Patterns of Public Policy in Western Democracies. Francis G. Castles(Ed.), *Aldershot : Dartmouth*, 93-128.

Cauthen, N. K., & Amenta, E.(1996). Not for Widows Only : Institutional Politics and the Formative Years of Aid to Dependent Children. *American Sociological Review, 61*(3), 427-448.

Cutright, P.(1965). Political Structure, Economic Development and National Social Security Programs. *American Journal of Sociology*, *70*, 537-550.

Davis(2008). Contract out employment services to third and private sectors : A critique. *Critical Social Policy, 28*(2), 136-164.

Elmér, Å., Blomberg, S., Harrysson, L., & Petersson, J.(2000). *Svensk Socialpolitik.* Lund : Studentlitteratur.

Esping-Andersen, G.(1990). *The Three Worlds of Welfare Capitalism.* Cambridge : Polity Press.

________(2002). *Why We Need a New Welfare State.* Oxford : OUP Oxford.

Esping-Andersen, G., & W. Korpi(1987). From Poor Relief Institutional Welfare States : The Development of Scandinavian Social Policy. In Robert Erikson(Ed.), *The Scandinavian Model : Welfare States and Welfare Research.* M. E. Sharpe, 39-74.

Estevez-Abe, Margasrita(2008). *Welfare and Capitalism in Postwar Japan : Party, Bureaucracy, and Business.* Cambridge University Press.

European Commission(2006). The Impact of Aging on Public Expenditures-Projecttions for the EU 25 Member States on Pensions, Health Care, Long-term Care, Education, and Unemployment Transfers(2004-2050). European Union.

Ferrera, M.(1996). The Southern Model of Welfare in Social Europe. *Journal of European Social Policy,* 6, 17-37.

Fitzpatrick, T.(2001). *Welfare Theory : An introduction.* Palgrave, Houndmills, Basingstoke, Hampshire : New York.

Forssen, K., & Ritakallio, V. M.(2006). First births : Acomparative study of transition to parenthood in Europe. In Bradshaw, J. R., & Hatland, A.(Eds.), *Social policy, Family Change and Employment in Comparative Perspective.* Cheltenham : Edward Elgar.

Gambrill, E.(2007). Transparency as the route to evidence-informed professional education. *Research on Social Work Practice, 17*, 553-560.

Giddens, A.(1991). *Modernity and Self-identity-Self and Society in Later Modernity.* Cambridge : Polity Press.

________(1998). *The Third Way : The Renewal of Social Democracy*. Cambridge : polity Press.

Gilbert, N., Parton, N., & Skivenes, M.(2011). Introduction. In Gilbert, N., Parton, N., & Skivenes, M.(Eds.), *Child Protection Systems*. New York : Oxford University Press.

Guo, J., & Gilbert, N.(2007). Welfare state regimes and family policy : a longitudinal analysis. *International Social Welfare, 16*, 307-313.

Hall, A. L., & Midgley, J.(2004). *Social Policy for Development.* London : Sage.

Hantrais, L.(2004). *Family Policy Matters : Responding to Family Change in Europe.* Bristol : Policy Press.

Harding, l. F.(1996). *Family, State and Social Policy.* New York : Palgrave Macmillan.

Holgersson, L., Palme, J., & Wennemo, I.(1998). *Swedish Social Security in the 1990's.* Reform and Retrenchment. Stockholm : The Printing Works of the Cabinet Office and Ministries.

Howard, M. W.(2005). Basic Income, Liber Neutrality, Socialism and Work. In Widerquist, K., Lewis, M. A., & Pressman, S.(Eds.), *The Ethics and Economics of the Basic Income Guarantee.* Ashagate, Aldershot.

Jordan, B.(2006). *Social Policy for the Twenty-First Century.* Polity, Cambridge, Malden, Mass.

Kamerman, S. B., & Kaahn, J.(Eds.)(1978). *Family Policy : Government and Families in Fourteen Countries.* New York Columbia University.

Kasza, G. T.(2006). *One World of Welfare : Japan in Comparative Perspective.* Cornell University Press.

Kirk, S., & Reid, W.(2002). *Science and Social Work. A Critical Appraisal.* New York : Columbia University Press.

Korpi, W., & Palme, J.(1998). The Paradox of Redistribution and the Strategy of Equality : Welfare State Institution, Inequality and Poverty in the Western Countries. *American Political Science Review,* 97(3), 1-22.

Korpi, Walter(2000). Faces of inequality : Gender, class, and patterns of inequalities in different types of welfare states. *Social Politics,* 7(2), 127-191.

Kuivalainen, S., & Nelson, K.(2010). Eroding minimum income protection in the Nordic countries? Reassessing the Nordic model of social assistance. In Kvist, J., Fritzell, J. Hvinden, B. & Kangas, O.(Eds.), *Changing social security*. The Nordic welfare model in the 21 century. Bristol : Polity Press.

Leibfried, S.(1992). Towards and European Welfare State? On Intergrating Poverty Regime into the European Community. In Ferge, Z., & Kolberg, J.(Eds.), *Social policy in Changing Europe.* New York/ Frankfurt : Westview/ Campus.

Le Grand, J., Bartlett, W.(1993). *Quasi Market and Social Policy*. Macmillan.

Lorenz, W.(1996). *Social Arbete i ett Föränderligt Europa.* Göteborg : Daidalos.

Marklund, S.(1982). *Klass, Stat och Socialpolitk.* Lund : Arkiv.

Marshall, T. H.(1992). *Citizenship and Social Class*. Cambridge : Cambridge University Press.

Means, R., Morby, H., & Smith, R.(2002). *From Community Care to Market Care?- The development of welfare service for older people.* The Polity Press.

Merton, R.(1967). *Social Theory and Social Structure.* New York : Free Press.

Millar, J.(2003). Social Security : Means and Ends. In Millar, J.(Ed.), *Understanding Social Security : Issues for Policy and Practice. Policy*, Bristol, 1-8.

Ministry of Foreign Affairs of Denmark(2003). *Factsheet Denmark Social and Health Policy.* Ministry of Foreign Affairs of Denmark.

MISSOC(Mutual Informantion System on Social Protection)(2012). Social Protection in the EU Member States and the European Economic Area. http://ec.europa.eu/employment_social/missoc/db/public/

compareTabeles.do?year=20120101&lang=en

Morel, N., Palier, B., & Palme, J.(2012). *Towards a Social Investment Welfare State? Ideas, Policies and Challenges.* Bristol : Policy Press.

Müller, W.(2013). *Does an Unconditional Basic Income Provide Higher Effectiveness and Efficiency?.* Hamburg : Anchor Academic Publishing.

Nelson, K.(2003). *Fighting Poverty, Comparative Studies on Social Insurance, Means-tested Benefits and Income Distribution.* Stockholm : Swedish Institute for Social Research.

________(2007). Universalism versus targeting : The vulnerability of social insurance and means-tested minimum income protection in 18 countries, 1990-2002. *International Social Policy Review, 60*(1), 33-58.

O'connor, J. S.(1996). From women in the welfare state to gendering welfare state regimes. *Current Sociology, 44*, 1-130.

OECD(2007). *Babies and Bosses : Reconciling Work and Family Life : A Synthesis of Findings for OECD countries.* Paris : OECD.

_____(2011). *Pensions at a Glance 2011*. OECD.

Orloff, A.(1993). Gender and Social Rights of Citizenship : The Comparative Analysis of Gender Relation and Welfare States. *American Sociology Review, 58*, 303-328.

Pasma(2010). Working Through the Work Disincentive. *Basic Income Studies, 5*(2), 1-20.

Payne, M.(1998). Why social work? Comparative perspectives on social issue and response formation. *International Social Work, 41*(4), 443-453.

Pierson, C.(1994). *Dismantling the Welfare State? Reagan, Thatcher, and the Politics of Retrenchment.* Cambridge : Cambridge University Press.

Pierson, P.(2000). Path Dependence, Increasing Returns, and the Study of Politics. *American Political Science Review, 94*(2), 251-267.

Piliaven, Irving & Gross, Alan E.(1977). The effects of Separation of Service and Income Maintenance on AFDC Recipients. *Social Service Review, 51*(3), 389-406.

Raventos, D.(2007). Basic Income. *The Material Conditions of Freedom.* London : Pluto Press.

Rees, J., Miller, R., Buckingham H.(2017). Commission incomplete : exploring the new model for purchasing public services from thee third sector, *Journal of Social Policy, 46*(1), 175-194.

Rodgers, H. R. Jr.(2000). *American Poverty in a New Era of Reform.* Armonk, NY : M. E. Sharpe.

Sackett, D., et al.(2000). *Evidence-based Medicine : How to Practice and Teach EBM.* New York : Churchil Livingstine.

SCB(2011). Undersökningarna av levnadsförhållanden. http://www.scb.se/Pages/Product_12199.aspx

Sen, A.(1999). *Development as Freedom.* Midsomer Norton : Oxford University Press.

Sheehan, M.(2005). *International Security : an Analytical Survey*. Boulder Colo., Lynne Rienner Publishers.

Standing, G.(2002). *Beyond the New Paternalism.* Verso.

__________(2009). *Work after Globalization : Building Occupational Citizenship*. Edward Elgar, Cheltenham, the UK; Northampton, MA.

Statistics Denmark(2012). *Statistical Yearbook 2012.* Statics Denmark.

Sunesson, S.(2009). Social arbete som internationellt forskningsomrade. In Meeuwisse, A., Sunesson, S., & Sward, H.(Eds.), *Socialt Arbete*. En grundbok. Stockholm : Natur och Kultur.

Sutherland, E.(1978). *Criminology.* Philadelphia : Lippincott.

Turner, F. J.(1996). *Social Work Treatment : Interlocking Theoritical Approaches*. New York : Free Press.

UNICEF(2007). Child Poverty in Perspective : An overview of child well-being in rich countries. Innocenti Research Center, Report Card 10. Florence : UNICEF.

Van Parijs, P.(2001). A Basic Income for all. In Van Parijs, P., Cohen, J., & Rogers, J.(Eds.), *What's Wrong With a Free Lunch?.* Beacon Press, Boston, Mass, 3-26.

Walker, R.(2005). *Social Security and Welfare : Concepts and Comparisons.* Open University Press, Maidenhead.

Weston, Katharine(2012). Debating conditionality for disability benefits recipientsand welfare reform : Research evidence from Pathways to Work. *Local Economy,* August/ September, *27*(5-6), 514-528.

Whitfield, D.(2009). *Global Auction of Public Assets.* Nottingham : Spokesman Books.

Wilensky, H.(1975). *The Welfare State and Equality : Structural and Ideological Roots of Public Expenditure*. Berkeley, CA : University of California Press.

廣井良井(2016). ケアの倫理と公共政策. **社會保障研究**, 1(1), 22-37.

長澤紀美子(2017). イギリスにおける社會的ケアの市場化. **社會政策**, 9(2), 87-100.

佐橋克彦(2006). 福祉サービス準市場化－保育・介護・支援費制度の比較から, ミネルブア書房.

直村邦彦(2010). 市民社會とは何か－基本概念の系譜, 平凡社.

平岡公一(2000). "社會サービスの多元化と市場化－その理論と政策をめぐる一考察", 大山博也 編 **福祉國家視座**, ミネルブア書房.

京極高宣 監修(1993). **現代福祉學 レキシコン**. 雄山閣出版.

菅沼隆(2011). デンマークの失業保險：失業金庫とフレクシキュウリテイ. **立教經濟學研究**, 64(3), 1-21.

宮本太郎(2008). **福祉政治－日本の生活保障とデモクラシ**. 東京：有斐閣.

島村玲雄(2013). オランダの最低賃金制度を中心とした最低生活基準. **貧困研究**, 10, 20-24.

木下武德(2013). 福祉事務所と民間福祉の役割と協同. **貧困研究**, 10, 70-78.

武川正吾(2010). 韓國の社會福祉國家形成と福祉國家の國際比較. 金成桓 編著. **現代の比較福祉國**

家論. 東京：ミネルブア書房.

西村周三・京極高宣・金子能宏 編著(2014). 社會保障の國際比較研究. 東京：ミネルブア書房.

西村河明編著(2006). 移行經濟國の年金改革. 東京：ミネルブア書房.

新川敏光 編著(2011). 福祉レジームの收斂と分析-脫商品化と脫家族化の多樣性. 東京：ミネルブア書房.

岩名由佳(2013). スウェーデンの社會扶助について. 貧困硏究, 10, 30-33.

田多英範(2010). 日本の福祉國家化と韓國の福祉國家化. 金成桓 編著. 現代の比較福祉國家論. 東京：ミネルブア書房.

仲村優一・三浦文夫・阿部志郎(1977). 社會福祉教室. 東京：有斐閣.

倉地眞太郎(2013). デンマークの最低生活保障. 貧困硏究, 10, 25-29.

孝橋正一(1962). 全訂社會事業基本問題. 京都：誠心書房.

厚生勞動省(2012). 平成24年度版. 厚生勞動白書.

訓覇法子 外(2014). 実践としての科学としての社会福祉. 京都：法律文化社.

저/자/약/력

■ **이명현**
경북대학교 사회복지학부 교수

<주요 저서 및 논문>
기초생활보장수급자의 의사결정 지원 유형분석과 평가(2016)
권리옹호와 성년후견(2015)
영국 권리옹호 서비스의 자율적 의사결정 자원에 관한 연구(2015)
복지국가와 기본소득(2014)
영국 성년후견법을 통해 본 복지사회 구상(2012)

비교사회복지

– 실천성 · 과학성 · 국제비교 –

|저자| 이명현

|1판 1쇄| 발행 2018년 5월 31일

|발행인| 김동훈
|발행처| 공동체

|주소| 경기도 고양시 일산동구 호수로 358-39, 동문타워 1차 905호(백석동)
|전화| 031)920-8305(대표)
|팩스| 031)920-8308
|e-mail| compub@naver.com
|출판등록| 2005년 10월 6일
|등록번호| 제396-2005-36호

|ISBN| 979-11-6105-197-0
정가 17,000원